学术型社会化问答平台上答案质量评估研究

李 蕾◎著

科学技术文献出版社
SCIENTIFIC AND TECHNICAL DOCUMENTATION PRESS
·北京·

图书在版编目（CIP）数据

学术型社会化问答平台上答案质量评估研究 / 李蕾著. —北京：科学技术文献出版社，2020.12

ISBN 978-7-5189-7442-9

Ⅰ.①学… Ⅱ.①李… Ⅲ.①信息检索—研究 Ⅳ.① G254.9

中国版本图书馆 CIP 数据核字（2020）第 250376 号

学术型社会化问答平台上答案质量评估研究

策划编辑：郝迎聪　责任编辑：王　培　责任校对：王瑞瑞　责任出版：张志平

出　版　者	科学技术文献出版社	
地　　　址	北京市复兴路15号　　邮编　100038	
编　务　部	（010）58882938，58882087（传真）	
发　行　部	（010）58882868，58882870（传真）	
邮　购　部	（010）58882873	
官 方 网 址	www.stdp.com.cn	
发　行　者	科学技术文献出版社发行　全国各地新华书店经销	
印　刷　者	北京虎彩文化传播有限公司	
版　　　次	2020 年 12 月第 1 版　2020 年 12 月第 1 次印刷	
开　　　本	787×1092　1/16	
字　　　数	323千	
印　　　张	17.25	
书　　　号	ISBN 978-7-5189-7442-9	
定　　　价	68.00元	

前　言

　　传统获取学术信息的方式主要通过学术期刊、学术论文集或学术专著等，其质量情况可以较为容易地通过同行评议、论文或专著被引信息和出版社权威性等方式获取。随着社会化媒体的繁荣发展，出现了新兴的获取学术信息的方式，即通过一般社会化媒体网站（如论坛、微博和博客）或专门的学术型社会化媒体网站（如 ResearchGate.net、Academia.edu）来分享和获取学术信息。越来越多的学者表示愿意在社会化媒体上进行学术信息的分享和获取，因此，各类社会化媒体上存在着大量的学术型用户生成内容，但由于其学术信息缺乏同行评议，导致社会化媒体上的学术信息质量参差不齐，影响了学者使用社会化媒体进行学术信息交流和获取的满意度。因此，社会化媒体上的学术型用户生成内容的质量问题是一个亟待解决的问题。

　　社会化问答平台作为其中一种类型的社会化媒体平台，可以支持学者或科研工作者通过提出学术相关问题和答案进行学术信息的交流。由于社会化问答平台具有成本低、交流快速、容易建立社会资本等优点，越来越受到学者的青睐。ResearchGate 问答（ResearchGate Q&A）平台就是当下较为著名且拥有用户量较多的专门支持学者进行学术问答的社会化问答平台。现有丰富的研究探索了用户如何对社会化媒体上各类用户生成内容的质量进行评估。在对一般问答平台的研究中，如对 Yahoo! Answers、百度知道等，用户如何评估其答案的质量，以识别出高质量的答案，也是一个重要的研究话题。随着学术型社会化问答平台的出现，其上面的答案已成为一种新型的用户生成内容，学者如何对其质量进行评估也需要成为一个重要的研究话题，而已有研究中缺乏对此问题的探索。本书旨在填补这一空白。因此，本书将以学术型社会化问答平台 ResearchGate Q&A 上的答案为研究对象，根据发现问题和解决问题的研究过程，通过两个阶段的一系列研究实现对此问题的探索。

　　第一个研究阶段为问题发现与现状分析，包括两个子研究。第一，对 ResearchGate Q&A 上答案的客观特征进行分析，并将获取的 ResearchGate Q&A 上答案的客观特征与一般的问答平台上答案的客观特征进行了对比，结果发现了一般问答平台上答案的客观特征与学术型社会化问答平台上答案的客观特征存在的差异，并且学术型社会化问答平台上的答案也拥有自身独有的客观特征。第二，在第一个研究阶段中，试图只利用答案的客观特征预测出学者在 ResearchGate Q&A 上推荐的高质量答案，然而结果发现，仅使用从答案本身特征出发的客观评估标准并不能准确预测出答案质量。这也说明需要探索更为有效的答案质量评估模型。

第二个研究阶段为问题解决与模型构建，将直接从用户的角度获取其用于评估答案质量的各类主客观评估标准，实现构建更为准确的答案质量评估模型。此阶段包括3个子研究。首先，设计学者对学术型社会化问答平台上答案质量评估标准的问项。由于现有研究中没有针对学术型社会化问答平台上答案质量评估的标准，因此构建问项时首先通过对学者的调查，获取其评估所在学科领域答案时使用的评估标准，从而结合用户调查获取的评估标准和现有质量研究中提出的评估标准，构建出对学术型社会化问答平台上答案质量评估标准的问项。其次，通过对在 ResearchGate Q&A 上有实际推荐过高质量答案经验的学者进行问卷调查，获取学者对各个评估标准问项重要性程度的打分。本部分主要对问卷数据进行基本的统计分析和评估标准模型构建。基本统计分析获取了学者用于评估学术型社会化问答平台上答案质量的重要评估标准，并进一步利用方差分析方法探索学者的人口统计特征、学科和问题类型对各个评估标准重要性程度打分的影响。另外，此部分最后利用主成分分析方法构建了综合各类主客观评估标准的用于评估学术型社会化问答平台上答案质量的评估模型。最后，对上述获取的评估模型进行验证。在限制外部影响因素的情况下，雇用了尽可能具有相同人口统计学特征的学者对构建的模型进行验证，结果证明了本研究获取的模型可以有效地识别出质量较高的答案。

本书秉承从发现问题到解决问题的研究路线，对学者评估学术型社会化问答平台上的答案质量进行了一系列较为完整的研究，弥补了现有研究中对此问题研究的缺乏。同时，本研究也为学术型社会化问答平台可以实现为学者推荐高质量的答案、完善平台高质量答案推荐机制提供支持，最终实现节省学者获取高质量信息所需的时间，从而提高学者使用学术型社会化问答平台的满意度和科研工作效率，促进学术信息在社会化媒体上的交流分享。

本书历时4年完成，是对笔者研究工作的阶段性总结。本书得以完成和出版，要感谢导师、南京理工大学经济管理学院章成志教授和美国匹兹堡大学计算与信息学院 Daqing He 教授的悉心指导；感谢在美国匹兹堡大学联合培养期间的合作者 Wei Jeng 博士，正是受他的启发，笔者才进行此课题的研究；感谢澳大利亚南澳大学 Jia Tina Du 教授、美国匹兹堡大学 Ke Zhang 博士和 Sun-Ming Kim 博士，以及美国纽约市立大学 Li Geng 博士对本研究的改进建议；感谢北京师范大学政府管理学院的出版资助，以及笔者的博士后合作导师黄崑教授和各位领导同事的关心和支持；感谢科学技术文献出版社的大力支持和辛勤付出。

　　出版此书，希望在信息质量评估研究领域与更多同行交流。但受限于能力和水平，本书还有很多不足之处，还有很多问题有待进一步深入研究，因此，敬请各位专家和读者批评指正。笔者联系方式：leili@bnu.edu.cn。

李 蕾

2020 年 10 月 31 日

目　录

1 引 言

首先，本章介绍本课题 3 个方面的研究背景，包括学术型社会化媒体网站的使用与研究、用户对信息质量评估的研究及学者对学术型社会化问答平台上答案质量评估存在的不同之处，进而引出本书的研究主题。其次，对本课题具有的理论意义和实践意义进行阐述。由于现有研究中缺乏针对学术型社会化问答平台上答案质量评估的研究，因此相关研究工作综述将从更为广泛的视角对相关信息质量研究进行详细总结。再次，从本书的研究对象、研究设计指导、研究内容与拟解决的研究问题、研究方法和技术路线 5 个部分详细说明本书的总体研究思路。最后，指出本课题的研究创新点及本书章节安排。

1.1 研究背景

1.1.1 学术型社会化媒体网站的使用与研究

随着社会化媒体的普及和繁荣，以及网络技术的飞速发展，现有的对学术知识的获取、交流与分享行为发生了许多变化。不仅通过权威的学术期刊或书籍，越来越多的学者会通过社会化媒体网站交流、分享和获取开放式的学术信息。具体来说，学者们可以在社会化媒体上分享学术资源，交流学术观点，关注其他学者的研究，了解当前的研究趋势，以及建立个人的学术社交网络等[1]。随着越来越多的学者利用社会化媒体获取和分享学术信息，各类社会化媒体（包括博客、论坛、微博、问答平台、维基百科等）上产生了大量的学术型用户生成内容（academic user generated content，AUGC），即与各学科领域相关的学术内容信息。同时，互联网上也出现了专门针对学者设计的学术型社会化媒体网站（academic social networking site，ASNS），如 Academia.edu、ResearchGate.net。2014 年，*Nature* 进行了一个大范围的问卷调查，在收到的 3500 份学者或者工程师的答复问卷中，大于 3000 名学者或者工程师表示，他们意识到社会化媒体和专业的学术交流网站在学术资源获取上的广泛使用和应用价值[2]。社会化媒体为学者提供了一个非正式的学术交流平台，让学者的学术交流可以突破地域空间的限制，可以简单高效地与社会化媒体上任何认识的与不认识的学者进行交流。这种全新的获取学术信息的方式，使学者从传统的学术信息获取方式，即从学术期刊或者是权威的公开出版书籍中获取，转变为从开放式的社会化媒体上获取支持学术研究的信息[3]。

早期由于缺乏专门针对学术交流的社会化媒体，学者们直接使用主流的通用型社会化媒体进行学术交流，如 Facebook、Twitter 等，但其并非专门针对学者设计。Gruzd 等[4]的调查结果显示，85%（$n=367$）的学者指出其会经常使用社会化媒体。现有研究指出，随着学者越来越多地使用社会化媒体（如 Facebook 和 Twitter）进行学术用途，学术信息的交流和共享方式正在发生着变化[5]。传统的最普遍的获取学术信息的方式是通过阅读其他学者已经发表的论文，但是论文从构思到发表一般需要经历一段时间，不利于获取最新的学术信息。利用社会化媒体，学者就可以第一时间发布可能的研究想法，从而可以方便快捷地与其他相关领域的学者进行交流讨论，获取进一步的研究计划或建议[6]。可见社会化媒体可以促进学术信息共享，为学者提供一个快速获取学术信息的平台。

随着社会化媒体的持续发展，以及进行学术信息交流的需要，出现了受到越来越多关注和使用的专门针对学者的学术型社会化媒体网站，即 ASNS。ASNS 指的是可以帮助学者之间建立专业的社交网络，并支持学者在研究过程中进行各种活动的在线服务、工具或是平台[7]。Gruzd[8]在其研究中比对了在非学术型社会化媒体和学术型社会化媒体上进行学术信息交流的优劣，指出相比于使用专门的学术型社会化媒体，在非学术型社会化媒体上建立学术型社交网络是存在局限性的，学者使用专门的学术型社会化媒体进行学术信息交流，构建学术社交网络将会更为高效和可靠。一些较为流行的 ASNS 有 ResearchGate.net、Academia.edu、Mendeley.com 和 Zotero.org 等，ResearchGate.net 为其中最大型的 ASNS[2]。ASNS 允许用户创建具有学术属性的个人档案，上传已发表的论文，创建在线讨论组等。此外，一些 ASNS 还提供其独有的功能，如 Mendeley.com 和 Zotero.org 提供文献管理工具，ResearchGate.net 提供问答平台和科研岗位招聘信息发布平台等。

社会化问答平台是一种特殊类型的社会化媒体平台，用户通过在其上提出问题和回答问题的方式与其他用户进行交流。由于利用社会化问答平台获取信息的方式具有成本低（大多数都是免费的）、交流快速（由于有大量用户参与）、容易建立在线社会资本等优点[9]，因此吸引了越来越多的用户使用社会化问答平台来满足信息需求。除了那些较为流行的通用型社会化问答网站，如 Yahoo! Answers、百度知道、知乎、Quora 等，各类领域型社会化问答网站也相继出现，如专门针对编程技术的问答网站 Stack Overflow，针对中小学生作业的问答网站 Brainly，以及上述提到的学术型社会化媒体网站 ResearchGate.net 提供的学术型社会化问答平台等。学术型社会化问答平台相比于其他的社会化问答平台，主要用户为学者或是科研工作者，其为学者提供了通过提出学术相关问题和答案进行学术信息交流和获取的平台。学术型社会化问答平台开始受到越来越多的学者的关注，其用户数量也在不断增加。

ASNS 作为相对较新的社交平台，很多功能还在不断完善中，因此吸引了许多的研究者对 ASNS 的特性进行研究，包括在替代计量学研究中将 ASNS 作为衡量学术影响力的一个方面[10-12]，对 ASNS 使用现状的了解（如使用人群、使用动机、使用频率、使用的功能等）[7, 13-14]，影响 ASNS 使用的因素（如学科、人口统计特征等）[7, 15]，ASNS 对学者学术成就的影响[13]，ASNS 上的学术社交网络结构分析[16-17]等。在对 ASNS 的使用研究中，研究者发现虽然 ASNS 有着支持学术信息沟通和共享的好处，但学者们对其学术信息质量和可信度的担忧是一个至关重要的问题[3, 18-19]。另外，在近期的研究中，Bhardwaj[20]对比了多个 ASNS（包括 ResearchGate.net、Academia.edu、Mendeley.com 和 Zotero.org），发现其功能设计均没有达到优秀，存在缺乏内容过滤、隐私设置，以及界面设计也需要改进等问题。综上可见，ASNS 已经吸引了很多学者对其进行研究，然而 ASNS 这种新型社会化媒体平台的很多功能还需要进行完善，有关信息质量的问题也亟须解决。

1.1.2　用户对信息质量评估的研究

用户对信息质量的评估一直以来都是一个热门的研究话题，目前已有丰富的对各类信息的质量评估研究。由于用户在对信息质量进行评估时涉及的指标不仅有可以通过自动计算获取的客观指标值，还有需要根据用户的主观判断进行评估的指标，因此现有的信息质量研究普遍认为用户对信息质量的评估是一个兼具主观（如满足需要）和客观（如没有错误）成分的概念，因此，任何信息质量评估方法都必须考虑到这种质量评估的双重性。

早期，由于企业中出现了信息质量问题而引起了人们对此问题的关注。由于信息质量问题，对很多企业的业务造成了损失。例如，一家金融公司会因为一个业务数据的输入错误而造成损失。这样的例子在各类企业中是普遍存在的。因此，为了防止信息质量问题，开始不断出现对信息质量的研究[21]。早期的信息质量研究主要集中于对信息系统中数据质量的研究，如客户关系管理系统、知识管理系统、供应链管理系统、企业资源管理系统等信息系统中结构化数据的质量研究[22-23]。对此类信息质量的评估大多集中在客观方面的质量评估，如数据是否错误，是否冗余等。由于评估对象、应用领域等的不同，会造成评估方法或是标准的改变，因此对信息质量的研究从早期的对信息系统中数据质量的研究，发展到了探索用户如何对各类社会化媒体上的用户生成内容质量进行评估的研究[24]。

近年来，社会化媒体已经成为影响现代人生活各个方面的重要工具。各种类型的社会化媒体在全球拥有超过 15 亿人的用户[25]。LinkedIn、Facebook、Twitter 和微博等社会化媒体网站是一种创新的在线信息交流平台，大幅改变了信息传播交流的方式。组织和个人也逐渐将各种社会化媒体上的信息整合到其日常的业务实践或是个人生活中[26]。但是，如果要从社会化媒体收集信息，用户需要了解这些社会化媒体上信息的质量，从而满足其使用需要。因此，很多的研究者开始研究用户如何对各类社会化媒体上的用户生成内容进行质量评估，包括维基百科、商品评论、问答内容、博文等（具体研究内容见"相关研究工作综述"部分）[27]。由于社会化媒体的特点，如无进入壁垒、受众广泛、信息及时、易用性等，使得其用户生成内容的质量问题与传统的信息系统中数据的质量问题是不同的[27-28]。传统的信息系统中数据质量主要存在数据冗余、格式混乱和度量单位不统一等客观问题，但其有专业的数据库管理者进行数据质量的监管和控制，而且其信息的受众面小，信息的质量易于控制。然而，在社会化媒体这种开放式的平台上，任何用户都可以发布信息，发布的信息并没有专业管理者的审核和监管，造成信息量巨大且质量参差不齐[27-28]，用户很难从大量的信息中找到同时符合其主客观要求的高质量信息进行使用。另外，社会化媒体上的信息受众面广，不同用户会根据自身的具体情况，对满意的高质量信息有着不同的要求，因此，如何对社会化媒体上产生的各种用户生成内容的质量从用户角度进行评估就显得尤为重要。

针对学者对学术型信息的质量评估来说，传统的学术信息交流载体主要为学术期刊、学术论文集或学术专著等。学者可通过同行评议、论文或专著被引信息、出版社权威性等信息，对学术论文或专著进行质量评估，从而选择研究过程中所需要的高质量信息。然而，由于同行评审机制的缺乏和进入社会化媒体的无障碍性，每个用户都可以在社会化媒体中贡献学术信息，这导致社会化媒体上的学术型用户生成内容不仅数量庞大，而且质量参差不齐。最终造成学者们很难从大量的学术型用户生成内容中找到高质量学术资源的局面。特别是使用社会化媒体上的学术信息时，学者需要改变一贯的学术信息交流获取方式，并接受在社会化媒体上没有经过同行评议的学术资源。Tenopir 等发现，越来越多的学者愿意在社会化媒体上分享和获取学术信息，但主要问题就是担忧社会化媒体上的学术内容缺乏同行审查[3]。因此，社会化媒体上的学术型用户生成内容的质量问题是一个亟待解决的问题，而现有研究中缺乏对此类问题的探索。

质量评估问题作为对社会化媒体中用户生成内容研究的一个重要方面，同时也是社会化问答平台中答案研究需要解决的重要问题。在通用型社会化问答平台，如 Yahoo!Answers 和百度知道中，对答案质量的评估一直以来都是热门的研究话题。一个问题通常会获得不同用户提供的很多答案，如何从大量的答案中挑选出符合用户要求的高质量答案推荐给有着同样问题的用户，一直以来都是社会化问答平台需要解决的关键问题。因此，现有大量的研究探索用户如何对通用型社会化问答平台上的答案质量进行评估[29-34]。随着社会化问答平台开始持续发展，学术型社会化问答平台开始出现，学术型社会化问答平台作为一种新型的社会化媒体，其学术型答案是一种新型的用户生成内容，学者对其学术型答案质量的评估也成为一个重要的研究话题。由于从内容本身和内容提供者的角度来说，学术型答案相较于一般问答平台上的答案均是不同的（将在第1.1.3小节中进行阐述），而现有研究仍然集中在用户对通用型社会化问答平台上答案质量的评估研究，并没有针对学者如何对学术型社会化问答平台上答案质量的评估进行研究。因此，本研究拟针对学术型社会化问答平台上的答案进行质量评估研究，探索学者如何对学术型社会化问答平台上的答案质量进行评估，以为学术型社会化问答平台可以准确高效地推荐满足学者需要的高质量答案提供支持，从而帮助学者节省时间，快速地获取高质量的信息，避免被错误或是低质量的信息所误导。

1.1.3 学者对学术型社会化问答平台上答案质量评估存在的不同之处

学术型社会化问答平台上的答案作为其中一种 ASNS 的用户生成内容，探索其质量问题更为必要，因为其可能不同于用户对一般社会化媒体上的用户生成内容质量进行的评估，学者对学术型社会化问答平台上的答案质量评估有如下特点。

首先，学术型社会化问答平台上的答案相对于一般问答平台上的答案在内容层面上更加复杂，可能会从这个学术问题涉及的基础理论、方法、内涵、外延等方面进行阐述，对其内容质量的判断需要具备专业的学科知识[17]。此外，不同的学者有不同的专业水平，这可能会导致在一些主观的质量评估标准（如可理解性等）上对同一学术答案有着不同的判断结果。

其次，学术型社会化问答平台上答案的贡献者一般都是在科研院所等研究机构从事专业科研工作的学者或学生，并且都是实名的。例如，ResearchGate 需要用户实名注册，欲注册用户必须提供其所在高校或是研究机构的名称和所在高校或是研究机构认证的邮箱才可以通过注册审核，进而才可以在 ResearchGate 平台上分享学术论文，进行学术问题的提问和回答，关注其他学者并进行交流。而一般问答平台上的答案贡献者一般是匿名用户，并没有具体提供人员的限制。学术型社会化问答平台上答案内容的消费者或是评估者一般也是需要获取学术信息的科研工作者。

由于存在上述差异，学者对学术型社会化问答平台上答案质量评估可能呈现新的特点，可能需要相较于其他信息质量评估不同的主客观评估标准。此外，相关信息质量研究指出，信息质量的评估会受到各种非内容因素的影响，包括评估对象的类别、评判者的人口统计特征、网站的类型及具体任务等[35]。因此，可能存在一些新的外部因素通过影响各评估指标的选择和重要性程度进而影响学者对学术型社会化问答平台上的答案质量评估，如学术内容所属学科的不同、评判者专业水平的不同、所处的应用环境不同等。

1.2　研究的理论意义和实践意义

目前，随着社会化媒体的发展，通过学术型社会化问答平台进行学术交流和分享逐渐受到重视，越来越多的学者或学生会利用学术型社会化问答平台获取学术资源来支持学术任务，而学术型社会化问答平台上答案的质量问题是阻挡此现象持续繁荣发展的壁垒之一。本课题指出学者如何对学术型社会化问答平台上答案质量评估进行研究，构建针对学术型社会化问答平台上答案质量评估的模型，为学术型社会化问答平台优化推荐高质量答案的机制提供支持。因此，本课题具有重要的理论意义和实践意义。

1.2.1　理论意义

（1）构建针对学术型社会化问答平台上答案质量评估的理论模型

现已有丰富的对社会化媒体上各类用户生成内容质量评估的研究，如对商品评论质量、问答质量、博文质量的评估研究等，但是缺乏学者对学术型社会化问答平台上答案质量评估的研究，也没有进一步针对学术型社会化问答平台上答案质量评估模型构建的研究。学术型社会化问答平台上的答案相对于一般的信息更加复杂多面，学者对其质量评估的主客观标准有哪些，需要提出哪些新的主客观标准对其质量进行评估，以及学者在评估时如何认知各个评估标准的重要性，这些都是值得探索的问题。本研究拟在此方面有所突破。

（2）丰富完善现有的信息质量评估理论框架

现有研究已经对各种信息类型提出了各自的质量评估框架。本研究通过对学术型社会化问答平台上用户生成内容的质量评估模型的构建，可以发现适用于学者对学术型社会化问答平台上答案质量进行评估的标准及各个评估标准的重要性程度，从而可以通过对比发现相对于其他信息内容的质量评估，对学术型社会化问答平台上答案质量评估的不同之处有哪些，获取适用于学者对学术型社会化问答平台上答案质量评估的新标准，从而完善现有的信息质量评估理论框架。

（3）提高学术界对社会化媒体上学术型用户生成内容质量评估的重视

本研究通过比较学者对学术型社会化问答平台上答案质量评估与用户对其他类型用户生成内容质量评估的异同，指出了学者对这种社会化媒体上的新型用户生成内容进行质量评估并不能照搬现有的质量评估模型，而应该构建针对其特性的质量评估模型。因此，对学术型用户生成内容质量问题的研究也应该像对其他类型的用户生成内容质量研究一样，成为一个重要的研究话题。然而，现有的研究缺乏对社会化媒体中学术型用户生成内容质量评估的研究。因此，本课题的研究成果可能会对相关学者有所启发，进而继续对此问题进行深入研究，从而提高学术界对此研究话题的重视。

（4）为传统的学术论文质量评估提供依据

相较于传统的需要出版的学术论文，对互联网上开放获取的学术内容的质量要求可能并没有那么高。例如，对社会化媒体上学术内容的格式、语言的书面性可能没有很高的要求。因此，可以推测高质量学术论文首先需要满足对社会化媒体上学术内容的质量要求，同时还需要有更高的要求。在文献计量学领域，已有研究针对传统的学术论文质量评估提出了评估标准[36-39]，因此，可以将本研究获取的学者对学术型社会化问答平台上答案质量评估标准中适用于对传统学术论文评估的标准，加入到对学术论文评估的模型中，从而可以丰富学术论文质量评估模型，为学术论文质量评估提供借鉴。

（5）丰富管理科学与工程学科领域的评估研究内容

评估研究一直以来都是管理科学与工程领域的一个重要的研究话题，本课题将评估研究的方法应用在对学术型社会化问答平台上答案的质量评估研究中，将有助于扩充管理科学与工程领域评估研究的范畴，丰富其理论基础和应用实践。

1.2.2 实践意义

（1）提高用户利用社会化媒体获取学术信息的满意度和学者科研工作效率

随着学术型社会化媒体的发展，越来越多的科研工作者加入其中进行学术信息的分享和获取。通过利用本研究获取的学术型社会化问答平台上答案质量评估模型，对学术型问答平台中的答案进行评估和排序，可为科研工作者推荐其满意的高质量答案，进而提高其利用社会化问答平台获取学术信息的满意度，促进其科研工作效率。

（2）为设计高质量的学术社交网站提供建议

通过利用学术型内容质量评估模型，各学术型社会化媒体平台可以结合自身平台的特点为用户推荐高质量的学术内容。由于用户生成内容的数量巨大，更新速度快，各社交平台必须借助一些自动方式过滤掉低质量内容，识别出可被推荐的高质量内容。例如，现有的学术型社会化问答平台 ResearchGate Q&A 是将获得较多用户"推荐（recommendation）"的答案作为高质量的答案优先显示，而现有研究指出，利用"推荐"数量识别高质量的内容是偏执的，这些偏执包括一些发布时间早的内容会容易被点击推荐，一些内容获得的推荐数量多，其更容易被其他用户再次点击推荐等。因此，各学术社交网站除了利用"推荐"数量来辨别高质量的内容外，可以结合一些适用的评估标准自动识别高质量的内容。

（3）促进学术信息在社会化媒体上的交流分享

Tenopir 等[3]和 Watkinson 等[40]利用用户调查的方式确认许多学者是不信任或不应用社会化媒体上的学术信息的，原因是其缺乏同行评审，不具有可信性。这就使得学术型社会化媒体的使用没有其他社会化媒体活跃。因此，通过在学术型社会化媒体平台中应用质量评估模型，提高过滤低质量内容和推荐高质量内容的准确性来满足学者对高质量学术信息的需要，相信学术型社会化媒体上的内容可以逐渐被学者信赖，更多的学者也许会愿意加入社会化媒体进行学术信息的分享交流，进而促进学术型社会化媒体的繁荣。

（4）有利于学者扩充获取学术信息的渠道

通过提高社会化媒体学术信息的质量，将有利于吸引更多的学者愿意利用这种非正式的渠道进行学术资源分享。学者获取学术信息的一个常见渠道是从同行评审的公开出版物（如期刊、书籍）上获得，传统的期刊或者书籍中的学术信息需要较长的时间审核发表。学术型社会化媒体网站为学者提供了一种现代化的交互方式，让学者获得在线学术资源。这种在线的学术资源有着很多自身的优势。与传统的获取学术信息的方式相比较，社会化媒体上的学术资源一般更新速度快，内容较为新颖。另外，社会化媒体上的学术信息有着更广泛的受众，使得学者们可以从更多的人那里获取更为丰富多样的信息，扩充学术信息的来源和内容，从而扩展自身的知识储备来激发思考创造。社会化媒体为学者们提供了一种更为直接的与其他学者交流的方式。

1.3　相关研究工作综述

现有研究中鲜有专门对社会化媒体学术内容质量评估的研究，也就更没有针对学术型社会化问答平台上答案质量的评估研究。本课题的研究对象，即学术型社会化问答平台上的答案，为一种类型的信息，因此，相关研究工作概述将从更大范围对信息质量评估相关研究工作进行综述。其中，对社会化问答平台上答案质量评估的研究是对信息质量评估研究的一个重要方面，与本课题的研究对象最为相关，将单独作为一个小节详细介绍，因此，以下将分两个小节对相关研究工作进行概述。

1.3.1 社会化问答平台上答案质量评估研究 ①

早期对社会化问答平台上答案质量评估的研究集中在对较早出现的各种通用型社会化问答平台（general topic-based social Q&A，即为包括各个领域问答内容的社会化问答平台）上答案质量评估的研究，如已经被广泛熟知和使用的 Yahoo! Answers、百度知道、知乎等。接着也出现了对通用型社会化问答平台上某些专业领域的答案质量评估研究，如较为热门的专门针对医疗健康类的答案质量评估研究。也出现了对领域型社会化问答平台（specific subject-based social Q&A，即为只针对某一个专业领域问答内容而开发的社会化问答平台）[41] 上答案质量评估的研究，如对教育型社会化问答平台 Brainly 上的答案质量评估研究。因此，以下将分两节分别总结对通用型社会化问答平台和领域型社会化问答平台上答案质量评估的研究。

1.3.1.1 通用型社会化问答平台上答案质量评估研究

对信息质量评估的研究一直以来都是热门的研究话题，对各种类型的用户生成内容的质量评估，如商品评论、维基百科、博文等，都有丰富的研究。Shah 等 [42] 在其研究中指出，虽然 Yahoo! Answers 是一个可以获取快速、满意答案的良好平台，但是由于其用户数量的庞大，在答案中充斥着很多的垃圾答案。因此，对社会化问答平台上的答案质量评估也成为一个热门的研究话题。现有大量的对社会化问答平台上答案质量的研究，集中在探索如何从一个问题的大量答案中挑选出满足用户需要的高质量答案。对通用型社会化问答平台上答案质量的研究主要集中在 Yahoo! Answers、百度知道、知乎等平台上。研究的内容包括探索用户评估答案质量时使用的评估标准 [31, 43]，以及识别高质量答案的客观特点 [32, 44] 进行自动评估研究 [34, 45]，以下将分别进行介绍。

（1）获取评估答案质量的各种主客观评估标准研究

在获取评估答案质量的各种主客观评估标准时，均是从用户的角度获取到的。例如，Kim 等 [31] 通过分析 Yahoo! Answers 上提问者提供的其选出最好答案的原因，总结出23 个提问者判别高质量答案的标准，包括内容、认知、效用、信息来源、社会情感五大类别。其中，属于这五大类别中的可行性、同意度和完整性是排名前三的重要判别标准。将楠等 [43] 基于已有的理论基础，首先构建了一个相关性理论评估模型，将百度知道上提问者选择最佳答案后留下的原因内容按照构建的相关性理论评估模型进行归类，统计分析得出内容、效用和社会情感因素是多数提问者判定最佳答案的标准，并且发现对不同

---

① 本节主要内容发表于：李蕾，章成志. 社会化问答研究综述 [J]. 数据分析与知识发现，2018，2 (7)：1-12.

主题下的答案判定标准不同。孙晓宁等[46]以现有的质量评估模型为基础，对百度知道上用户对答案质量的感知进行问卷调查，综合采用专家访谈、因子分析的方法，构建了一个包括内容质量、情境质量、来源质量和情感质量4个维度下18项评估标准的用户对百度知道上答案质量评估的模型。

（2）基于高质量答案客观特点的答案质量自动评估研究

在对答案质量进行自动评估方面，普遍使用的方式是利用用户提供的点击好评数作为此答案质量高低的评分。现有很多工作都是基于此种同行评审机制去探索高质量答案的特点，以及对答案的质量进行自动评估。例如，John等[32]和 Blooma 等[47]提出了一个质量评估框架，对 Yahoo! Answers 上的高质量答案进行预测。提问者选择的最佳答案被视为高质量的答案。该质量评估框架是由提问者的历史行为数据，回答者的历史行为数据，用户的认可，文本内容属性4部分组成。该研究通过分析答案的质量与上述框架中属性的相关性，得出答案的内容特征，如完整性、可靠性和准确性与答案质量高度相关。与高质量答案弱相关的属性包括回答者的权威等级和回答过的最佳答案数量。Fu等[44]考虑答案的文本特征和非文本特征来确定评估答案质量的有用属性，并且区分4种不同领域的答案，包括科学、技术、艺术和娱乐，来探索不同领域高质量答案特征的差异。他们发现用户的属性，如用户的徽章、回答过的答案数量、提问的数量，是衡量高质量答案的有用指标，并且没有领域差异。Agichtein 等[34]利用内容属性、用户关系属性等自动识别 Yahoo! Answers 上高质量答案，结论得出答案的长度是最重要的自动评估属性。李展等[45]通过提取百度知道上答案的文本特征（长度、内容词密度、标点符号比重、文本熵、类别距离等）和非文本特征（回答数、用户等级积分、评论数、投票数等），实现了对答案质量的自动分类，实验结果的精确率和召回率均在70%以上。孔维泽等[48]基于文本特征、链接特征、时序特征、用户特征、问题粒度特征，利用 SVM 分类算法对百度知道上高质量和非高质量的答案进行了自动分类。

综上所述，对社会化问答平台上答案质量的研究主要集中在两个方面，其中一个方面是将用户点击好评数作为用户衡量答案质量高低的标准，探索影响用户评估出的高质量答案所具有的客观特征并实现自动评估答案质量。普遍使用的答案特征包括与回答者权威性相关的特征和与答案内容相关的特征，经过验证证实了一些特征的有用性。另一个方面是从用户的角度获取评估答案质量的各类主客观评估标准，从而在理论层面上构建对答案质量的评估模型。因此，在本课题研究中也将分别从上述两个方面实现对学术型社会化问答平台上答案质量评估进行研究，以期实现对该问题的全方位研究。

另外，从上述研究可以看到，在对答案质量进行自动评估方面，大部分的研究都设法从答案的客观特征上来自动评估答案质量，只有少部分研究综合考虑答案的主客观特征。同时，在平台和数据样本的选择上，现有的对通用型社会化问答平台上答案质量的研究都集中在一些大型的问答平台，如 Yahoo! Answers 和百度知道等，存在数据样本选择过于同一的问题，忽视了不同类型和不同领域问题的答案可能存在不同的质量评估准则，同时也缺乏讨论不同用户对答案质量评估的异同性。笔者在本研究中将改进上述问题，综合评估答案质量的各类主客观评估标准，在不同问题类型、不同学科、不同用户评估的情况下，对学术型社会化问答平台上答案质量评估的异同进行探索。

1.3.1.2 领域型社会化问答平台上答案质量评估研究

领域型社会化问答即为某一个专门的知识领域或是某一类专门人群的社会化问答服务。通过文献调研，笔者了解到对两个领域的问答研究最为广泛，分别为医疗健康型和教育型，而缺乏对学术型的社会化问答研究。以下将分别对医疗健康型和教育型社会化问答平台上答案质量评估研究进行概述，以期对学术型社会化问答平台上答案质量研究提供借鉴与启发。

（1）医疗健康型社会化问答平台上答案质量评估研究

医疗健康型是受到最广泛关注和研究的领域型社会化问答。学者们指出，医疗健康领域是一个更为复杂和典型的社会化问答领域，存在与一般问答很多的不同点，其中一个不同点就在于医疗健康型问题的答案质量更为重要，因此，这是产生丰富的对医疗健康问答的答案质量研究的主要原因。大部分研究针对的都是 Yahoo! Answers 上医疗健康类别下答案质量研究，并没有一个较为流行的专门针对医疗健康型的社会化问答平台。

近几年，对互联网上医疗信息质量评估一直以来都是热门的研究话题[49-50]，在社会化问答平台广泛流行后，出现了大量的对社会化问答平台上医疗健康型答案的质量评估研究。总体来说，与对通用型社会化问答平台上答案质量评估的研究角度类似，对医疗健康型社会化问答平台上答案质量评估也可以分为两个类似的角度：一个是事实发现型研究，即利用少量数据探索该类型的答案质量评估现状，如获取各类用户对医疗健康类答案质量评估标准和影响质量评估的外部因素等；另一个角度是实现对医疗健康型答案质量自动评估研究。

对医疗健康型答案质量进行现状探索类研究中，又可分为对整体现状的研究和针对特定疾病或健康问题的研究。Kim 等[51]调查了提问者在对医疗健康型问题的答案进行质量评估时使用的评估标准。根据 Kim 等[31] 构建的 Yahoo! Answers 上提问者选择最佳答案的评估标准模型，该研究探索提问者对一般问题的答案进行质量评估的标准是否适合对医疗健康型问题的答案进行质量评估，此两者之间是否存在差异。结果发现对医疗健康型问题来说，答案的有用性和情感因素是最重要的评估标准，与答案内容相关的评估标准并不是主要的考虑因素。Oh 等[52]进一步对比不同用户对医疗健康型答案质量评估的不同。招募的专业人士（即医疗健康领域的图书馆员）和 Yahoo! Answers 的提问者分别对 Yahoo! Answers 上健康类别下的答案从 10 个评估标准进行质量评估，结果表明在大部分评估标准中，图书馆员对答案质量的评分都低于提问者的评分。Worrall 等[53]基于上述研究发现，社会情感因素是用户对医疗健康型答案质量评估中考虑到的一个非常重要的标准。因此，此研究探索 3 类评估者，包括医疗健康领域的图书馆员、护士，以及 Yahoo! Answers 的提问者。在进行答案质量评估时，使用与社会情感因素相关的评估标准。Oh 等[54]扩展了其上述 2011 年的研究，对比了 3 类评估者，即图书馆员、护士，以及 Yahoo! Answers 的提问者，在 10 个不同评估标准上对 Yahoo! Answers 答案进行质量评分的差异性。调查结果显示，图书馆员和护士的质量评分没有显著差异。然而，这两个专家组（图书馆员和护士）与用户之间存在差异。图书馆员和护士对大部分评分标准的质量评分低于用户。Oh 和 Worrall[55]基于上述研究，进一步发现了图书馆员、护士，以及 Yahoo! Answers 的提问者这 3 类评估者的基本特征，如基本人口统计学特征、工作经验、互联网使用时间等，这些会影响其对答案质量的评分。

医疗健康型答案质量的研究包括对青少年厌食症、老年人健康问题等特定疾病的研究。例如，Bowler 等[56]针对青少年对厌食症类问题的答案质量评估进行了研究。作者利用内容分析法分析了厌食症类型下的 81 个问题的最佳答案特征，以获取在此类型下的高质量答案所具有的特点。作者发现即使问题寻求的是事实信息，提问者选出的高质量答案中并没有都是使用可靠的事实信息回答问题，进而可以推断出即使提问者提出的问题是为了寻求信息，但并不全是真的为了获取信息，同时也是为了寻求情感安慰。Wong[57]针对有关老年人健康问题的答案质量进行研究。通过从注册护士的角度对 Yahoo! Answers 上中文和英文答案质量分别进行打分，进而对比中英文答案质量方面的差异。Bae 和 Yi[58]从信息来源的说服力和答案内容特征（包括答案中是否包含乐观的信息、悲观的信息、数字信息、专家信息等）的角度对比在 Yahoo! Answers 上有关性传播疾病类问题下的最佳答案和其他答案是否存在差异。调查结果表明，该类型问题的提问者更倾向于高质量答案中包括数字信息、乐观信息，以及提供参考文献和其他网站链接作为信息来源。悲观的信息与提问者偏好的高质量答案呈负相关。

近期出现了少量的对医疗型问题的答案质量进行自动评估的研究，如 Hu 等[59]利用了词袋模型、主题模型、卷积神经网络等方法构建了答案的内容特征模型，包括写作风格、答案的专业程度及答案与问题的相关度，将质量评估作为分类问题，提出利用深度学习的方法识别高质量的答案。还有研究通过利用外部资源，探索如何自动为问题提供高质量的答案。例如，Deardorff 等[60]指出，美国国家医学图书馆（NLM）会收到用户提出的大量与医疗健康相关的问题，凭借服务人员人工回答大量的问题是很不现实的，效率也很低。因此，该研究就提出了构建一个医疗问题自动回答的系统，通过对问题类型的自动分类，以及识别专业词汇的方式，为问题找到权威的答案。Beloborodov 等[61]利用 LDA 主题模型获取了 Yahoo! Answers 下"diseases and medicine"类别中问题与答案语料中的主题，同时利用医疗领域词典，可以更加有效地理解与"diseases and medicine"有关的语料，进一步提取出疾病和与其对应的治疗药物。

从上述研究可以看出，从不同用户的角度对医疗健康型答案的质量进行评估，进而比较不同用户评估的异同，是一个较为热门的研究话题。而对不同疾病种类的健康问题是否存在质量评估上的差异，则被较少地探索到。另外，已有研究中获取的用户评估医疗健康类答案质量的标准与对其他类信息质量评估的标准是不同的，这也为本研究进行针对学术型社会化问答平台上答案质量评估研究的必要性提供支持。

（2）教育型社会化问答平台上答案质量评估研究

另一个流行的社会化问答为教育型社会化问答，学生是其主要的用户。教育型社会化问答平台为学生提供了一种新颖的在线学习工具，学生可以随时随地进行学习交流，以期可以起到支持学习的目的。现有的对教育型社会化问答平台的研究，大部分是针对 Brainly，这是一个专门致力于为学生提供一个利用问答形式进行在线学习（即中学学习、高中学习）的平台，学生可以对与 16 个主要学科（如英语、数学、生物、物理等）相关的学习内容进行问答。对教育型社会化问答平台的研究是近几年才刚出现的研究，对其答案质量研究成果较少，仍然仿照对通用型社会化问答平台中答案质量研究的套路，首先探索用户针对教育型答案的质量评估标准，再研究构建自动评估答案质量的模型。

Choi 等[41]研究 Brainly 这个教育型社会化问答平台上内容版主认为重要的答案质量评估标准。通过提供 9 个先前研究中识别出的重要评估标准，在 Brainly 上招募内容版主对各个评估标准进行重要性打分，结果发现有用性、信息量和相关性是最重要的 3 个评估标准。Le 等[62]仍然以 Brainly 上的教育型问答数据为基础，提出了一个自动评估答案质量的框架，通过整合不同类型的特征（用户、社区、内容和背景）建立了一个分类模型，并确定了哪些特征影响答案的质量。作者利用 Brainly 上超过 300 万用户发布的超过 1000 万个教育型答案测试了这个评估框架，实验表明使用随机森林方法识别高质量答案的准确率达到了 83% 以上。另外，用户和社区特征在评估答案质量方面有更好的预测能力。

从上述研究可以看出，对教育型社会化问答中的答案质量评估研究只是照搬了先前对通用型社会化问答中答案质量评估的方法，并没有太多的创新。如何从学生评估的角度，识别出针对教育型答案质量的评估标准或是研究方法，是值得进一步探索的问题。针对本课题的对象，笔者将探索如何从学者评估的角度，识别出针对学术型社会化问答平台上答案质量的评估标准也是值得探索的新问题。

1.3.1.3 社会化问答平台上答案质量评估相关研究工作总结

综上所述，探索用户评估出的高质量答案的客观特征并实现自动评估答案质量的研究，以及从用户的角度获取其对答案质量评估的各类主客观标准的研究，是对社会化问答平台上答案质量评估研究中最主要的两个研究方面。本课题也将效仿这两个研究对学术型社会化问答平台上答案质量评估进行研究。

早期出现的是针对通用型社会化问答平台上的答案质量评估研究，接着也出现了对医疗健康型社会化问答和教育型社会化问答中答案质量评估的专门研究。由于领域型社会化问答有其领域专门的特点，需要有针对某个领域的答案质量评估研究。然而，针对学术型社会化问答平台上的答案，笔者发现现有研究中缺乏对此种新型的领域型社会化问答平台上答案质量的评估研究。因此，进行此项研究有重要的研究意义与应用价值。先前对社会化问答平台上答案质量评估研究中提出的用户评估答案质量的标准，将作为本研究构建针对学者对学术型社会化问答平台上答案质量评估模型的理论基础。笔者将在第二章相关概念与理论基础中对各个评估标准进行详细介绍。

1.3.2 信息质量评估研究

针对本书的研究主题，除了上述概述的对社会化问答平台上答案质量评估的研究外，综述中需要包括的另一个重要的方面是对其他类型信息质量评估的研究，从而为本研究对学术型社会化问答平台上答案质量评估研究提供借鉴。当前，由于 Web 2.0 的快速发展，互联网上出现了各种类型的用户生成内容，对互联网上各种用户生成内容质量评估的研究一直都备受关注。因此，出现了对社会化媒体上各种用户生成内容质量评估的研究。本课题的对象为社会化媒体上用户生成内容中的一种，因此，本小节将首先对社会化媒体上除了社会化问答平台上答案质量评估研究外的各类用户生成内容质量评估研究进行总结。另外，本课题研究对象作为一种学术型内容，有关学术型内容质量评估研究也是一类值得借鉴的相关研究，因此，本小节也将总结有关学术型内容质量评估研究。

1.3.2.1 社会化媒体上用户生成内容质量评估研究

随着 Web 2.0 的持续发展，越来越多的用户不仅是互联网上信息的消费者，同时也是各种信息的生产者，Web 2.0 为互联网用户提供了更为便利的平台以支持信息的生成、分享与检索。现在，互联网正迎来一个由面向系统向面向用户的转变。任何用户都不用进行审核就可以在互联网上发布信息，从而产生了大量用户生成的内容，并且这些内容不需要同行评审就可以直接呈现给大众进行处理、分发和浏览。换句话说，没有经过任何审阅的用户生成内容可以通过互联网直接传递或分享给公众[63]。

最被广泛认可的用户生成内容的特点如下。①提供给公众或至少有限的公众；②包含一定数量的创造性；③由没有经过专业训练的普通大众提供[64]。现已有很多不同类型的社会化媒体，包括博客、微博、论坛、问答平台、维基百科、评级和评论平台、多媒体共享平台和标注平台等[63, 65]，以支持人们可以在其中贡献各种类型的信息。有关社会化问答平台上答案质量评估的相关研究已在第 1.3.1 小节中详细总结，因此，以下部分主要综述社会化媒体上其他类型用户生成内容质量评估的相关研究，包括博文、微博、论坛、维基百科、商品评论、多媒体、标注平台。

（1）博文

对博文质量的研究，包括探索用户评估博文质量的主客观评估标准，如 Kargar 等通过在博客向用户发放问卷获取博文的质量评估标准[66]。周春雷等对科学网参赛博文从博文阅读量、博文评论量、博文推荐数、博主发文量、博主好友数、博主的学历职称、博主所属机构、博主的研究领域等客观角度，探索影响用户评估博文质量的各种因素[67]。另外，有关博文质量的研究集中在如何利用评估标准自动评估博文的质量。Kargar 和 Azimzadeh 利用用户评估博文质量的客观评估维度，包括权威性、流行度、时效性、完备性和冗余度等方面对博文质量进行自动评估[68]。Chen 和 Ohta 通过计算博文主题的集中度和多样性来衡量博文内容的深度和广度，进而对博文的质量进行评估[69]。最后，还有研究探索影响博文质量评估的外部影响因素。例如，Chuenchom 探索了用户的性别、文化程度、年龄、职业、使用目的、兴趣等是如何影响用户对博客质量评估标准的选择[70]。

（2）微博

随后，一种比博文内容简洁精练，主题更加集中的信息分享方式，即微博出现了。评估微博内容质量是一个新近的研究课题。目前，在国外研究中该课题重点集中在如何利用客观的方法为某一社会事件提取高质量的信息。例如，Becker 等使用中心识别算法选择高质量的 Twitter 信息[71]。国内对微博内容质量的研究包括从理论方面探索影响质量评估的因素和自动评估微博内容质量两个方面，如莫祖英等从微博信息量、信息内容质量、信息来源质量和信息利用情况 4 个方面构建了微博信息质量评估的指标体系，并通过向用户发放问卷调查的方式，采用层次分析法对指标权重进行设置，形成了微博信息质量评估模型[72]。Peng 等基于多个客观特征融合的方式提取了高质量的微博[73]，并证实从微博提供的查询功能查询出的结果中提取高质量微博的效果最好[74]。

（3）论坛

在对论坛上讨论内容质量的评估中，大多数先前的工作集中在对在线学习论坛上的讨论内容质量进行评估。在线学习论坛提供了一种打破时间空间限制的学习方式。在线学习论坛面临的一个问题是如何从各种的讨论中筛选出高质量的内容。已有工作提出了各种模型研究该问题[75-78]。例如，Newman 等基于 Garrison[79] 提出的 5 段批判性思维模型，即识别、定义、探索、评估、整合，提出了对在线学习论坛内容质量评估的 10 个标准[75]。接着，开始对一般性论坛上的讨论内容进行质量评估，Savolainen 对使用天然产品和种族主义这两个讨论话题的讨论内容进行质量评估，该研究从讨论的信息内容和信息提供者的可信性两个方面提出了用户可能会使用的质量判别标准，并且对提出的标准从正面和负面的角度进行了区分[80]。此外，还有研究探讨了对不同用户群体论坛质量评估的重要性程度。例如，王蕾等从网络论坛用户、网络论坛管理者、合作机构和学术研究机构几个角度分析了对论坛质量研究的重要性[81]。

（4）维基百科

对维基百科文章进行质量评估是维基百科研究的主要关注点之一，主要是因为维基百科的非专业同行的评审机制和开放编辑的特点。早期研究提出了一些简单的措施，来评估维基百科的文章质量。这些简单的措施是基于维基百科文章的一些客观特征，如这篇文章的历史编辑次数和编辑者的权威性[82-83]。之后，有研究从用户评估的角度对此问题进行了更为深入的探索。例如，Stvilia 等通过分析随机抽样的维基百科文章讨论页面中用户提供的有关内容改进的建议，确定了维基百科社区遇到的 10 个信息的质量问题[84]。Stvilia 提出了一个用户视角下的通用信息质量评估模型，并应用该模型评估维基百科文章质量。该模型从权威性、完整性、复杂性、信息性、一致性、时效性等指标判断维基百科文章质量[85]。Yaari 和 BarIlan 雇佣 64 个用户对 5 篇维基百科文章的质量进行评估，并解释其评估依据[86]。Mesgari 等回顾了 110 篇关于维基百科的研究，证实了对维基百科内容质量的研究是最重要课题之一，这些研究已经分析了以下一个或多个方面的评估维度在用户评估维基百科质量时的重要性：包括信息的可靠性或准确性，全面性或覆盖广度，新颖性或时效性，文章内容的可读性或写作风格质量[87]。另外，还有研究分析影响用户对维基百科内容质量评估的外部因素。例如，王丹丹探讨了维基百科上提供的用户之间的交流模式和信息组织方式对维基百科内容质量的影响[88-89]。

（5）商品评论

现有的对商品评论质量的研究，大部分集中在从用户感知的有用性角度进行评估，具体来说主要是将用户点击的有用性数量作为质量的评估依据，通过提取评论的特征，进行评论质量自动评估。由于评论数量庞大，现有研究均欲通过提出一些可自动计算出的或是自动获取的客观特征，来自动获取有用的评论。现有研究也证实了一些可以较为容易自动获取的评论特征对评论有用性的显著影响，如评论者的特点（评论者的经验、评论者的影响力、评论者的累积评论数）[90-92]、评论的长度[90, 92-94]。有丰富的研究进一步提出各种较为复杂的可计算的评论特征。例如，Chua 和 Banerjee 计算了评论的 3 个信息质量的维度（可理解性、特异性和可靠性）与用户感知的评论质量的关系[95]。Korfiatis 等研究了评论的可读性和有用性之间的相互关系[93]。Tsaparas 等提出了识别综合性强的高质量评论的算法，即这些评论涵盖了很多不同方面的信息，从而提取出全面性高的评论，以避免用户需要阅读过多的评论，才能获取需要的信息[96]。聂卉主要从评论内容的语言特征、语义内容、情感倾向等多个特征维度来探索文本特征对用户判别的有用评论的影响[97]；孟园等基于评论的信息特征和情感倾向特征，利用梯度提升决策树模型作为分类模型，探索不同特征对评论有用性程度的分类效果[98]。

（6）多媒体

两个著名的多媒体信息分享平台 Flickr 和 YouTube，分别支持用户上传分享图片和视频这两种最普遍的多媒体信息。国内外最早都是从纯物理的图像内容客观特征来评估图像质量[99-103]。随着社会化媒体共享平台的出现，以致用户产生的图像越来越多，Yang 等提出利用图片的标签、评论和链接来预测图像质量[104]。对视频质量的评估来说，以上图片质量评估的方式均适用[105-108]。同时，由于在社会化媒体的新环境下，Zhu 等探索了外部因素，如社会背景、用户因素（如用户兴趣、人口统计特征等）对用户评估视频质量的影响[109]。

（7）标注平台

标注平台为用户提供了利用社会化标签标注各种不同网络资源的平台。Flickr、CiteUlike、Librarything、Delicious 都是有名的标注网站，分别用于标注图片、学术论文、图书、URL 链接。现有的对标签质量的评估集中在利用各种标签的客观统计特征来实现自动评估，其代表性工作包括：2008 年，Van 等利用标签频率、标签同意度、TF-IDF 3 个特征来评估标签质量，并让用户对筛选出的高质量标签做评估，结果得出利用标签频率和 TF-IDF 评估出的标签质量好于利用标签同意度评估出的标签[110]，2009 年，Zhang 等提出标签的 3 个统计特征可以用来衡量标签质量，即中心性、频率与熵值，结果得出标签的频率和熵值可以有效衡量标签质量[111]；2010 年，Fabiano 等利用标签共现（两个标签同时出现的频率）、标签稳定性（确保标签既不太普遍也不太专指，保持稳定的状态）、标签描述力（衡量标签是否同时出现在标题和描述中）等 3 个指标评估标签质量[112]；2011 年，孙柯将明晰度、TF-IDF 值及信息增益等 3 种指标用于评估标签质量[113]。

上述对当下较为流行的 7 类 UGC（包括博文、微博、论坛、维基百科、商品评论、多媒体、标注平台）质量评估方面的研究进行了概述。总体来说，包括两种角度的研究：一种为对评估标准的识别，即识别出适合用户评估各类用户生成内容质量的主客观评估标准；另一种为如何利用各种客观标准自动评估大量内容的质量。虽然上述研究对象均为用户生成内容，但由于每类用户生成内容都有其自身独有的特点，需要探索适用于其自身特点的质量评估模型，因此，对每类用户生成内容都有丰富的质量评估研究。对学术型社会化问答平台上答案的质量评估同样也需要针对其特点的评估模型，而现有研究中缺乏对学术型社会化问答平台上答案质量评估的相关研究，但是上述各类用户生成内容质量评估研究中提出的各个质量评估标准将为本研究提供理论支持和借鉴。

1.3.2.2　学术型内容质量评估研究

（1）传统的学术内容质量研究

传统的对学术内容质量的评估主要就是对学术论文质量的评估。有研究明确指出，高质量的期刊更可能发表高质量的学术论文。因此，最初的研究是通过检测高质量的期刊，如期刊的引用量、影响因子、权威性等客观指标，来间接反映论文的质量[36-37]。接着，有研究利用学术论文的一些外部客观指标，包括论文作者的权威性、该论文的被引量[38-39]进行学术论文质量评估。再进一步，有研究提出直接根据学术论文的内容去评判文章的质量。Calvert 和 Zengzhi 报告了杂志社编辑们用来评估学术论文的主观标准，包括传递新颖的信息或数据、可接受的研究设计、较高的学术水平、先进的知识、健全的理论、适当的研究方法和分析[114]。由于同行进行学术论文质量判断时，会存在外部因素的影响，Clyde 探索了评估者的专业知识水平对判断出版物质量的影响[115]。

目前，对社会化媒体上的学术内容质量的研究还很少。Li 等以 ResearchGate Q&A 平台为研究对象，探索了与内容相关的一些客观属性，包括社会因素、共识、事实信息、提供的资料、参考其他研究人员成果、提供意见、提供个人经验，以及一些非内容的客观属性，包括回答时间、答案长度、回答者的权威性，对同行评审学术答案质量的影响。接着，通过应用机器学习分类模型，使用上述提出的答案客观属性对同行评审的学术答案质量进行预测。但是，结果显示预测的准确率和召回率并没有很理想[116]。通过先前学者对信息质量评估的定义[117]可知，用户对信息质量的评估是一个结合客观和主观的过程，只是使用客观的评估标准，并不能对信息质量有着较好的预测。另外，不同的信息判别者及在不同的使用环境下，对信息质量的判别也是不同的，具体表现在不同信息判别者会对不同的评估标准的重要性程度有着不同的认知，从而挑选出的满足其需要的高质量信息是专属于其认知要求的。Li 等提出的学术答案质量评估模型[116]并不完善，并没有结合主客观评估标准，可能是导致预测结果不理想的一个很重要的原因。

因此，现有研究缺乏一个有效的对社会化媒体上学术生成内容进行质量评估的模型。随着越来越多的学者或是学生使用社会化媒体获取开放存取的学术型用户生成内容，对其质量进行评估就显得尤为重要。

（2）社会化媒体上学术内容相关性和可信性研究

现有研究缺乏对社会化媒体上学术内容质量的评估研究。然而，已有研究探索了社会化媒体上学术内容的相关性和可信性[3, 40, 118-121]。同时，先前有研究明确提出"信息的相关性和可信性是信息质量概念的重要组成部分[121-122]"。因此，本研究对该部分的研究成果进行概述，以期为本研究提供借鉴。

①相关性。Park 对正在撰写硕士毕业论文开题报告的 11 名研究生进行了访谈，询问其在此过程中选择参考文献依据的标准。提出了内部背景、外部背景和问题背景 3 个方面的因素影响相关性评估[123]。Cool 等报告了人文学科的学者在从事教学和研究中评估学术文档的相关性或是有用性的判别标准。该研究确定了 6 个类别的判断标准：主题、内容、格式、呈现、价值和自身情况[118]。Barry 通过开放式访谈方法，收集了用户对利用搜索引擎检索出的学术文档的相关性评估标准。该研究将收集到的评估标准分类为有关信息内容的，有关信息来源的，有关用户背景的，有关用户偏好的，有关用户使用情况的[119]。除了对相关性评估标准的探索外，也有研究探索用户使用的评估标准的变化，如 Vakkari 观察学生在准备硕士论文的过程中对利用搜索引擎检索出的学术内容相关性评估标准的变化[124]。

②可信性。Liu 采用问卷调查法，调查影响学生判别网络学术信息可信度的因素。该研究发现，信息内容、权威性、布局和结构这 3 个方面会影响网络上学术信息的可信性[120]。Watson 报告了学生在从事研究任务或项目时，判别学术信息可信性和相关性的标准。学生对相关性的判断是基于信息的可理解性、完整性和真实性；对可信性的判断是根据写作风格、对先前知识的验证和对信息创造者权威性的感知[121]。最近，还有一些调查研究发现，研究人员对互联网作为其中一个学术信息来源渠道是不信任的，因为他们质疑其学术信息的质量[3, 40]。这为本课题研究社会化媒体上学术内容质量的必要性提供了支持。

上述对学术内容相关性和可信性的研究主要集中在探索用户使用哪些标准对学术内容的相关性或可信性进行判断。虽然这些标准并不是学术型信息质量评估的标准，但是基于相关研究提出的"信息的相关性和可信性是信息质量概念的重要组成部分"[121-122]，对相关性和可信性评估的某些标准也可以用于对学术型社会化问答平台上答案的质量评估中。因此，本课题将此部分列入对学术型社会化问答平台上答案质量评估模型构建时的理论基础中，以丰富本课题构建针对学术型社会化问答平台上答案质量评估模型中的评估标准，以为进一步利用实证研究的方式验证各个评估标准的适用性提供充足的准备，以确保本书构建出的对学术型社会化问答平台上答案质量评估模型的完整性。

1.3.2.3 信息质量评估相关研究工作总结

由于识别出用户评估出的高质量信息可以使用户满意并提供高效的使用信息，因此，信息质量评估一直都是热门研究话题。从最早的对信息系统中数据质量的研究，发展到现在对社会化媒体上各种用户生成内容质量的研究，研究方向可以归纳为两类：一类为如何利用可计算的客观特征自动识别出用户认为的高质量信息；另一类为探索用户选择哪些主客观评估标准对不同类型的信息质量进行评估，从而构建适合于不同信息类型的理论层面的评估模型，并对影响信息质量评估的外部因素进行探讨。同时，也可以看到不同类型的信息，需要适用于其特点的有针对性的质量评估模型。

随着学术型用户生成内容越来越多地出现在互联网上，其作为一种新型的用户生成内容，对其质量的研究更为重要。因为其受众一般是科研工作者，他们需要使用这些学术信息支持研究，低质量的学术信息可能使其研究误入歧途，进而浪费大量的时间。同时，其是一种专业性较强的内容，与其他类型的用户生成内容也有不同，因此，需要有专门的研究对学术型用户生成内容的质量进行探索。ResearchGate 作为当下最大的学术型社会化媒体（2014 年 *Nature* 调查结果 [2]），其问答平台是 ResearchGate 一大特色服务，学者们可以通过提问和回答的方式进行学术信息的交流和获取，已有很多学者使用该问答平台获取学术信息。随着使用该平台用户的增多，对其进行答案质量评估是一个必须有效解决的问题，以保证该渠道可以为学者提供更优质、更高效的学术信息。然而，现有研究缺乏对学术型社会化问答平台上答案质量的评估研究。本课题会填补这一空白。

上述总结的现有研究中，有关用户对当下较为流行的各类 UGC（包括博文、微博、论坛、维基百科、商品评论、多媒体、标注平台）质量评估中涉及的各类主客观评估标准，以及对学术内容质量评估和对互联网上学术内容相关性和可信性研究中提出的各类评估标准将作为本研究的理论基础（将在下一章相关概念与理论基础中进行详细介绍）。同时，本研究将结合学术型社会化问答平台上答案自身的特点提出针对此类型答案的质量评估标准，通过从用户角度进行实证验证的方式获取学者对学术型社会化问答平台上答案质量评估模型，从而达到从理论和实践的角度丰富现有信息质量研究的目的。

1.4 总体研究思路

通过上述对相关文献的调研，现有的对其他类型信息质量评估研究中提到的最主要的两个研究方向将作为本课题的研究思路来源。本书将通过两个阶段的研究工作对学术型社会化问答平台上答案的质量评估问题进行探索。第一个研究阶段为发现问题与现状分析阶段，首先了解学术型社会化问答平台上答案客观特征的不同之处，并用其客观特征自动预测用户评估出的答案质量；其次基于第一个研究阶段的启示，发现仅使用客观特征并不能有效识别用户评判出的高质量答案，需要探索更为有效的用户评估学术型社会化问答平台上答案质量的评估模型。因此，第二个研究阶段将通过实际的用户调查获取用户评估学术型社会化问答平台上答案质量时使用的各类主客观评估标准及其重要性程度，从而构建用户对学术型社会化问答平台上答案的质量评估模型，并探索影响用户对学术型社会化问答平台上答案质量评估的外部影响因素。为了实施上述研究工作，本书将以学术型社会化媒体网站 ResearchGate 问答平台上的答案为研究对象，从而实现对学术型社会化问答平台上答案质量评估问题的研究。

以下将详细介绍本课题总体研究思路。第 1.4.1 部分详细介绍了本课题基于的研究对象——ResearchGate Q&A ；第 1.4.2 部分将介绍指导本课题研究设计的宏观理论依据，即说明本课题提出的各研究内容的设计与实施是有据可循的；第 1.4.3 部分叙述了本课题的两个研究阶段中包括的研究内容及拟解决的研究问题；第 1.4.4 部分介绍了解决上述提出的研究问题采用的研究方法；第 1.4.5 部分总结了本课题实施的技术路线。

1.4.1 研究对象——ResearchGate Q&A

ResearchGate 是当下最著名的学术社会化媒体网站之一。根据 *Nature* 最新的调查结果显示，截至 2015 年 1 月，ResearchGate 约有注册用户 500 万，已经成为全球最大的 ASNS[2]。ResearchGate 为实名注册网站，其为科研学者提供了一个研究分享平台，除了允许用户发布他们的学术出版物和建立个人的学术社交网络外，ResearchGate 最有特色的就是其问答平台，用户通过提问和回答的方式进行学术信息交流[17]。图 1.1 为 ResearchGate Q&A 平台上问题与其答案的一个页面实例，与问题相关的信息包括提问者的姓名、提问者的研究单位、提问者在 ResearchGate 上的学术评分、问题的题目、问题的内容、问题的主题标签，以及提问的时间。问题的下边罗列出 ResearchGate 用户给出的回答，具体包括回答者的姓名、回答者的机构、回答者在 ResearchGate 上的学术评分、回答时间及回答内容。所有的注册用户都可以浏览，用户通过点击每个答案下的

"Recommend"按键进行高质量答案的推荐投票。

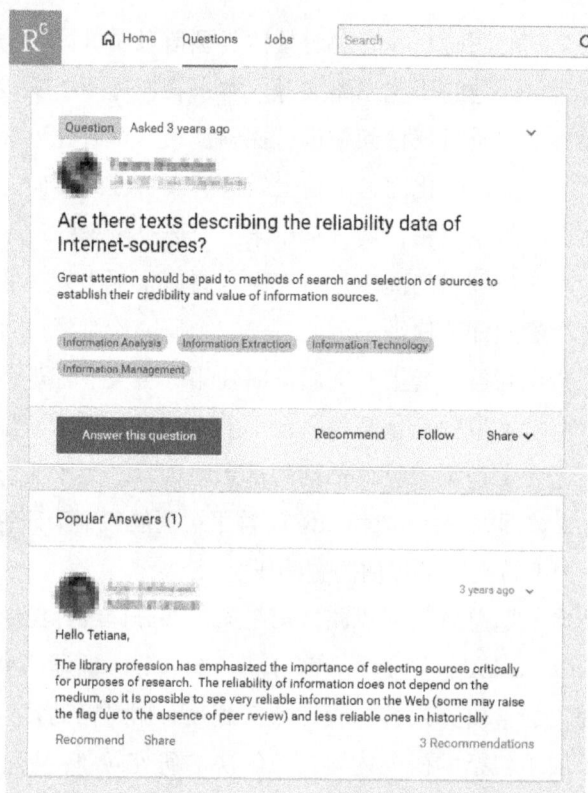

图 1.1 ResearchGate Q&A 平台上问题与其答案的页面实例

1.4.2 研究设计指导

本研究将 Bransford 和 Stein[125] 提出的问题解决周期模型（problem-solving cycle）作为本文宏观设计的理论依据。问题解决包括发现和分析一个特定的问题，制定策略和组织相关技能和知识，以便克服障碍，找到能解决问题的可行方案。

选择一个适当的解决方案在很大程度上取决于问题的具体情况。但是，所有的问题解决有着通用的步骤。因此，Bransford 和 Stein[125] 提出了一个七步解决问题的环状模型，如图 1.2 所示。之所以称这个模型是环状的，是因为一旦一个问题被解决，另一个问题通常会出现。此模型的 7 个具体步骤列举如下。

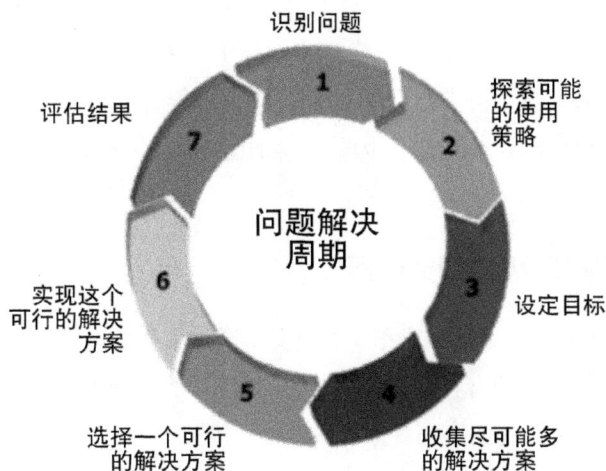

图 1.2　问题解决周期模型 [125]

①识别问题：认识到需要解决的问题的存在，同时提出问题。

②探索可能使用的策略：充分地思考研究问题，并探索可能的问题解决策略。

③设定目标：设定一个不是很宽泛也不是很狭窄的研究目标。

④收集尽可能多的解决方案：从相关文献、书籍或互联网上收集尽可能多的解决办法。

⑤选择一个可行的解决方案：依据研究目标和预期的研究结果，选择一个可行的解决方案，并说明理由。

⑥实现这个可行的解决方案：将解决方案付诸行动，创建一个详细的计划列表。

⑦评估结果：在解决方案实现后，评估结果以确定它是否有效地解决了问题。

本课题总体研究框架的设计基于以上研究方法理论的指导，以期利用该理论进行有效的研究设计，并基于此理论提出了以下 3 个研究准则。

①根据发现问题和解决问题的研究过程，提出可选择的解决方案，实现一个探索的过程。因此，本课题将包括两个阶段的研究任务：第一个研究阶段为发现问题与现状分析阶段，通过探索 ResearchGate Q&A 上答案客观特征和利用客观特征对用户评估出的答案质量进行预测的效果，从而实现发现问题的研究过程；第二个研究阶段为通过获取学者用于评估 ResearchGate Q&A 上答案质量的各类主客观评估标准，从而构建出学者对其质量的评估模型。

②在对本课题研究的过程中，利用提出研究问题的方式设定研究目标，以需要解决的研究问题为导向，本课题提出了两个研究阶段的研究问题，从而利用发现问题到解决

问题的研究过程实施对学术型社会化问答平台上答案质量评估进行研究。

③利用多个实验，采用多种研究方法完成本研究。本研究中的两个研究阶段包括 5 个子研究内容（第 1.4.3 小节将详细介绍各个子研究内容）。针对每个子研究内容需要解决的问题，都需采用相应的研究方法，因此，本课题将综合多个研究方法，从而达到解决问题的目的。

1.4.3　研究内容与拟解决的研究问题

为了进行此课题的研究，从 2015 年 1 月开始，笔者陆续进行了针对此课题的一系列研究，图 1.3 展示了本课题的总体研究内容框架。以下将详细介绍本课题研究框架中包括的各个研究内容及各个研究内容需要解决的研究问题。

如图 1.3 所示，本课题包括两个研究阶段，第一个研究阶段为问题发现与现状分析阶段，第二个研究阶段为问题解决与模型构建阶段。以下将对这两个研究阶段进行详细介绍。

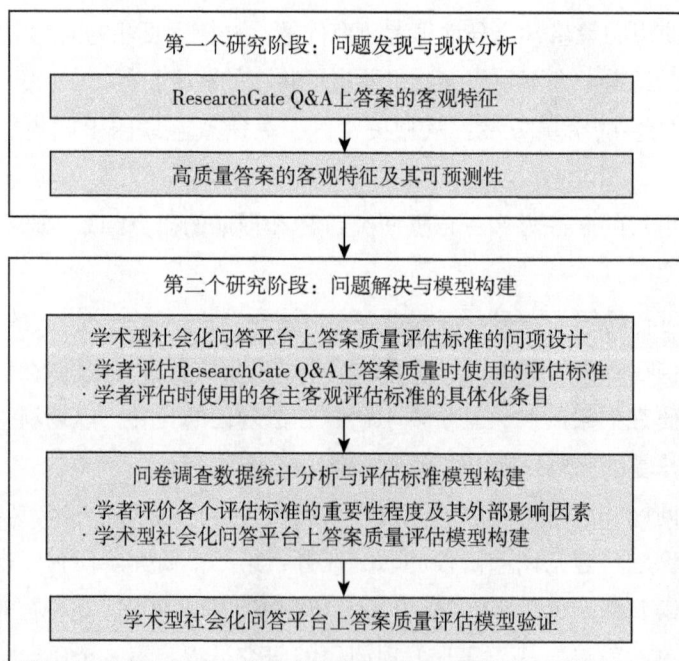

第一个研究阶段：问题发现与现状分析
ResearchGate Q&A上答案的客观特征
高质量答案的客观特征及其可预测性

第二个研究阶段：问题解决与模型构建
学术型社会化问答平台上答案质量评估标准的问项设计
·学者评估ResearchGate Q&A上答案质量时使用的评估标准
·学者评估时使用的各主客观评估标准的具体化条目

问卷调查数据统计分析与评估标准模型构建
·学者评价各个评估标准的重要性程度及其外部影响因素
·学术型社会化问答平台上答案质量评估模型构建

学术型社会化问答平台上答案质量评估模型验证

图 1.3　总体研究内容框架

1.4.3.1　第一个研究阶段：问题发现与现状分析

第一个研究阶段的主要目的是说明笔者探索的研究问题的必要性，具体来说主要包括两个方面的研究内容，即探索 ResearchGate Q&A 上答案的客观特征，以及 ResearchGate Q&A 上被用户推荐的高质量答案的客观特征及其可预测性。

（1）ResearchGate Q&A 上答案的客观特征

本研究阶段首先对 ResearchGate Q&A 上答案的客观特征进行了分析，接着笔者将分析出的 ResearchGate Q&A 上答案的客观特征结论与现有研究中有关对一般问答平台上类似的答案客观特征的研究结论进行对比，从而突出 ResearchGate Q&A 上答案的不同之处，说明对学术型社会化问答平台上答案质量评估的必要性。具体来说，此部分将探索的研究问题如下：

RQ1：学术型社会化问答平台上的答案存在哪些客观特点？

RQ2：学术型与非学术型社会化问答平台上答案的客观特点是否存在差异，以及在哪些方面存在差异？

（2）高质量答案的客观特征及其可预测性

接着，笔者注意到 ResearchGate Q&A 上已经提供了类似于同行评议的推荐高质量答案的机制，图 1.4 展示了 ResearchGate Q&A 平台上某一个答案下的"Recommend"功能。

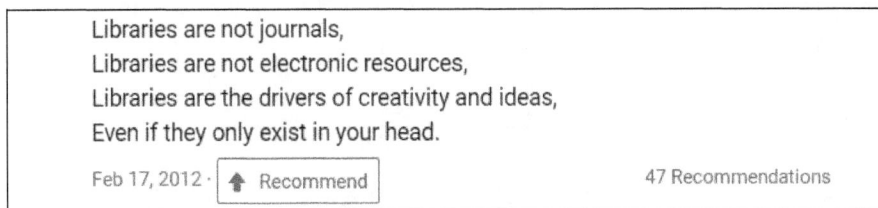

Libraries are not journals,
Libraries are not electronic resources,
Libraries are the drivers of creativity and ideas,
Even if they only exist in your head.

Feb 17, 2012 · ⬆ Recommend   47 Recommendations

图 1.4　ResearchGate Q&A 上"Recommend"功能示例

在 ResearchGate Q&A 提供的官方说明文档中，对"Recommend"的定义如图 1.5 所示。

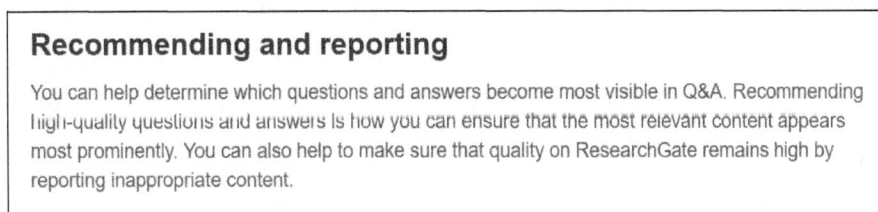

Recommending and reporting

You can help determine which questions and answers become most visible in Q&A. Recommending high-quality questions and answers is how you can ensure that the most relevant content appears most prominently. You can also help to make sure that quality on ResearchGate remains high by reporting inappropriate content.

图 1.5　ResearchGate Q&A 提供的对"Recommend"的功能说明[①]

① https：//explore.researchgate.net/pages/viewpage.action？ pageId=14155852.

图 1.5 翻译过来的大意是鼓励用户推荐高质量的问题或答案，让高质量的内容可以在平台上被呈现的更加突出（appear most prominently），其他用户就可快速获取高质量的内容。因此，这种推荐机制提供了一个非常直接的识别高质量答案的方式。每一个答案获得的推荐数就可以看作是在 ResearchGate Q&A 这个平台中用户对该答案评判的质量分值。因此，本部分首先探索在 ResearchGate Q&A 平台上被用户点击的高质量答案的客观特征，以及这些客观特征是否会随着不同学科的问题和不同类型的问题而有所差异，具体来说预解决的研究问题如下：

RQ3：学术型社会化问答平台上答案的哪些客观特征会影响用户判定其为高质量的答案？

RQ4：学科和问题类型是否会影响用户评估出的高质量答案的客观特征？

接着，根据已有的对其他类型信息质量评估研究的通用研究模式，即如果可以利用信息的客观可计算特征来准确预测用户评估出的高质量信息，那么就可以实现方便快捷地自动获取用户满意的高质量信息，信息质量评估问题就得以解决。因此，本部分最后通过利用上一部分研究识别出的学术型社会化问答平台上的高质量答案客观特征，探索这些客观特征是否可以准确预测出用户评估的高质量答案，解决的研究问题为：

RQ5：利用识别出的高质量答案的客观特征是否可以预测答案在 ResearchGate Q&A 平台上被用户评估的质量情况？哪种预测模型表现最好？

1.4.3.2 第二个研究阶段：问题解决与模型构建

第二个研究阶段包括的研究内容是由第一个研究阶段启发并引出的。由于在第一个研究阶段中对比了学术型社会化问答平台上答案的客观特征与非学术型问答平台上答案的客观特征，发现二者存在很大差异，有必要针对学术型社会化问答平台上答案进行专门的质量评估研究；接着发现仅利用学术型社会化问答平台上答案的客观特征并不能准确预测出用户评判的高质量答案，有必要直接从用户的角度获取针对学术型社会化问答平台上答案质量评估的各类主客观评估标准来构建答案质量评估模型，从而实现可以准确识别用户评估出的高质量答案。同时，第一个研究阶段也证实答案所属的学科和问题类型的不同，会影响学者评判高质量答案的客观特征。此现象也暗示一些可能存在的外部因素会影响学者对高质量答案的评估。因此，第一个研究阶段就引出了第二个研究阶段的问题解决与模型构建。

本研究阶段包括 3 个部分的研究内容：学术型社会化问答平台上答案质量评估标准的问项设计；问卷调查数据统计分析与评估标准模型的构建；学术型社会化问答平台上答案质量评估模型验证。本书拟通过这 3 个部分的研究内容构建一个适用于学术型社会化问答平台上答案质量评估的模型，并对模型进行评估验证。以下将详细对各个部分的研究内容进行介绍。

（1）学术型社会化问答平台上答案质量评估标准的问项设计

本部分是进行问卷调查，用于构建学术型社会化问答平台上答案质量评估模型的问项设计，具体包括两个部分，首先需要获取学者评估 ResearchGate Q&A 上答案质量时使用的各类主客观评估标准，接着对学者评估时使用的各主客观评估标准赋予具体化条目，从而获取问卷调查中的针对各个评估标准的具体化条目问项。

1）学者评估 ResearchGate Q&A 上答案质量时使用的标准

现有研究中并没有专门针对学者对学术型社会化问答平台上答案质量评估模型的构建研究。Huang 等在其研究信息质量评估模型构建中指出，评估标准的选择可以是基于直观的理解、工业经验、文献回顾，或消费者访谈调查[126]。本部分研究是为了确保模型构建的完整性和准确性，即一些适用于学者评估学术型社会化问答平台上答案质量的评估标准，没有在用户对其他信息质量评估时提出的评判标准中被识别出。因此，设计用于以下问卷调查中的评估标准问项时并不是直接使用现有的信息质量评估研究文献中已经提出的评估标准，而是在此研究步骤中先通过对少部分学者进行调查的方式，来直接获取针对学者用于识别 ResearchGate Q&A 上高质量学术答案的各类主客观评判标准。具体来说，解决的研究问题如下：

RQ6：学者利用哪些客观评估标准判别其领域的答案质量？

RQ7：学者利用哪些主观评估标准判别其领域的答案质量？

2）学者评估时使用的各主客观标准的具体化条目

本部分的目的是确认学者对学术型社会化问答平台上答案质量评估时使用的各主客观评估标准的具体化解释条目，以用于后续问卷调查中。因此，本部分通过综合上部分以用户调查的方式获取的学者用于识别 ResearchGate Q&A 上高质量学术答案的评判标准和从相关文献中获取的用户评估其他类型信息质量时使用的评估标准及其具体化条目，以保证为问卷调查提供完整和全面的评估标准问项。具体来说，本部分将以通过用户调查的方式获取的学者用于识别 ResearchGate Q&A 上高质量学术答案的评判标准为基准，加入从其他相关信息质量评估研究文献中提出但在上述用户调查中并没有被提到的评估标准，同时利用相关文献中对一些评估标准的定义或度量维度，并结合用户调查中学者对各个评估标准的具体解释，从而获取将用于问卷调查的评估标准集及其解释条目的质量评估标准层次结构。因此，本部分解决的研究问题为：

RQ8：各质量评估标准在学者对学术型社会化问答平台上答案质量评估的情景下的具体化条目是什么？

（2）问卷调查数据统计分析与评估标准模型的构建

通过利用上述步骤获取的对各个评估标准的具体问项条目实施问卷调查获取数据，即获取学者对各个评估标准具体问项条目的重要性程度打分数据，就可对获取的问卷数据进行基本的统计分析，并进一步构建学术型社会化问答平台上答案质量评估标准模型的构建。具体来说，对获取的问卷调查数据可以进行两个方面的统计分析，包括学者评估各个标准重要性程度，以及影响学者对各个评估标准重要性程度认知的外部影响因素分析。

1）学者评估各个标准重要性程度及其外部影响因素

本部分的目的是通过问卷调查的方式对在 ResearchGate Q&A 上推荐过高质量答案的用户进行调查，这些 ResearchGate 用户既是学者，又是真实使用 ResearchGate Q&A 平台获取高质量学术内容的学者，因此，他们是对高质量学术型社会化问答平台上答案质量最有发言权的用户。通过此方式，可以直接获取大量学者对各评估标准的各具体化条目重要性程度的打分，进而可以利用基本的统计分析获取学者在对学术型社会化问答平台上答案质量进行评估时对各个主客观评估标准重要性程度的认知，进而可以利用差异性分析方法获取不同的外部因素，如不同的评估者的特征、不同的学科、不同的问题类型等。本部分解决的研究问题为：

RQ9：对学术型社会化问答平台上答案质量进行评估时，学者如何认定用于质量评估的各类主客观评估标准的重要性程度？

RQ10：哪些外部影响因素会影响学者评估各个质量评估标准的重要性程度？

2）学术型社会化问答平台上答案质量评估模型

本部分的目的是利用获取的问卷数据构建一个针对学者对学术型社会化问答平台上答案质量评估的模型。该模型不仅能在理论层面丰富现有的信息质量评估研究，还能在实际应用层面为学术型社会化问答平台推荐用户满意的高质量答案提供依据。具体来说，为了构建模型需要解决的研究问题如下：

RQ11：对学术型社会化问答平台上答案质量评估的模型中包括哪些评估标准问项？

RQ12：对学术型社会化问答平台上答案质量评估的模型中包括的各评估标准问项的权重值为多少？

（3）学术型社会化问答平台上答案质量评估模型验证

完成上述对学术型社会化问答平台上答案质量评估模型的构建后，需要通过对模型的应用实现模型的验证过程。同时，此验证过程也需要考虑上述分析出的外部影响因素，如被调查者的人口统计学特征，以及问题类型和学科的不同是否会影响其对各评估标准的重要性打分，从而决定对模型进行验证时选择的答案所属问题类型、学科及评估者的人口统计学特征，进而保证对模型的合理验证。具体来说，模型验证过程回答的研究问题为：

RQ13：构建的对学术型社会化问答平台上答案质量评估模型的评估效果如何？

1.4.4 研究方法

根据上述提出的 2 个研究阶段下的 5 个方面的子研究内容，表 1.1 简要总结了本书中包括的各子研究使用到的研究方法。针对各个子研究内容需要解决的研究问题，将综合使用多种研究方法，具体来说将主要使用如下 6 个研究方法。

①文献分析法。为了进行对学术型社会化问答平台上答案质量评估标准的问项设计，笔者需要广泛对各类用户生成内容质量评估研究和学术内容质量评估研究进行阅读总结，以对先前质量评估研究中提出的质量评估标准进行总结分类。这将作为本研究构建针对学术型社会化问答平台上答案质量评估模型的理论基础。

②内容分析法。上述提到的第一个研究阶段获取 ResearchGate Q&A 上答案的客观特征和第二个研究阶段设计对学术型社会化问答平台上答案质量评估标准的问项中均将使用到内容分析法。具体来说，获取 ResearchGate Q&A 上答案的客观特征将使用到指示性内容分析法（directed content analysis，分析内容来源于公认的理论和相关研究），对 ResearchGate Q&A 上的答案内容按照设定的内容特征框架进行内容分析；设计对学术型社会化问答平台上答案质量评估标准的问项将结合使用传统的内容分析法（conventional content analysis，分析内容来源于原始的访谈资料）和指示性内容分析法。在对评估标准进行归纳时，首先使用传统的内容分析法从用户调查内容中直接提出研究需要的最小分析单位——评估标准，接着使用指示性内容分析法，把从用户调查中提出的评估标准归类到从相关文献中归纳整理的质量评估标准分类框架。

③机器学习分类算法。上述提到的第一个研究阶段中分析高质量答案的客观特征及其可预测性将用到机器学习中的分类算法，把答案质量预测看作是一个分类问题，通过对比朴素贝叶斯、有序逻辑回归和 SVM 分类算法的分类效果，得出对答案质量类别的最优预测效果。

④用户调查法。上述第二个研究阶段中设计对学术型社会化问答平台上答案质量评估标准的问项、评估标准模型的构建及验证均要用到用户调查法。其中，设计对学术型社会化问答平台上答案质量评估标准的问项将利用用户调查的方式获取学者判别高质量学术答案的评估标准。评估标准模型的构建将利用问卷调查的方法获取 ResearchGate

Q&A 上学者推荐高质量答案时对各个评估标准重要性程度的评分。评估标准模型的验证也将利用用户调查的方法获取学者对模型中包括的各个评估标准和总体质量的打分。

⑤自然主义研究设计法。由于现有研究中并没有针对学术型社会化问答平台上答案质量评估模型构建研究，因此上述提到的第二个研究阶段中设计对学术型社会化问答平台上答案质量评估标准的问项将使用到自然主义研究设计法，即为了准确获取学者评估学术型社会化问答平台上答案质量时使用的标准，是让学者根据自身的感知自行报告其使用的评估标准，并不预先提供评估标准供学者选择，从而不会干扰其在调查中提供的评估标准。

⑥统计分析法。本课题的第二个研究阶段对问卷调查数据统计分析与评估标准模型构建中将用到多种统计分析法。例如，利用方差分析法来分析学者的人口特征（性别、年龄、当前的学术职位）、问题类型及学科的不同对其评估各个质量评估标准重要性程度是否会产生显著的影响。也将用到主成分分析法构建对学术型社会化问答平台上答案质量评估标准模型，即确定评估模型中包括的评估标准及其权重。

表 1.1　本书中各研究内容和研究方法对照

研究		方法
第一个研究阶段：问题发现与现状分析	ResearchGate Q&A 上答案的客观特征	内容分析法
	高质量答案的客观特征及其可预测性	机器学习分类算法
第二个研究阶段：问题解决与模型构建	学术型社会化问答平台上答案质量评估标准的问项设计	文献分析法、用户调查法、自然主义研究设计法、内容分析法
	问卷调查数据统计分析与评估标准模型的构建	问卷调查、统计分析法
	学术型社会化问答平台上答案质量评估模型验证	用户调查法

1.4.5　技术路线

针对上述研究内容及提出的拟解决的研究问题，本小节将概述本书解决上述研究问题的整体技术路线，如图 1.6 所示。第一个和第二个研究阶段中各个子研究实现的详细技术路线将在第 3 章到第 7 章中分别介绍。

①文献调研。首先，对有关社会化问答平台上答案质量评估研究（包括通用型社会化问答平台上答案质量评估研究和领域型社会化问答平台上答案质量评估研究）和各类信息质量评估研究（包括除了社会化问答平台上答案质量评估研究外的其他类型社会化媒体上用户生成内容质量评估研究和学术型内容质量评估研究）进行文献调研，从而了解到对信息质量评估通用的有效研究方法和本课题需要的基本概念与理论基础。

文献调研
- 社会化问答上答案质量评估研究
  - 通用型社会化问答上答案质量评估研究
  - 领域型社会化问答上答案质量评估研究
- 信息质量评估研究
  - 社会化媒体上用户生成内容质量评估研究
  - 学术型内容质量评估研究

基础概念与理论
- 社会化问答平台
- 学术型信息
- 信息质量评估
- 信息质量评估标准 → 各信息质量评估标准归类分析

第一个研究阶段：问题发现与现状分析

资源获取
- 答案客观特征分析理论框架模型
- ResearchGate Q&A 上问答数据集

数据分析
- 对答案客观特征进行定性内容分析和定量统计分析
- 有序逻辑回归分析与答案质量相关的答案客观特征
- 机器学习分类算法预测高质量答案

研究结论
- ResearchGate Q&A 答案客观特征
- 与学者对答案质量评价相关的答案客观特征
- 学科和问题类型对学者评价出的高质量答案客观特征的影响
- 各分类算法的准确率、召回率、AUC值

第二个研究阶段：问题解决与模型构建

问卷设计
- 通过对少量学者调查获取其评价 ResearchGate Q&A 上答案质量时使用的评价标准
- ＋
- 没有被学者提及但在相关参考文献中被提出的评估标准
- ＋
- 问卷中的其他问项，包括被调查者基本信息、答案所属问题的类型等

问卷数据获取
- 发放预调查问卷
- 问卷修改
- 正式调查

数据分析
- 基本的统计分析获取学者评价各个评价标准重要性程度
- 方差分析探索外部因素对评价标准重要性程度影响
- 构建质量评估模型

研究结论
- 学者评价出的各个评价标准重要性程度
- 外部因素对评价标准重要性程度影响情况
- 对构建出的模型的质量评估效果验证结果

研究启示
- 研究的必要性
- 研究的应用价值
- 研究对其他相关研究的启示

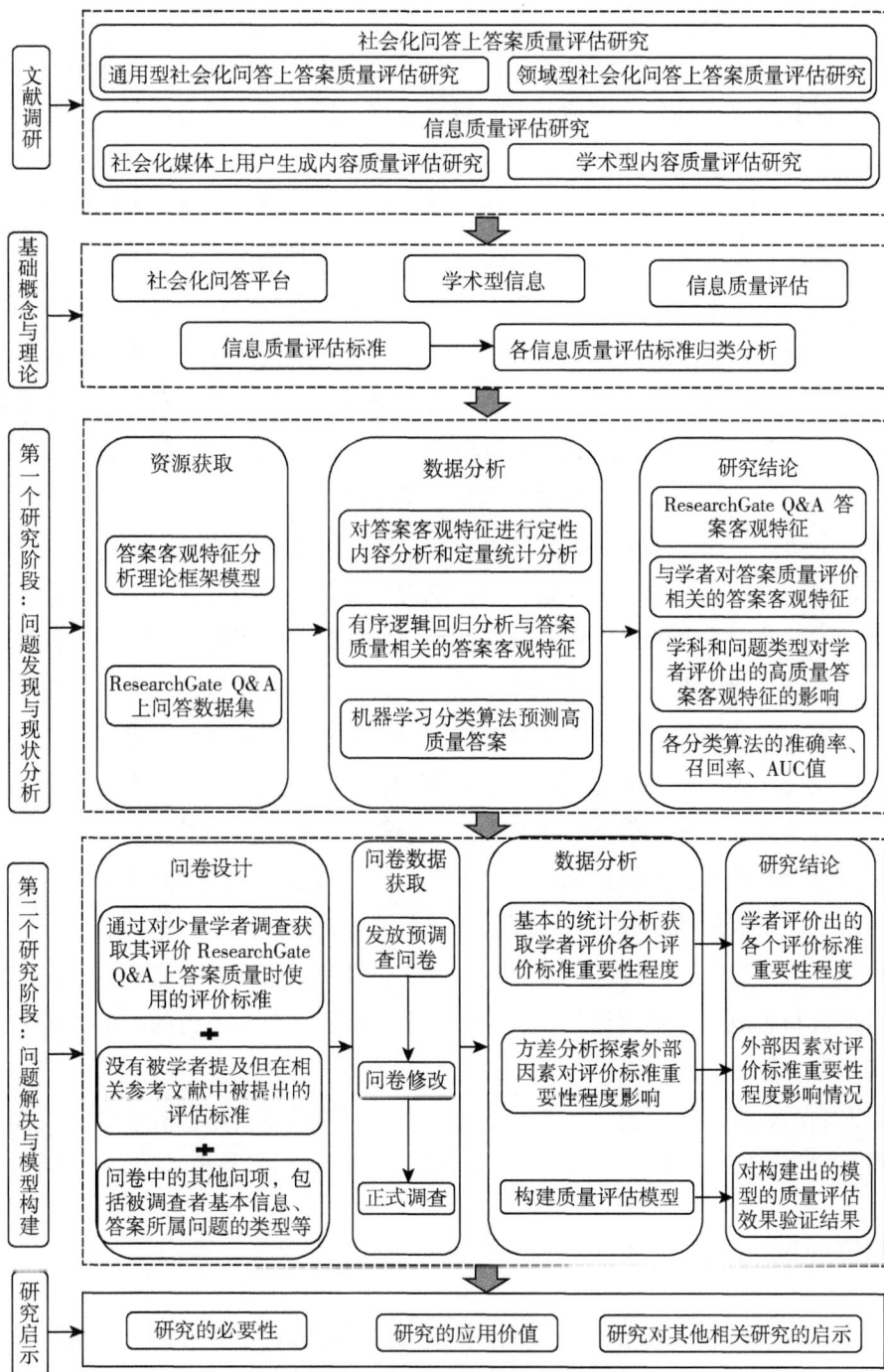

图 1.6　本课题技术路线

②基础概念与理论。通过上述文献调研，本步骤将总结梳理与本课题研究内容相关

的基本概念与理论，包括社会化问答平台、学术型信息、信息质量评估和信息质量评估标准的相关概念和理论。在对信息质量评估标准的相关概念与理论的介绍中，对现有信息质量评估研究中提出的各个评估标准的概念进行了详细的分类介绍，以为构建学术型社会化问答平台上答案质量评估模型提供丰富完整的理论支持。

③第一个研究阶段：问题发现与现状分析。针对上述提出的第一个研究阶段包括的研究内容，首先，此阶段将获取 ResearchGate Q&A 上问答数据集，并利用构建的答案客观特征分析理论框架模型对获取的答案数据进行定性内容分析和定量统计分析，获取答案客观特征情况；其次，利用有序逻辑回归分析与获取到的与用户推荐数显著相关的答案客观特征，进一步区分不同学科和问题类型的答案，分析答案获取到的和用户推荐数相关的答案客观特征；最后，利用多种机器学习分类算法（包括朴素贝叶斯、有序逻辑回归和 SVM 分类算法）预测高质量答案，获取预测效果。

④第二个研究阶段：问题解决与模型构建。针对上述提出的第二个研究阶段包括的研究内容，首先，此阶段将进行问卷设计，以为学者对学术型社会化问答平台上答案质量进行评估时，获取对各个评估标准重要性程度的打分。由于现有的研究中没有针对学术型社会化问答平台上答案质量评估的标准体系，因此问卷设计将结合对少量学者直接调查获取的评估标准和现有的相关质量评估参考文献中提出的评估标准，实现问卷中的评估标准问项设计。另外，加入其他可能对评估标准重要性程度有影响的外部因素问项，包括被调查者的基本信息、答案所属问题的类型等，最终完成问卷问项设计。其次，通过规范的问卷调查流程，包括预调查问卷发放、问卷修改、正式调查等步骤，获取问卷数据。再次，对获取的问卷数据进行基本的统计分析，得到学者评估出的各个评估标准重要性程度；对问卷数据进行差异性分析得到外部因素对评估标准重要性程度影响情况；对问卷数据进行主成分分析，构建质量评估模型。最后，对构建出的模型的质量评估效果进行实际应用验证。

⑤研究启示。最后将详细讨论本课题的 3 个方面的启示，包括对学术型社会化问答平台上答案质量评估研究的必要性启示、应用价值启示及对其他相关研究的启示。

1.5 研究创新点

对学者评估学术型社会化问答平台上答案质量的研究，不仅有助于丰富和完善现有的信息质量研究理论模型，而且为学术型社会化媒体能够提供更好的服务，提高学者的使用满意度，从而为学术型社会化媒体的繁荣发展提供助力。总的来说，本研究的创新之处包括以下 4 点。

（1）研究视角的创新性

在有关信息质量的研究中，对各类用户生成内容的质量评估一直都是热门的研究话题。近期，随着社会化媒体上各类学术型用户生成内容的出现，对其质量的研究也应该成为热门的研究话题，并且更为重要。这是由于学术型用户生成内容有着更为复杂难懂的特征，并且使用学术型用户生成内容的用户一般都是学者或是科研工作者，对此类用户群来说高质量的学术型信息，不仅可以帮助其节省时间，提高科研效率，而且对其研究的顺利进行也至关重要。因此，对学术型用户生成内容的质量评估研究至关重要。然而，现有研究缺乏对此类问题的探索。本课题旨在弥补这一空白，针对学术型社会化问答平台上的答案这一类学术型用户生成内容，对学者评估其质量进行探索研究。

（2）以问题解决周期模型为研究的设计指导，保证了研究内容的全面性

本课题以 Bransford 和 Stein [125] 提出的问题解决周期模型（problem-solving cycle）作为理论依据，秉承从发现问题到解决问题的研究路线，利用两个研究阶段对此问题进行研究。首先，通过第一个研究阶段的发现问题和现状分析中两个子研究，探索这种新型用户生成内容客观特点的特殊之处，以及指出了仅使用学术型答案的客观特征对其质量进行预测的效果并不理想。进而引出了需要进一步对学术型社会化问答平台上答案质量进行评估研究的必要性和重要性，以及需要结合各类主客观评估标准构建从学者对其质量评估角度下的质量评估模型。其次，第二个研究阶段通过构建适用于学者对学术型社会化问答平台上答案质量评估的模型从而实现解决问题的研究过程。可见，本课题对学术型社会化问答平台上答案质量评估进行了一系列较为完整的研究。

（3）利用对比的方式突出本课题研究对象的不同之处

为了突出评估本课题研究对象——学术型社会化问答平台上答案的质量，与先前用户对一般问答平台上答案质量评估的不同之处，通过进行对两者评估的对比，突出了对学术型社会化问答平台上答案进行评估研究的重要性和意义。首先，第一个研究阶段通过对比发现学术型社会化问答平台上的答案与一般问答平台上的答案具有不同的客观特征，从而指出了这些新特征可能会对其质量评估产生影响，因此需要对其质量评估进行专门研究；其次，第二个研究阶段通过对比学者对学术型社会化问答平台上答案质量评估和用户对一般问答平台上答案质量评估时使用的评估标准和各个评估标准的重要性程度，从而突出了对二者质量评估的不同之处。

（4）自然主义研究设计方法在质量评估模型构建中的应用

由于现有的质量评估研究中并没有针对学术型用户生成内容质量评估的研究，因此，笔者为了保证模型构建的准确性和完整性，在构建针对学术型社会化问答平台上答案质量评估模型时使用了自然主义研究设计方法。在第二个研究阶段设计对学术型社会化问

答平台上答案质量评估标准的问卷问项时,首先通过利用自然主义的研究设计方法,在不提供任何评估标准供被调查者选择的情况下,让其自行提供在对学术型社会化问答平台上答案进行评估时使用的标准,从而获取针对学术型社会化问答平台上答案评估的专有标准。

1.6 章节安排

基于上述提出的研究内容,本书总共分为9章,各个章节的主要内容介绍如下。

第1章,首先,对与此研究相关的3个方面的背景(包括学术型社会化媒体网站的使用与研究、用户对信息质量的评估研究,以及学者对学术型答案质量评估的不同之处)及其理论和实践意义进行了介绍;其次,对本课题涉及的社会化问答和信息质量的相关研究工作进行了综述,从而突出了进行此研究的必要性和创新性,以及进行本课题研究需要的相关理论来源;再次,从研究对象、宏观设计指导、研究内容与拟解决的研究问题、研究方法和技术路线5个方面对本课题的总体研究思路进行阐述;最后,对本课题的创新点及本书组织结构进行了阐述。

第2章,对本课题需要的相关概念与理论基础进行总结,具体包括4个部分,分别为有关社会化问答、学术型信息和信息质量评估的相关理论概念,以及对从相关信息质量评估研究中分类整理出的各个评估标准的概念进行了阐述,以为本课题进行对学术型社会化问答平台上答案质量评估模型的构建提供理论基础。

第3章,介绍了第一个研究阶段中探索 ResearchGate Q&A 上答案的客观特征。具体阐述了该研究的问答数据收集、用于内容分析的答案客观特征理论框架模型、使用内容分析方法的过程和可靠性,以及研究结论,并在讨论中对比了本部分获取的学术型答案客观特征与一般问答平台上答案特征的区别。

第4章,介绍了第一个研究阶段中探索 ResearchGate Q&A 上被用户推荐的高质量答案的客观特征及其可预测性,具体阐述了用于识别高质量答案客观特征的理论框架、问答数据集获取、对各个答案客观特征的提取、数据预处理,以及指出使用的3个预测答案质量的分类算法。最后得出研究结论并对结论进行讨论,从而指出此部分预测效果低的原因。

第5章,开始介绍第二个研究阶段的研究。此章节主要对设计学术型社会化问答平台上答案质量评估标准的问卷测度项的过程进行介绍。首先,介绍用户调查涉及的数据获取、流程设计、内容分析过程,以及获取学者评估其领域答案时使用的评估标准。其次,结合用户调查结果和相关质量评估文献中的评估标准进行问卷问项设计。最后,对构建的问项层次体系进行了详细介绍。

第6章，实施问卷调查，获取问卷数据，展示问卷数据进行基本统计分析的结果，以及分析在不同外部影响因素下的各个评估标准重要性程度的差异性。接着介绍构建学术型社会化问答平台上答案质量评估模型的过程。

第7章，为模型的验证部分，介绍了模型验证时需要进行的评估者和评估对象的选择，最终获取数据实现模型验证的过程。

第8章，为针对研究结论进行讨论而获取的启示，讨论了3个方面的内容，包括对学术型社会化问答平台上答案质量评估研究的必要性，本课题的实际应用价值与对国内构建学术型社会化问答平台的设计启示，以及本课题对其他相关研究的启示。

第9章，对本课题进行总结，并指出本课题的局限性与展望。

2　相关概念与理论基础

本章将对本课题涉及的基本理论概念进行总结，具体来说本章包括 4 个部分，分别为有关社会化问答、学术型信息、信息质量评估和信息质量评估标准的相关理论概念。第 2.1 小节对社会化问答属于的在线问答服务的研究情况进行概述，接着针对社会化问答的发展历程，以及在发展过程中产生的通用型社会化问答和领域型社会化问答的特点及运行机制进行了梳理；第 2.2 小节通过分别介绍传统的学术型信息和社会化媒体上的学术型信息的基本概念，对学术型信息的基本概念进行介绍；由于本课题的研究对象为学术型社会化媒体上的答案，其作为一种类型的信息，对其质量的评估即为信息质量评估，因此第 2.3 小节将对信息质量评估的相关概念、模型和方法进行概述；最后，由于本课题的重点是对学术型社会化问答平台上答案质量评估标准体系的构建，因此第 2.4 小节将对信息质量评估标准的概念、质量评估标准之间的关系，以及从相关信息质量研究中得到的评估信息质量的各个标准进行分类总结，从而为第二个研究阶段中涉及的从相关文献中获取质量评估标准集及其分类框架做准备，为本课题构建学术型社会化问答平台上答案质量评估模型提供理论基础。

2.1　社会化问答

随着互联网的快速发展，越来越多的用户会使用互联网上的在线资源来满足信息需要。社会化问答（social Q&A）就是一种为用户提供信息的网络平台，其充分体现了 Web 2.0 时代下的互联网特点，即产生的信息为用户生成（user-generated）内容和用户评估（user-rated）内容。任何人可以利用此类平台提出需要解决的问题，通过获取其他用户提供的回答，达到解决问题的目的；任何人也可以在此类平台上回答问题，评估其他用户提供的问题或答案，以及查看平台中评出的最优质的问题、答案或者回答者。此类网络平台是围绕信息需求所建立的社区，通过在互联网上引入人与人之间的社交性，从而达到直接帮助提问者获取其需要信息的目的。

2.1.1　在线问答服务

社会化问答平台被归属于在线问答服务（online Q&A services）中的一种形式。因此，笔者首先从概述在线问答服务的相关概念中，引出社会化问答平台的相关基础理论概念。

2.1.1.1　在线问答服务的定义

在线问答服务是指通过提供一种方式来呈现信息需求和让同行或者专家来回应这些信息需求，从而达到满足信息搜寻者的信息需求的一些相关服务。通过互联网提出问题和分享信息的想法并不新颖，在线问答服务出现之前，人们已经利用在线论坛提出问题并与同行进行讨论[9]。虽然这些服务仍然在使用，但是这种新兴的在线问答服务为数字媒体时代的信息搜寻带来了新的机遇和挑战。

2.1.1.2　在线问答服务的类型

现有3种在线问答服务类型，包括数字参考咨询服务（digital reference services）、专家服务（expert services）和社会化问答（social Q&A）[9]。这3种类型的在线服务都有一些共同的特点。它们都是为大众服务，提问者可以是任何能够上网的人。但是这3项服务的最大不同之处就是回答者的不同，而回答者在在线问答服务中起着非常重要的作用，决定着其提供信息的质量。以下分别介绍这3种服务类型的具体内容。

（1）数字参考咨询服务

参考咨询服务是图书馆服务的一个重要的组成部分。参考咨询服务（reference service）为"针对用户需求，以各类型权威信息源为依托，帮助和指导用户检索所需信息或提供相关数据、文献资料、文献线索、专题内容等多种形式的信息服务模式[127]"。

传统的参考咨询服务为馆员和用户之间进行一对一的咨询服务，一般在咨询台面对面进行，或是通过电话、信件提供咨询[128]。这种传统的咨询方式受制于时间和地点的限制，效率较为低下，同时对问题和回答不能进行存档，以便重复利用和分享。数字参考咨询服务是传统参考咨询服务的延伸，通过利用各种互联网应用程序，如留言板、邮件、即时聊天等，使图书馆的用户更容易、更方便地获取咨询服务[128]。根据虚拟参考咨询台AskA联盟（Virtual Reference Desk AskA Consortium）的准则，鼓励图书馆在删除问题和答案中的个人信息后，以档案的方式保存这些历史的问题和答案，并使其可以被公开访问[129]。Pomerantz 等[130] 在其调查研究中发现，44 个数字参考咨询服务中的 20 个，出于行政目的，收集和存储了历史的问题和答案。

（2）专家服务

专家服务是由各类商业和非商业组织提供的对提问的回答服务，回答服务并不是由图书馆提供，而是各类的专业组织机构、公司甚至是在特定主题领域的个人[9]。回答者应该是专家，他们的资质由其所在的组织机构决定。领域专家可能有合适的学位或经过专业培训（如医疗保健专业人员、律师、政府代理人、房地产经纪人和会计师等），或可能拥有对某一特定学科领域的专业知识或技能（如有从事特定业务的长期经验、对特定的领域感兴趣等）。

专家服务可以分为两类，即免费服务和收费服务。政府机构和非营利组织已经开发了回复网络上问题的免费服务，如 DOSFAN[131] 和 NetWellness[132]。基于收费的专家服务遵循个人对个人的信息咨询模式。服务机构通过聘请各领域的专家为信息需求者提供咨询服务，并且这种专家咨询服务的质量可以通过其他用户对该专家或是他的答案进行打分或评论获取。AllExperts（http：//www.allexperts.com/）、JustAnswer（http：//www.justanswer.com/）是在线专家咨询服务示例。

（3）社会化问答

从 2002 年第一个社会化问答出现至今，社会化问答经历了一系列的发展历程。随着社会化问答的不断发展，对社会化问答的研究也已经成为当下热门的研究话题。在社会化问答的研究中，Shah 等提出的对社会化问答的定义被广泛接受并应用[9]。其将社会化问答定义为：

①是一种让用户通过用自然语言表达其问题的方式，来呈现信息需求的方法（不同于利用搜索引擎时，用关键字进行查询的方式）；

②是一种支持大众回复的论坛；

③是一种支持普通大众广泛参与上述两种活动的社区[9]。

综上可以看出，社会化问答与传统的利用搜索引擎获取信息的方式有很大的差异，搜索引擎是利用关键词表达信息需求，而且并没有社区参与。相反，社会化问答是以问题的方式表达信息需求，并从社区中寻求答案。

社会化问答以社区为基础，通过在线的方式，专门为想要提问和回答问题的人设计。人们可以向公众和专家提问，可以从任何知道与问题相关内容的人那里获取信息，从而实现让每个人都从集体智慧中受益，因此，这种方式被称为"群众的智慧（the wisdom of crowds）——通过获取数百人对问题的回答，答案的平均水平至少也和最聪明的成员提供的答案一样好[133]"。因此，回答者是那些可以访问这些问题并愿意提供答案，自愿参与的愿意分享知识和信息的人。对提问者和回答者并没有进入壁垒，因此，提问者和回答者的知识水平、专业程度和经验通常会有很大差异。

本质上，社会化问答允许一组用户参与解决该社区内某一个用户提出的问题，这种方法与个人对个人的问答非常相似，区别在于能够鼓励多个用户之间进行讨论，使人们能够利用共享信息的方式获得对问题的深入讨论，并将整个过程产生的信息公开化，而不是简单地回答原始问题。这就会使用户不仅只是提出问题或者回答问题，也会参与各种其他的活动，如评论问题和答案、对答案质量进行评分，并对最佳答案进行投票等。

在过去几年中，各类社会化问答已经被公众熟知和应用，研究人员也开始对用户在社会化问答平台上的信息搜寻行为表现出研究兴趣。国外社会化问答最知名的网站包括 Yahoo! Answers（http：//answers.yahoo.com/）和 Quora（https：//www.quora.com/），国内有知乎（https：//www.zhihu.com/）和百度知道（https://zhidao.baidu.com/）等。利用社会化问答获取信息的优点是成本低（大多数都是免费的）、快速交流（由于有大量用户参与），并且容易建立在线社会资本，缺点是答案的质量通常不能保证[9]。

2.1.2　社会化问答的发展历程、特点及其运行机制

2.1.2.1　社会化问答的发展历程

图 2.1 总结了在社会化问答的发展历程中，出现的国内外重要的社会化问答网站。

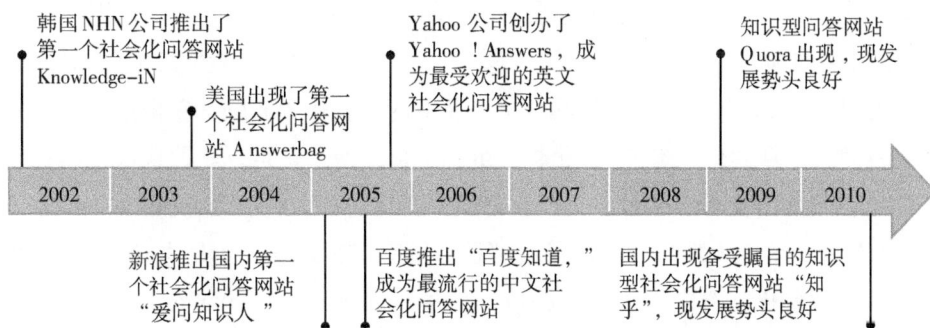

图 2.1　国内外有代表性的社会化问答网站

在 2002 年，由韩国 NHN 公司推出了被普遍认为是第一个社会化问答网站的 Knowledge-iN，其为该公司 Naver① 搜索引擎的一个组成部分[134]。在当时，互联网上大部分的文档和网页都是英文的，很难建立起韩语搜索引擎，因此 NHN 公司建立了问答网站 Knowledge-iN，用于解决互联网上韩文网页匮乏的问题。通过让用户提出问题并回答许多问题，Naver 创建了一个可搜索的数据库[135]。为了吸引更多用户参与，

---

①　https：//www.naver.com/.

Knowledge-iN 的主页上会列出最活跃的用户，用户的活跃度是通过用户的积分获得的，如回答一个问题可以获得 10 分，答案被选为最佳可以获得 25 分，每天登录可以获得 3 分，投票可以获得 1 分等[135]。与先前出现的论坛不同的是，Knowledge-iN 问答平台允许一个回答者对同一个问题只能回答一次，这就不利于用户之间进行讨论和建立关系。

随后，在 2003 年 4 月，美国出现了第一个社会化问答网站 Answerbag①。Answerbag 是一个在线协作 FAQs（frequently asked questions），注册用户可以在这里提问和回答问题，回答者可以为一个问题提供多个答案，答案的排序会按照用户评分降序排列[136]。注册用户可以提问和回答问题、评论答案、对问题和答案进行评分，并建议新的问题所属类别。用户有公开的个人资料页面，以供其他用户查看其获取的点数和提供的问题或答案内容。网站首页有"排行榜"，显示各问题类别下"最常问的问题"和"收到最多正面评分的答案"等②。

接着，在 2005 年 12 月，Yahoo 公司创办了社会化问答网站 Yahoo! Answers，在 2010 年的报告中已指出 Yahoo! Answers 注册用户数已达到 2 亿[42]。Yahoo! Answers 同样要求用户必须创建一个账户才可以发表问题或答案。用户可以在问题所属的相关类别下发布问题，其他社区志愿者可以回答。提问者在得到满意答复之后，可以选择最好的答案，答案也可以被其他用户评论或投票。已解决的问题可以永久地存储在 Yahoo! Answers 平台上，也可以被提问者删除。Yahoo! Answers 按照层次结构组织话题，包括 25 个顶层类别和 2 ～ 3 个层次的子话题[137]，用户可以搜索或浏览 Yahoo! Answers 上的问答内容。Yahoo! Answers 仍然将用户获取的积分作为激励，获得最高积分的用户会被显示在网站首页的排行榜中。 虽然 Yahoo! Answers 是可以获取快速且满意答案的良好平台[42]，但是由于用户数量庞大，在答案中充斥着很多的垃圾答案，Shen 等[138] 发现 Yahoo! Answers 上大部分的最佳答案都是由很小一部分用户（大约 10%）贡献的。

接下来，社会化问答向更加专业的方向发展，比 Yahoo! Answers 上的内容质量更高。最有代表性的网站是 Quora，由 Facebook 前雇员查理·切沃（Charlie Cheever）和亚当·安捷罗（Adam D'Angelo）于 2009 年 6 月创办③。Quora 要求用户用真实的姓名注册，而不是网名，从而增强了可信度。Quora 一开始采用邀请制，吸引了很多有名人士加入。在 Quora 上有了一些活动的用户就可以匿名编写答案，但不是默认的，可以自行勾选。用户可以推荐认为的高质量答案，获得最多推荐的答案将被优先显示在问题下方。最重要的是，相对于先前的问答网站，Quora 更多地引入了社会化功能，如可以

---

① https://www.answerbag.com/.
② https://en.wikipedia-on-ipfs.org/wiki/Answerbag.html.
③ https://en.wikipedia.org/wiki/Quora.

关注话题、关注问题、关注个人等[139]。具体来说，用户可以对自己感兴趣的问题、话题进行关注，其网站首页会显示已关注问题或话题的最新答案。2017 年 4 月，Quora 宣布获得 D 轮融资，发展势头良好。Quora CEO 在其博文中指出："绝大多数的人类知识尚未上网，以经验的形式存储在人的大脑中，或存在于只有专家能读懂的书籍和论文中。"也就说明了问答平台与搜索引擎的出发点是不同的，有些信息并不存在于互联网上，并不能利用搜索引擎检索出。

国内第一家问答社区是在 2005 年 6 月由新浪推出的"爱问知识人"。同年 11 月，百度推出了"百度知道"。后来，各大互联网公司都相继推出其问答平台产品，如搜狗问答、天涯问答、360 问答等，其功能都与 Yahoo! Answers 类似，社会化属性并没有十分完善[140]。2010 年，国内出现了备受瞩目的类似于 Quora 的社会化问答网站"知乎"，被称为中国的 Quora，其更加注重社交功能，力求利用知识的互动创建社交关系，专业程度和答案质量均较高[141]。开始时也是采用邀请制和实名制，其用户包含各行各业的精英，为中文互联网生成了大量高质量信息。根据官方统计数据显示，截至 2017 年 9 月，知乎已拥有超过 1 亿注册用户，平均每天有 2600 万活跃用户访问和使用①。知乎也于 2017 年初完成 D 轮融资。

同时，近几年，各种专业领域的问答网站也相继推出，国外有较为流行的有关编程技术和电脑技术的问答网站 Stack Overflow，以及本研究主要探索的学术领域学者对科研相关内容讨论的问答平台 ResearchGate Q&A 等；国内也出现了一些专业领域的问答网站，如"好问好答"是一个针对编程开发的社会化问答平台，"即问即答"是专注于企业管理领域问题的问答平台等，但是并没有像百度知道或是知乎一样，受到广泛的关注。

2.1.2.2　社会化问答的类型及特点

现有研究中按照问答平台中包含的主题范围，将社会化问答区分为通用型社会化问答（general topic-based social Q&A，即包括各个领域问答内容的社会化问答平台）和领域型社会化问答（specific subject-based social Q&A，即只针对某一个专业领域问答内容的社会化问答平台）[41]。因此，以下将按照各类社会化问答出现的先后顺序，对这两类社会化问答的特点进行概述，其中每种类型相较于前一种类型加入了自身新的特点，因此对每类社会化问答只是介绍其具有的新特点。

---

① https://zh.wikipedia.org/wiki/%E7%9F%A5%E4%B9%8E。

（1）通用型社会化问答的特点

通过上述对问答平台的发展历程总结，笔者发现社会化问答发展到目前，所具有的特点在不断升级，整体来看，通用型社会化问答平台的发展按照是否注重社会化功能，已经经历了两个有代表性的重要阶段。

第一阶段社会化问答的代表网站为 Yahoo! Answers 和百度知道等，其只是提供了一个让用户提问，或者回答问题的平台。这种信息获取方式与利用搜索引擎的方式有很大的差别。搜索引擎作为访问网站或网页内容的网关，根据用户输入的查询式提供相关的搜索结果。人们通常需要查看各条目结果并选择与自身信息需求相关的文档。相反，在社会问答中，人们可以获得其提出问题的专有答案。每个用户都可以根据自身的信息需求向问答平台发布问题并接收其他用户提供的答案。这些问题和答案信息是由用户自发生成和动态更新的。大多数社会化问答服务是免费向公众开放的，包括的主题范围涉及各个方面，从个人问题到学校项目作业和工作问题等。同时，也由于社会化问答允许任何人提问和回答，因此提问者和回答者的知识水平和经验是参差不齐的。第一阶段的问答网站表现出的特点为以下几个方面。

①众包化：社会化问答是众包获取信息的一种最直接的方式，通过很多用户对同一个问题的答案进行协助的方式，获取解决问题的最佳信息，所有信息都是通过用户自行形成的，最终构建了这个平台整体的知识体系。

②知识性：社会化问答是一个挖掘知识的过程，而不是简单的对互联网上的信息进行搜寻罗列的过程。

③流动性：问题的答案会不断进行更新，会有新的答案出现，也会有其他用户对某些答案进行完善或是点赞，从而实现了信息内容的高速流动更新。

④共享性：用户提出的问题和有关的回答都会存档，注册用户和非注册用户均可以浏览和共享。

第二阶段是以 Quora 和知乎为代表的问答网站，除了具备上述第一阶段问答网站的特点外，此类问答网站更强调用户之间的社交关系，有效提高了信息传播的效率[139, 142]。另外，此类问答网站加入了用户个性化定制功能，提高了用户获取信息的满意度。因此，此类社会化问答网站具有了更多新特点，具体有以下几个方面。

①传播性：用户可以单方面关注感兴趣的话题或用户，这种单项关注的方式，使得信息传播的速度大大提高，让用户之间的信息传播更加容易，也让用户可以高效地获取感兴趣的最新信息。

②宽容性：作为社会化问答平台，提问者和回答者的进入壁垒较低，即使知乎开始时采用邀请制方式，现在也已开放注册，只要是实名后的用户，均可发布问题和回答感

兴趣的问题。

③个性化：网站主页的信息都是用户关注话题的最新答案或是最新问题，完全实现了按照用户喜好个性推荐需要的信息。

④社会化：基于兴趣的个性化推荐可以获取最新信息的同时，用户也在基于兴趣扩展人际关系圈，并且这些圈子里都是有着共同兴趣爱好的用户。例如，看到某个用户经常回答出符合自身需要的内容，就可以通过关注此用户来建立社交关系，或是通过评论其答案获取交流机会。

（2）领域型社会化问答的特点

在上述通用型社会化问答后，出现了针对某个专业领域的社会化问答服务。从现有的发展趋势看，国外已有的较为流行的领域型社会化问答网站包括 Stack Overflow、Brainly、ResearchGate Q&A 等，国内也出现了一些专业领域的社会化问答网站，但并没有得到广泛关注。笔者认为，此类问答平台除了具有上述两个阶段问答平台的特点外，还具有专业性，即不同领域的专业问答平台，可以更为高效地帮助有某方面专业问题需要解答的用户，使其获取到高质量的专业帮助和解答。

2.1.2.3 社会化问答平台的运行机制

通过上述总结和对各个网站的实际调研，可以将社会化问答平台的运行机制进行抽象和归纳。笔者很清楚地看到，在社会化问答中均涉及 3 个要素，即用户、问题，以及答案。其中，用户可以被区分为提问者、回答者、浏览者和投票者。但是，问答平台发展历程上出现的通用型社会化问答和领域型社会化问答的运动机制也存在区别，因此本部分将分别对这两类问答平台的运行机制进行总结。其中，在通用型社会化问答的发展中存在两个阶段有代表性的社会化问答。

在通用型社会化问答的第一发展阶段中，选择知名度最高的 Yahoo! Answers 作为代表问答平台进行运行机制概述。图 2.2 中概述了在 Yahoo! Answers 中发布问题和获得问题答案的过程。首先，用户通过选择一个类别发布问题，然后输入问题主题（标题）及可选的详细信息（描述）。有过提问行为的用户就可被称为提问者，其也可参与问答平台中的其他行为，如回答问题。但是，禁止提问者自己回答自己的问题，仅可以对收到的回答进行投票和评论。问题将出现在相关的未解决问题的类别列表中。平台中的其他用户可以回答问题，可以对其他用户的答案进行投票或评论，可以关注一个感兴趣的问题，可以进入回答者的主页关注这个感兴趣的回答者。在一个未解决问题的整个生命周期中，提问者可能会被告知得到提交的答案，或者可以通过定期检查的方式获取答案。提问者如果对某一个答案很满意，就可以选择该答案为最佳答案，并提供选择此答案为最佳的反馈，如星级评分和原因文本反馈。但是，很多提问者并没有手动选择最佳答案，Yahoo! Answers 平台会在一定时间后，按照各答案获取的投票数的高低，选择投票数最高的答案为最佳答案。

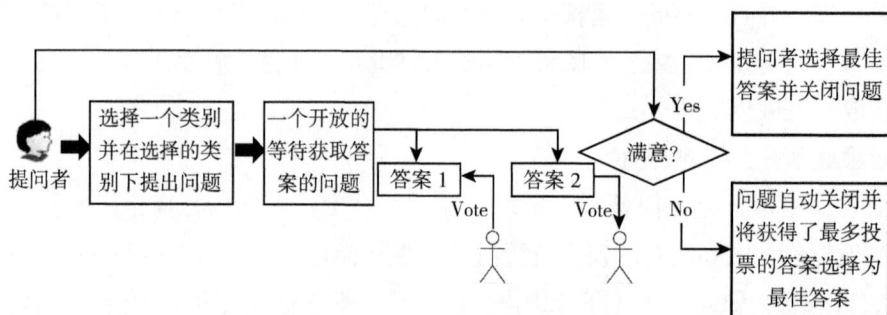

图 2.2　Yahoo! Answers 上一个问题的生命周期

通用型社会化问答的第二发展阶段的问答平台与上述 Yahoo! Answers 问答平台的一个不同之处在于，用户可以自己回答自己的提问，也可以通过邀请社区推荐的用户进行回答。此阶段问答平台采用实名制注册，鼓励用户说明自己擅长的领域，平台会根据用户擅长的领域推荐其可以回答的问题，并不是在网站首页列出用户最近的提问，而是显示用户所关注话题中所包括问题的最新答案。另一个不同之处在于，提问者并不需要选择最佳的答案，网站会根据各个答案获得的投票数对答案排序。

在领域型问答社区中，领域更加专业，用户更加集中，其运行机制也有所更新。以 ResearchGate Q&A 为例，提问者同样可以回答自己的问题，但是不能像上述两个阶段的问答平台一样直接在每个答案下进行有针对性的评论，因此，如果某一个用户想要表达对某个答案的观点，其只能作为一个新的答案出现。ResearchGate Q&A 上每个用户也都是实名的，并且需要提供其专业研究领域，ResearchGate Q&A 的主页提供 4 类可供用户自行选择展示的问题，包括平台推荐的认为该用户可以回答的问题、该用户所在研究领域最近提出的问题、该用户关注问题的答案更新，以及该用户提问的答案更新。另外，ResearchGate Q&A 也是将得到最多投票数的答案优先推荐。

通过梳理社会化问答的发展过程，以及总结在发展中产生的两类社会化问答的特点及运行机制，可以看出社会化问答在向着更加社会化、专业化和高质量的方向发展。

2.2　学术型信息

本课题的研究对象属于一类学术型信息，因此需要对学术型信息的概念进行澄清。学术型信息按照是否经过了同行评议，可以区分为传统的学术型信息和社会化媒体上的学术型信息，以下将分别进行介绍。

2.2.1　传统的学术型信息

传统的学术型信息即学者在进行研究的过程中使用的经过同行评议的公开发表的信息，包括图书、期刊论文、会议论文集等。由于一般传统的学术型信息均为同行评议后才公开发表的学术信息，因此具有较高的可信度，一直以来都是学者获取学术信息最主要的来源。

Watkinson 等[40]在其近期的调查研究中发现，期刊（在某些学科中为书籍，如人文社科领域）比其他来源的学术型信息更受青睐，仍然是进行正式学术交流最重要的载体。学者常根据其对某个期刊影响力的认知，评估其上论文的质量和可信度，具有严格同行评审程序的期刊尤其被视为具有高可信度的学术型信息来源。另外，出现了越来越多的开放获取期刊，学者也愿意接受经过同行评审的开放式期刊上的学术信息。

在一些学科中，如工程和计算机领域，会议论文也是一个重要的学术信息来源。在某些领域存在很多被广泛认可具有较高知名度的高水平学术会议，相较于期刊论文，审稿要求更为严格，会议论文的质量更高时效性更强，其从完成到公开发表经历的时间较短，因此在某些领域是一个可以快速获取可信学术信息的重要渠道。

另外，不仅在人文社科领域，即使在自然科学领域，书籍也是一类重要的学术信息来源。自然科学领域的研究者如果需要其研究领域的经典理论或开创性研究，也会将领域内的经典书籍作为重要的参考文献。当然，在社会科学中引用书籍内容作为学术型信息的来源更为常见。

2.2.2　社会化媒体上的学术型信息

随着互联网的出现，特别是社会化媒体网站的兴起，学术信息传播变得越来越多样化并逐步公开和透明。虽然学术期刊在其创立 350 多年后的现在仍然是学术界最重要的交流渠道，但学术信息越来越多地在学术期刊之外进行传播和讨论。社会化媒体已进入学术界，越来越多地被用于研究和学术交流中，以支持学者们的学术活动。学者们会在博客或微博上讨论研究想法和研究结果，在 ResearchGate.net 或 Academia.edu 上分享研究数据、研究文档等，以实现推广自己的研究工作，以及扩大研究的影响力和知名度的目的[143]。学者们可以通过 Facebook、LinkedIn 和 Twitter 等大众型社会化媒体进行学术交流，也可以利用专门的学术型社会化媒体进行学术交流，如 ResearchGate.net、Academia.edu 或 Mendeley.com 等，因此，笔者将社会化媒体上的学术型信息分为大众型社会化媒体上的学术信息和学术型社会化媒体上的学术信息，以下将分别进行介绍。

（1）大众型社会化媒体上的学术信息

大众型社会化媒体，如 Facebook、LinkedIn 和 Twitter 等，为支持人们分享任何领域的意见、见解、经验和观点等信息的工具和平台。大众型社会化媒体上的学术信息即为学者在大众型社会化媒体上进行学术交流时提供的各类信息。由于缺乏专门为学者设计的社会化媒体网站，随着 2000 年年初在线社交网络的普及，学者开始使用大众型的社会化媒体网站，如 Facebook 和 Twitter，与全世界的学科领域专业学者进行联系。例如，Gruzd 等[4]进行的一项在线调查显示，85%（$n=367$）的受访者（主要是北美和欧洲社会科学研究人员）会每月或更加频繁地使用非学术型社交网站，学者使用的两个最常用的非学术社交网站是 Facebook 和 Twitter。

Facebook 是全球最活跃的社交网站，目前月活跃用户已突破 20 亿，因此，在 Facebook 的活跃用户中存在大量的学者在其中分享学术信息。然而，一些将 Facebook 用于学术目的的学者发现，他们很难将个人生活和学术工作分开，而且会产生信息孤岛的问题，从而迫使一些学术用户在 Facebook 上创建多个账户，用于不同的身份。Twitter 相对于 Facebook 拥有一些更有利于学术信息传播的功能，如具有单向关注功能，即一个用户可以单方面关注另一个用户的更新，不需要另一个用户的同意，从而为即时传播更新的学术信息创造了有利的环境。

在大众型社会化媒体上进行学术信息交流面临很多的问题，除了上述提到的区分不同身份信息的问题，还面临要处理来自众多来源的无穷无尽的信息流，这就经常导致信息过载，如在 Twitter 上许多用户关注 100 ～ 400 人不等，各类的有关学术型的和非学术型的大量信息混杂在一起。可见，在大众型社会化媒体上如何帮助学者进行学术型信息过滤筛选是一个重要的问题。因此，也催生出专门针对学术型信息进行交流的学术型社会化媒体。

（2）学术型社会化媒体上的学术信息

学术型社会化媒体是在线支持学者进行与研究相关的各种活动的平台，其中两个发展最快的学术型社会化媒体为 ResearchGate.net 和 Academia.edu。学术型社会化媒体上的学术信息即在其上进行各种学术交流活动而产生的信息内容。以下将通过介绍 ResearchGate.net 和 Academia.edu 支持学术交流的功能为例，总结出学术型社会化媒体上的学术信息类型。

截至 2018 年，ResearchGate 拥有超过 1500 万来自各个学科领域的学者，其上设计的功能是针对学术交流的需要而来。学者可以创建个人学术主页，关注其他学者并通过站内信的方式进行交流；同时上传自身想要公开的任何类型的学术文档，ResearchGate 允许其他学者对上传的学术文档进行推荐或是评论；另外，ResearchGate 提供按照研究主题对学术信息的分类功能，每个研究主题页面下包括学者们提供的与该领域研究相关的问题和答案，学者们可以通过关注感兴趣的研究主题，从而获取该主题下最新的学术信息。另一个受欢迎的学术型社会化媒体 Academia.edu 具有 ResearchGate 中的许多类似功能，如建立个人学术主页、上传学术文档、关注其他学者、通过站内信的方式与其他学者进行联系。另外，Academia.edu 还具有自动将更新同步到 Twitter 主页的功能，这对在多个社会化媒体网站上同时都活跃的学者来说，是一个方便快捷的功能。

综上所述，学术型社会化媒体上的学术信息包括学者上传的各类学术文档、学者对文档的评论信息、每个研究主题下的问答信息等。然而，现有研究也指出，无论是大众型社会化媒体还是学术型社会化媒体，上面的学术型信息大部分都是未经同行评议的，因此即使学者指出会从社会化媒体中获取新想法，但是并不会在其发表的学术成果中引用这类学术信息。调查显示，很多学者指出他们自己并没有参与社会化媒体，因为其中有太多的"噪声"信息，他们担心有其专业领域以外的人提出不明智的观点并妨碍正确的学术交流活动。可见，为了繁荣社会化媒体上的学术信息，吸引更多的学者加入社会化媒体，未经同行评审的学术型信息的质量问题是一个需要进行探索并解决的问题。

2.3 信息质量评估

由于本课题的研究重点为对学术型社会化问答平台上的答案质量进行评估研究，学术型社会化问答平台上的答案作为一种信息类型，对其质量评估的研究涉及的最重要的概念即为信息质量评估。因此，以下将首先对与信息质量评估相关的 3 个最重要的概念和理论基础进行阐述，具体包括信息质量评估概念、信息质量评估模型及信息质量评估方法。

2.3.1 信息质量评估概念

信息质量通常被视为一个多面的、多维的概念。Martin 和 Dörte 在信息质量的文献综述中，识别出了 7 个信息质量的基本定义。总体来说，高质量的信息必须适合信息消费者在特定背景下的需求，满足一组预定义的规格或要求，并满足或超过用户期望。因此，高质量的信息是保证为最终的用户提供一个满足其需要的高价值信息[117]，那么从大量的信息中识别出高质量信息的过程即为信息质量评估。从对信息质量评估的定义可以看出，由于识别高质量信息的最终决定权在于用户，因此对信息质量进行评估应该具体化为用户视角下的信息质量评估，不同用户在对信息质量进行评估时可以有着不同的应用情景和个人情况，可能会选择不同的主客观评估标准或是对不同的主客观评估标准的重要性侧重不同，最终造成可能对同一个信息的不同评估结果。因此，理解什么是高质量的信息，如何挑选出满足用户要求的高质量信息，从而改进信息质量，是一个相当困难的问题[144]。

2.3.2　信息质量评估模型

实现对信息质量进行评估，需要针对评估对象的类型和评估者的要求构建信息质量评估模型。信息质量评估模型是一个将用户提出的各种用于评估的主客观标准纳入信息质量评估框架中的简明系统。这样的质量评估框架定义了用户衡量质量的角度（dimensions），具体的评估标准（metrics）则定义了用户如何衡量每个角度[117]。

早期的对信息质量评估框架的总结[117, 145]中明确指出，大多数现有的各类信息质量评估框架之间存在很多评估标准的重叠。这些重叠的评估标准通常被认为是最重要的指标，但是同样不能忽略一个事实：各种模型在不同用户评估时，不同的应用背景下，或是使用在不同的信息类型上，也存在很多不一样的评估标准。由于信息质量的概念本身就是特定于用户和环境的，所以没有通用的信息质量评估模型能够真正捕捉到信息质量的各个方面。即使设计出一个没有依赖于特定应用环境和用户群体的通用模型，以便可以满足不同用户应用于许多不同环境中的要求，但是这样的一个通用模型也必须放入一个特定的环境下才可以被解释。

因为需要适应不同研究对象、不同评估者和应用情景，所以对信息质量的研究一直是一个热门话题。早期的信息质量研究，集中在对企业管理信息系统、数据库和知识管理系统中数据质量的研究[21, 146-149]。其中一个被引用次数最多的信息质量评估模型是Wang 和 Strong[148]在 1996 年提出的，该模型通过大规模用户调查的方式获取到用户角度下的对信息系统数据质量的评估标准模型。Wang 和 Strong[148]的调查分为两个阶段，第一个阶段是询问具有不同背景的数据消费者，以确定其用于数据质量评估的各个指标，以及这些消费者对各个指标从 1 到 9 的重要性程度打分。该研究最终得到了 118 个评估指标及其重要性排序。第二个阶段是邀请数据消费者对得到的各个评估标准进行分类并合并，最终得到了如图 2.3 所示的信息质量评估模型。该模型包括 4 个类别下的 15 个评估标准。内在类别（intrinsic）下包括的评估标准为衡量信息内容的客观评估标准，用于捕捉信息实体固有的属性，数据本身也是存在正误的，是独立于其使用环境、评估者或创建者的。环境类别（contextual）下包括的评估标准用于捕捉信息实体在其使用的任务背景下的质量。此外，代表类别（representational）考虑了用户是否可以有效理解和处理信息。最后，可访问性类别（accessibility）关注信息安全性和可访问性之间的权衡关系，如允许被授权用户可以容易地访问信息。

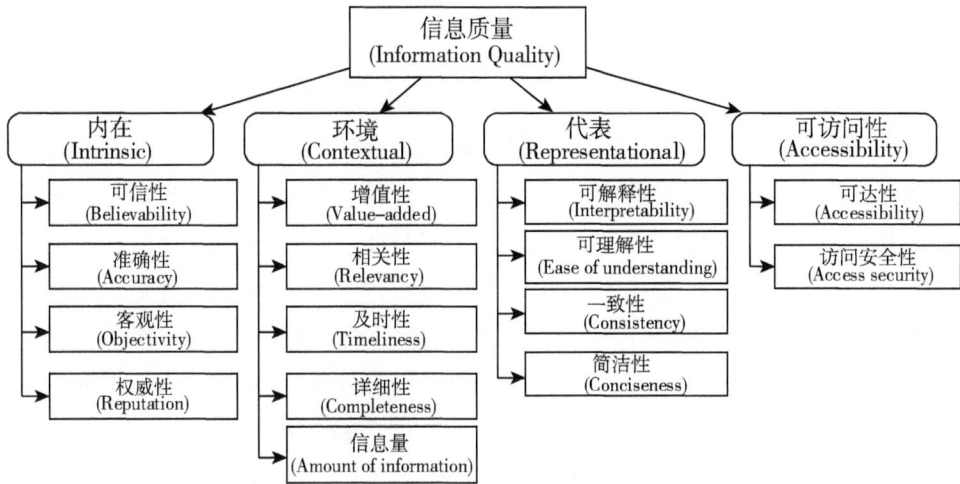

图 2.3　Wang 和 Strong [148] 提出的信息质量评估模型

由于此模型的建立是基于强大的用户实证基础，以及其同时具有通用性和实用性的特征，因此 Wang 和 Strong 质量评估模型已经成为许多信息质量评估框架的基础。从此模型的构建过程也可以看出信息质量评估模型的构建需要以用户的视角出发，分不同的评估角度，如与信息内容本身相关的客观评估标准、与用户相关的主观评估标准、与当下环境相关的评估标准等，来获取各个角度下的针对不同信息类型的质量评估标准。

2.3.3　信息质量评估方法

通过上述第 1.3.2 小节对现有的信息质量评估研究工作的总结，可以总体上将不同的信息质量评估方法归为两类：一类为使用客观评估标准自动评估信息质量时使用的评估方法，其下包括各种机器学习分类方法；一类为结合主客观标准构建信息质量评估模型来评估信息质量时使用的评估方法，包括主成分分析法、层次分析法、全评估方法等。

（1）使用客观评估标准评估信息质量时使用的方法

信息质量评估模型概述中指出评估模型是一个综合主观和客观的评估标准集，而在真实的对信息质量进行评估的研究中，由于面临的是大量的互联网上的信息内容，如果可以只是通过自动地计算信息内容在客观评估标准下的特征值，就可以实现较为准确地对信息质量进行自动评估，这是解决对互联网上大量信息内容进行质量评估的有效途径，因此信息质量评估研究中重要的一部分研究工作就是探索如何自动地评估信息质量，所使用的评估方法就是各类机器学习分类方法。

使用机器学习分类方法的出发点是将信息质量评估看作一个分类问题，实现自动将信息质量按照质量高低类别进行分类，从而实现自动获取高质量的信息。一般在进行质量分类时使用的都是有监督的机器学习分类方法，通过构建用于信息质量评估的数据集，具体来说，就是将自动获取到的信息在各客观评估标准下的特征值，如信息长度、信息量、信息可读性、信息来源权威性等，作为利用机器学习分类方法需要的特征值，将信息平台上用户给出的推荐数或是雇佣用户对信息质量打分的分值作为信息质量的真值（ground truth），得到经过量化表示的用于信息质量评估的数据集。然后利用经典的支持向量机、朴素贝叶斯及逻辑回归模型等有监督的机器学习分类方法，通过 N 折交叉验证方法对数据集进行测试，综合考虑质量高低分类结果的正确率和召回率（即调和平均值 F1），将 F1 最高的模型作为最终用于预测信息质量类别的评估模型。

使用机器学习分类方法自动预测信息质量的研究重点是针对不同的信息类型选择出信息的客观属性，实现有效区分高质量的信息，因此，有大量的研究针对不同的信息类型提出了不同的用于自动评估信息质量的客观评估标准集，进而探索如何提高自动评估信息质量的效果。如前文对信息质量评估概念的解析，信息质量评估是一个需要结合主观和客观评估标准的过程，只使用客观评估标准会造成结果的不准确，但是在需要评估大量信息质量的时候，进行大量的主观评估耗费人力物力，显然不现实，如果可以实现准确地对信息质量进行自动评估，是一个解决此问题高效快捷的方式。然而，现有的利用机器学习分类方法自动识别信息质量的效果并不理想，如对答案质量类别的自动分类结果 F1 值最高只为 77%[150]。因此，对信息质量的自动评估研究也是需要继续进行探索，以实现更好的效果。

在本课题研究中，第一个研究阶段将采用此方法，试图仅使用提取出的对学术型社会化问答平台上答案的客观特征来自动预测答案质量。

（2）结合主客观标准构建信息质量评估模型来评估信息质量时使用的方法

结合主客观标准来评估信息质量时使用的评估方法并不能像仅使用客观评估标准一样利用相关评估方法就可以直接获取信息质量情况，此类别下的信息质量评估方法针对的是适用于不同对象的信息质量评估模型，即利用用户调查数据确定评估中需要的主客观标准及其权重值。在管理科学领域涉及对多种事物的评估，使用了多达 9 类的评估方法，如技术经济分析方法、多属性决策方法、运筹学方法、模糊数学方法等[151]，而其中一些评估方法并不适用于在信息质量评估中确定评估指标及其权重。层次分析法和主成分分析法是两个常用于确定评估指标及其权重的方法。当对某个对象的评估指标体系结构已经确定时，可以选择层次分析法来确定指标权重；而主成分分析法通过将大量的评估指标压缩成几个较少的互相无关的指标，可以实现对指标体系结构的确定并进而可以确定指标权重。由于本课题第二个研究阶段的目的是为了确定学术型社会化问答平台上答案质量评估的指标层次体系结构，事先并没有确定评估指标集，因此在本课题第二个研究阶段将采用主成分分析法，以下将对主成分分析法进行介绍。

主成分分析法的基本原理是利用降维的思想，依据指标的方差贡献率将一组具有一定相关性的多项指标转化为另一组不相关的少数几个综合性指标[152]。综合指标即为主成分，所得出的少数几个主成分，要尽可能多地保留原始变量的信息，且彼此不相关。确定了评估标准后，利用主成分分析的结果可以确定各评估标准的权重。利用主成分分析确定权重包括 3 个步骤。

①计算各指标在不同主成分线性组合中的系数，即通过将各成分的因子载荷数除以各成分对应的特征根的开方，从而获得各指标在各个主成分线性组合中的系数。

②计算各指标总系数，即利用主成分分析获取的各主成分方差贡献率，方差贡献率越大则该主成分的重要性越强。因此，方差贡献率可以看成是不同主成分的权重。因此，各指标总系数可以看成是以多个主成分方差贡献率为权重，对各指标在多个主成分线性组合中的系数做加权平均。

③指标权重的归一化，由于所有指标的权重之和为 1，将上述步骤获取的各指标权重进行归一化处理，从而确定各个指标的最终权重。

主成分分析法具有其他指标权重确定方法没有的优点，包括可以挑选出较少的彼此之间独立的指标来代替较多的相关性指标，可以解决指标间的重叠问题，获取到简化的指标结构；指标权重是由各主成分方差贡献率获得的，规避了主观因素的影响，较为客观合理；另外，此方法对指标的数量和样本的数量没有限制，可以广泛使用[153]。针对本课题的研究对象，现在的研究中并没有提出针对学术型社会化问答平台上答案质量评估标准，在本课题的第二个研究阶段中需要探索一个适用于学术型社会化问答平台上答案质量评估的指标层次结构，并且质量评估的指标层次结构包括的评估标准要尽可能精简，以便进行实际操作使用。可见主成分分析法适合本课题第二个研究阶段的要求。

2.4 信息质量评估标准

本部分将介绍用户在对信息质量进行评估时用来衡量质量高低的信息质量评估标准概念及其分类，并进一步阐述质量评估标准之间的关系，最后对相关信息质量评估研究中提出的各个评估标准的具体概念进行详细解释。

2.4.1 信息质量评估标准概念

信息质量评估标准被定义为用于区分出高质量信息的准则。获取信息质量评估标准的方法通常是通过询问大量信息消费者关于他们在特定环境中对信息质量的理解来收集标准，信息质量高低的决定者在于用户，用户通过使用其在当下特定环境中认为重要的评估标准来决定信息质量。

由于用户对信息质量评估需要一套系统的标准，多个信息质量评估标准会被用于评估中，因此产生了需要对评估标准进行分类的问题。通过对用户评估信息质量的过程涉及要素的分析，可以实现对信息质量评估标准的科学分类。用户评估信息质量的过程涉及 3 个要素：用户、评估对象、评估过程。每个要素可作为一类评估标准的来源（图 2.4）。

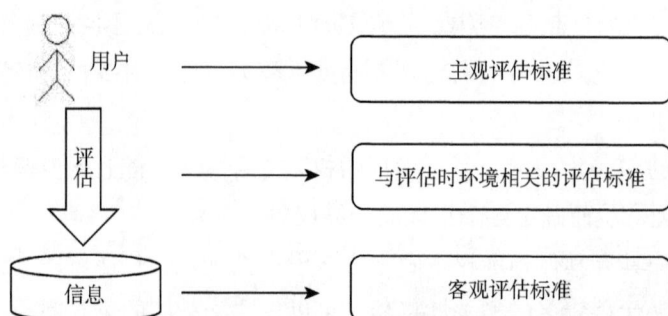

图 2.4　基于评估过程涉及要素的信息质量评估标准分类

由图 2.4 可见，3 个要素对应 3 个类别的质量评估标准，分别为客观评估标准（object-oriented criteria）、主观评估标准（subject-oriented criteria）和与评估时环境相关的评估标准（process-oriented criteria）[154]。

主观评估标准：如果信息在该标准下的情况只能由用户根据他们的个人观点、经验和背景来确定，则属于此类标准。信息质量在此类标准下的质量分值的来源是用户，并且由于不同用户认知的不同，并没有统一的分值。在此类别下的代表性标准为可理解性。

客观评估标准：可以将信息内容本身固有的特性作为衡量的标准，信息在此类评估标准下的分值来源于信息本身，如信息内容的正确性、全面性等。

与评估时环境相关的评估标准：如果在该标准下的信息质量并不是由用户及信息本身决定，而是由评估时的一些外部因素所影响，随着外部环境因素的变化，信息在此类评估标准下的分值并不是固定的，如信息的可访问性等。

综上可见，用户在对某个信息的评估过程中综合了多个类别下的多个标准，从而对信息的质量做出了判断。因此，评估某一类信息的质量时需要探索符合用户要求的重要的评估标准，构建由多个评估标准及其权重构成的信息质量评估模型，从而实现有效地评估某类信息质量。

2.4.2　信息质量评估标准之间的关系

虽然各个质量评估标准在同一个信息质量模型中应该是分离和孤立的，但实际上各个标准之间很少是真正相互独立的。Eppler 和 Wittig[117] 在其研究中列举出某些标准之间存在的权衡取舍关系，如安全性与可访问性、简洁性与详细性等，这表明一条信息或整个信息的质量，只能针对每一对中的一个标准进行优化。也就是说，当一个文件信息变得更精细时，它变得不那么简洁。Schaal[155] 对质量评估标准之间的关系进行了系统的阐述。提出标准之间的关系不仅包含权衡关系（trade-off relationship），还包含互助关系，如"可证实性有助于可信度"。此研究指出质量评估中的许多标准仅是一个更高维度的细粒度的区分，因此是正相关的。也就是说，可验证性和可信度可以被认为是单一维度可信性。

在实际应用质量评估模型时，各标准之间的关系，特别是权衡关系，是重要的考虑因素。在利用模型的各个标准上定义什么是高质量是不够的，需要考虑如何平衡各个标准的权重。

综上所述，无论研究对象如何不同，学者们建立了一个共识就是需要定义评估标准来描述信息的价值，并通过对信息质量评估标准的定义和分类来构建不同对象的质量评估概念模型。由于 Web 2.0 的快速发展，现在互联网上出现了各种类型的用户生成内容，对互联网上各种用户生成内容质量的研究一直都备受关注。由于不同类型的用户生成内容有其专有的特点，需要对不同类型的用户生成内容的质量评估进行分别研究。因此，基于早期对信息质量评估的研究，出现了针对各种用户生成内容质量评估的研究。

2.4.3　信息质量评估标准归类分析

通过上述 1.3 节研究综述中对各种类型信息质量研究的概述，本部分将对上述进行质量评估研究中获取的各评估标准进行归类总结，以期为本研究构建学术型社会化问答平台上答案质量评估模型提供理论基础。通过归类整理与本研究密切相关的对社会化问答平台上答案质量评估研究、其他类型用户生成内容质量评估研究、传统学术内容质量评估研究，以及学术内容相关性和可信性研究，对上述 2.4.1 节中提到的 3 类评估标准分类准则进行细分，获取了 6 类评估标准。表 2.1 中详细展示了各类别下包括的各个评估标准，以及其文献来源，其中文献来源中详细标出了各个评估标准是否来源于答案质量评估研究、其他类型用户生成内容质量评估研究、传统学术内容质量评估研究，以及学术内容相关性和可信性研究。

表 2.1　评估标准分类整理及其文献来源类别

评估标准		定义	来源			
			答案质量评估研究	其他类型用户生成内容质量评估研究	传统学术内容质量评估研究	学术内容相关性和可信性研究
与信息内容相关的评估标准	准确性/正确性	信息内容是否准确无错误，提供了对现实真实情况的描述	√	√	√	√
	完整性/全面性	信息内容是否涵盖广泛范围的事实和意见	√	√		√
	详细性/深入性	信息内容是否提供了详细具体的细节信息	√	√		√
	简洁性	信息内容是否是简洁的，而不是啰唆冗余的	√	√		√
	原创性	信息内容是否是从别的地方复制过来的	√			
	观点性	信息内容是否提供了与这个话题相关的观点				√
	客观性	信息内容是否以公正、客观的方式表达对客观事实的看法	√	√		√
	可验证性	信息内容是否参考了相关的外部资源	√	√		√
	可读性/清晰性/演示性/写作质量	信息内容是否无拼写和语法错误，表达明确清楚无歧义，在结构设计上清晰，容易阅读	√	√	√	√
	合理性/一致性	信息内容是否表达一致，符合逻辑	√	√	√	√
	时效性	信息中提供的内容是否为最近的或最新的信息	√	√	√	
	凝聚性	信息内容是否聚焦在一个主题上		√		√
	学术性	信息内容的表达是否是在学术写作的水平上，而不是口语化的				√

续表

评估标准		定义	来源			
			答案质量评估研究	其他类型用户生成内容质量评估研究	传统学术内容质量评估研究	学术内容相关性和可信性研究
	作者的历史行为数据	作者在其贡献内容的平台上的历史行为数据	√	√		
	作者权威性	作者的专业程度	√	√	√	√
	来源的权威性	发布信息的平台是否是权威的		√	√	√
与用户信念和偏好相关的评估标准	相关性	信息内容是否与其描述的主题相关	√			√
	可信性	信息内容和来源是否真实可信	√			√
	有用性	信息在多大程度上有助于满足个人或某个群体的需要	√	√		
	可行性	信息中提供的解决方案是否可行	√			
	有趣性	信息内容是否有吸引力从而引起读者的阅读兴趣		√		√
与用户以前的经验和背景相关的评估标准	新奇性/新颖性	信息内容在多大程度上提供了一些新的东西	√			√
	可理解性	信息内容是否容易理解	√			√
	专业性	信息内容是否由专家撰写的	√			
	适量性	内容中提供的信息对某个用户来说是否是适量的		√		
	有效性	信息内容是否有阅读价值				√
与当下的外部情况相关的评估标准	外部验证	信息内容是否被其他来源获得的信息所验证	√			√
	唯一可供选择的方案	信息内容中提供的解决方案是否是唯一实际可以应用的方案	√			√
	快速性	用户获取到信息需要的时间	√	√		
	其他用户的认可度	信息获得的用户推荐数	√			

评估标准		定义	答案质量评估研究	其他类型用户生成内容质量评估研究	传统学术内容质量评估研究	学术内容相关性和可信性研究
与当下的外部情况相关的评估标准	可访问性/可获得性	内容中提供的信息是否是可以获取到的		√		√
	时间限制	用户当下需要使用这些信息的时间要求				√
与社会化媒体环境相关的评估标准	礼貌性	信息内容是否有冒犯的语言	√			
	情感支持	信息内容中是否包含对信息需求者的情感支持，如感谢、欣赏、同情和鼓励等	√			
	作者的态度	用户是否能从信息内容中感知作者的积极态度	√	√		
	作者的努力	信息内容中是否体现了作者为提供此内容付出的巨大努力	√			
	作者的经历	信息内容中是否提供了作者的相关经历	√			
	意见一致	评估者是否同意信息内容中表达的观点	√	√		√
	幽默性	信息内容的表达方式是否诙谐幽默	√			

2.4.3.1　与信息内容相关的评估标准

在信息质量评估的研究中，用户从信息内容本身出发进行客观评估，是最为直接和普遍的评估方式，因此，与内容相关的评估标准是最为常见和最为重要的。此类标准主要涉及通过信息内容本身可以评估出的标准，但是并不是说这些标准在某种程度上是信息内容固有的，如仍然会存在不同的用户可能会对相同的信息内容的时效性给出不同的结论。因此，这些标准只是确定了信息内容本身的某些特征[119]，并且这些评估标准可以通过某些客观的方式获得。此类别包括如下13个评估标准。

（1）准确性/正确性

准确性，有些研究中又将其命名为正确性，用来衡量信息内容是否准确无误，提供了对现实真实情况的描述，如信息中提供的数据是否正确等，其对立面是信息的虚假性。

这是对准确性最通用的定义。

信息内容是否正确是对各类信息质量评估普遍采用的一种评估标准，如在社会化问答的答案质量[31-32, 156-157]、论坛上内容的质量[80]、维基百科的质量[84]、博文质量[66, 70]、学术论文质量[158]、学术文档相关性[119]等相关研究中均获取到了此评估标准。现有研究指出，用户最常遇到的信息质量问题类别是准确性，具体地说，对信息内容准确性的质疑是对某些参考资料来源的合法性的质疑，如无效或不准确地使用词汇，对事实不准确地描述。对某个主题知识的新发现和随后的变化可能会使某些先前的参考资料无效，或者如果用户对该主题的知识储备不是最新的，也可能会导致不准确的信息。

在对学术型信息的质量评估中，准确性也是十分重要的评估标准。学者们需要的是没有错误的学术信息，如学者评估一篇学术论文是否值得深入阅读并引用的评估标准之一就是论文中没有错误，如计算错误[158]。

（2）完整性／全面性

完整性，有些研究中又将其命名为全面性，即为衡量信息是否涵盖广泛范围内的事实和意见。在社会化问答中答案质量评估研究[31-32, 156, 159]、博文质量评估研究[66, 69 70]、维基百科质量评估研究[84, 87, 160]、评论质量评估研究[161]、论坛质量评估研究[80]中均提出了此评估标准的重要性。

在社会化问答的答案质量评估研究中，完整性用来衡量答案是否涵盖了解决该问题的所有相关要点，并回答了整个问题。在博文质量评估的研究中，完整性用来指出博文内容中应该包含尽可能多的主题，从多个方面来阐述该博文所涉及的问题，从而保证一篇博文内容的完整性[69]。商品评论的完整性，则应该是衡量评论涵盖产品各个方面信息的程度。完整的评论应该是广泛的，涵盖许多不同的产品功能和规格描述[161]。另外，全面性也是维基百科内容质量评估研究的一个重点，正如维基百科创始人所设想的，维基百科旨在将所有人类知识纳入百科全书[160]。现有研究指出，维基百科质量最常遇到的问题类型之一是完整性的问题，其中大多数是由于对该主题的观点缺失造成的。当用户认为该文章没有提供关于该主题的足够信息时，就会指出存在完整性问题[84]。

另外，学生在对学术型文档相关性的评估中也认为完整性是评估文档的一个重要的标准[121]。学生提到，当信息内容不完整（如只有文章的摘要或书的摘录），或者只是提供了来源而不是信息内容本身时，他们会继续找寻其他信息。一些学生指出，由于Google 图书提供不完整的图书内容信息，他们不会选择该信息。学者也指出，学术型文档应该广泛包括其他学者的观点，以确保文档的完整性[120]。

综上可见，不同的信息资源类型都有其具体的完整性定义，但是均表明信息需要包括其所阐述主题的足够可用的信息。

（3）详细性／深入性

详细性，也被称为深入性，是用来衡量信息内容是否提供了详细具体的细节信息。在答案质量评估研究[31, 159]、博文质量评估研究[66, 69-70]、维基百科质量评估研究[84]中均提出了深入性是一个重要的评估标准。

与完整性不同的是，深入性着重强调的是对信息内容中包括的各个主题要尽可能阐述详细。在答案质量评估和博文质量评估中提到，信息的深入性越高，对其质量的评估越好，然而在维基百科质量的研究中，加入太多的细节对维基百科的文章来说可能会产生复杂性的问题，并损害维基百科文章的目标，即只是以主题摘要的形式提供一个研究点[84]。

对学术型信息内容来说，内容的深入性也同样重要，是学生评估检索出的学术文档的相关性中被提及次数最多的评估标准[119]。学生在选择与课程相关的文章时也会考虑文档的详细程度。学生认为深入性是作为决定信息资源相关性的一个重要因素。尽管在早期阶段，学生需要的是对某个主题进行概述的信息，但在后期阶段，学生需要的是对其选定领域的更详细的信息[121]。

（4）简洁性

简洁性，用来衡量信息内容是简洁的，而不啰唆冗余的。在答案质量评估研究[159]、博文质量评估研究[66]、评论质量评估研究[161]、维基百科质量评估研究[84]和学术型文档相关性研究[124]中均指出了其重要性。

虽然高质量的信息需要提供完整并详细的信息，但是也不能有过多的内容重复，因为不会带来新的信息，还会导致信息内容冗余啰唆，降低用户对信息质量的满意度[159]。除了内容重复，简洁性也要求信息要用简洁的方法表达，从而不会让读者产生信息过载的感觉[66]。信息中如果包含冗余和／或重复的情况，会导致信息内容过长，这在一些信息内容质量评估中更为重要，如评论信息更要尽可能精简，以便用户高效获取想要的信息，快速对商品做出抉择；维基百科信息也要尽可能简练，以便用户快速获取对某一概念的整体认知，进一步查阅详细信息。

（5）原创性

原创性，用来衡量信息是否是从别的地方复制过来的。高质量的信息不能照搬其他人提供的信息内容，需要是作者原创的[159]。在对答案质量的评估研究[159]中提出了此评估标准。然而，在对其他信息类型的质量评估中，笔者发现并没有提到此评估标准。

（6）观点性

观点性，用来衡量信息内容是否提供了与这个话题相关的观点。在对学术内容相关性的研究中发现此评估标准的重要性。尽管学者承担的大部分信息任务都要求找到与其主题相关的事实，但有些任务要求对所选主题提出意见。学者在判断信息的相关性时会区分事实和观点。当意见适合他们的任务时，他们会区分外行人的意见和那些他们认为在该领域具有资历的专家的意见，从而决定文档的质量[121]。例如，硕士生准备研究计划选择相关文档的过程中，使用的评估标准就包括文档应该从有贡献的角度提供与这个话题相关的观点[124]；学生在选择与课程相关的文档时也会选择有观点、看法的文档[121]。

（7）客观性

客观性，用来衡量内容在多大程度上以公正、客观和不偏不倚的方式表达对客观事实的看法，而不是以带有偏见或不公平方式表达自身观点，并且无意诱使他人以特定方式行事。在答案质量评估研究[159]、评论质量评估研究[161]、博文质量评估研究[66]，以及论坛质量评估研究中[80]，均指出客观性的重要。

在对答案质量的评估研究中指出高质量的答案需要提供客观的事实信息，而不能只是根据自身的认识，提出带有偏颇的意见，应该根据事实信息，提出不偏不倚的意见。然而，对评论质量的评估来说，评论的客观性用来评估评论的偏向程度，评论中的主观意见有助于读者做出决定，所以越主观的评论越为高质量。可见，对不同的信息资源类型，在此评估标准上的重要性程度有着极大的不同。

对学术型文档来说，高质量的学术文档也应该是注重事实的，学生评判文档可信度时也提到文档应该没有明显的偏见，包括中立的或客观的观点，并且不应试图在主观上给出明确的答案[120-121, 162]。

（8）可验证性

可验证性，用来衡量内容中是否参考了相关的外部资源。在答案质量评估研究[31, 156]、论坛质量评估研究[80]、维基百科质量评估研究中[84, 87]，可验证性均是影响其质量评估的重要因素。

信息中提供的有效链接或是引用，可以用来验证该信息内容的外部资源。信息中如果提供了有效链接或是引用，可以用来找到该信息中提供信息的来源，说明作者可以提供相关的文档作为证据来支持他的观点，从而可以提高信息的可信性。因此，信息中参考外部资源（reference to external sources）是信息被评估为高质量的一个重要因素。如果缺乏原始资源的引用或链接，或者不能让用户及时验证信息，就出现了可验证性问题，从而会降低信息质量。

对学术型文档的评估来说，可验证性可能更为重要，学者对文档可信性建立的要求之一也是文档中应该包括参考资料，有据可查[124, 162]。

（9）可读性／清晰性／演示性／写作质量

可读性，用来衡量信息内容是否无拼写和语法错误，表达明确清楚无歧义，并且在结构设计上清晰，容易阅读。笔者认为，信息满足可读性的首要条件是信息中没有拼写和语法错误，进一步需要表达得清楚明晰，从而实现信息可读的目的。因此，笔者将已有研究中提到的可读性／清晰性／演示性，统称为可读性。另外，在相关研究中演示性和写作质量的定义与上述提到的可读性／清晰性／演示性定义一致。在答案质量评估研究[31, 159]、博文质量评估研究[70, 163]、论坛质量评估研究[80]、评论质量评估研究[161, 164]、微博质量评估研究[71]、维基百科质量评估研究[87]、学术文档相关性研究[40, 119~121, 124, 165]中均指出了此评估标准的重要性。

该评估标准的目的就是为了确保信息内容使用了恰当的语言，清楚地传达了作者的想法。高质量的信息应包含易于理解的清晰和有效的信息。另外，低质量的消息会包含难以理解的文本，大量使用短符号，有拼写和语法错误及错别字[71]。可读性与其他质量评估标准，如信息的准确性或有用性，是不同的。因为该评估标准与所提供的信息与读者的可访问性有关。即使从其他评估标准的角度来说信息是高质量的，但是没有可读的书写风格，读者将难以阅读并从信息中受益，即使从其他评估标准来说质量再高，也是没有用处的[87]。

这个评估标准的重要性程度体现在不同的信息资源类型上也会有不同。对学术型信息来说，其作者大多数为受过教育的人，其可能会很好地使用语法，会检查他们提供内容的拼写错误，学术型信息在可读性评估上也许表现较好，此评估标准的重要程度可能就不会太高，因为学术型信息可能都满足此要求[163]。然而，对评论信息来说，其作者来源广泛，任何人都可以提供该信息，因此评论是否能清楚地陈述关于产品的信息和意见，是否很少有拼写错误的单词是不能保障的[161]，因此，评论的可读性评估可能更为重要[164]。

除了从拼写错误的角度衡量可读性，信息还需要满足可读性的其他要求。例如在格式上的要求，对评论来说，是否包含标题（如"优点"和"缺点"标题），是否有"段落分隔符"等都可以作为可读性的度量指标[166]；对学术型文档来说，对可读性其他方面的要求更为丰富和严格。学术型文档需要更加注重文档的信息组织结构。如果文档中有目录、图表、标题、段落介绍、划分主题、结构线索等，会使得文章更加清晰易读[118, 121]；对一般文档内容来说，也应该有良好的逻辑、组织和布局等[120]。

（10）合理性／一致性

合理性，或被命名为一致性，是用来衡量信息内容是否表达一致，符合逻辑。在答案质量评估研究[31, 157]、博文质量评估研究[66]、论坛质量评估研究[80]、维基百科质量评估研究[84]、学术型文档相关性研究中[119~120]，均提出了合理性的重要性。

具体来说，一致性就是要求信息内容中描述信息对象的相似属性或元素都以相同的结构和格式一致地表示。如果相同的概念和含义在同一篇文章或整个集合中没有用相同的词汇或语句传达，则存在语义一致性问题。同时还存在结构一致性的问题，指的是当不同的结构、格式或精度被用来表示文本中的相同元素时，出现的信息质量问题。另外，一致性并不仅是指文档中所包括信息内容的一致性，也应该保证文档内的信息与文档所在知识领域内的信息保持一致。

（11）时效性

时效性，用来衡量信息中提供的内容是否为最近的或最新的信息。在对社会化问答中答案质量评估[157]、博文质量评估[66, 70]、论坛质量评估[80]研究中，均提出了信息内容时效性的重要，并且信息内容应该是经常更新的，可以进一步利用更新频率对信息的时效性进行衡量。

对评论来说，旧的或重复的评论不能反映产品随时间的价值，因此信息质量低下[161]。对维基百科文章来说，其也应该是反映某主题的最新信息。与其他百科全书和信息资源相比，维基百科的在线连续出版模式通常被证明是一种可以保证时效性的有效方式，也是其主要优势[87]。对学术型文档相关性评估来说，文档提供信息的最近和最新程度也十分重要[119, 124]。学者提到："我对早期的一些文献很熟悉，另外，由于我的研究集中在药物审查方面，因此我对早期研究不太感兴趣，如果有最近的一篇文章，它可能会有更好的参考书目和更多的参考资料，我就可以进一步查阅。"[120, 123]

（12）凝聚性

凝聚性，用来衡量信息内容是否聚焦在一个主题上。具体来说，就是要求某一信息条目表达的信息内容是集中的、专一的描述单一话题，不会偏离主题。在博文质量评估研究[66]、论坛质量评估研究[80]、学术文档相关性研究中[118-119]，均指出了此评估标准的重要性。

（13）学术性

学术性，用来衡量信息内容的表达是否是在学术写作的水平上，而不是口语化的[118, 120]。这个评估标准在对学术型文档的相关性研究中有提到。高质量的学术型文档应该是学术性的，或者是科学的，是学术界可接受的信息。

2.4.3.2 与信息来源相关的评估标准

与信息来源相关的评估标准是与信息提供者有关的标准，而不是信息内容，如对某个社会化问答平台上的答案来说，对信息来源的评估即为对回答者的评估。此类评估标准包括3个具体的评估标准。

（1）作者的历史行为数据

作者的历史行为数据是用来衡量作者在其贡献内容的平台上的历史行为数据。具体来说，就是信息提供者在其所在社交网站上的活动和专业水平等，从而可以通过了解信息提供者的历史行为数据情况来推断内容质量。

在答案质量评估[44]、评论质量评估[161]、论坛质量评估[80]中均提到了此评估标准的重要性。例如在社会化问答平台上，作者的历史行为数据包括回答者的社区角色、成就和声誉等用户特征。从回答者的个人资料中提取的用户历史行为数据及获得的积分是预测最佳质量答案的重要特征[44]；在电子商务平台上，作者的历史行为数据包括评论者在某个电子商务网站上撰写评论的数量及该评论者在网站上获取的等级等[161]。

（2）作者权威性

权威性，用来衡量内容作者的专业程度。普遍的共识是一位高权威的作者会生产出高质量的内容[65]。个人对作者权威性的感知会影响质量评估。如果先前有与作者相关的正面评估，其发表的内容可能会引起用户的兴趣。相反，如果用户对作者的看法不佳，则可以拒绝对其发表内容的阅读或引用。在答案质量评估研究[31]、博文质量评估研究[66, 70]、论坛质量评估研究中[80]、评论质量评估研究中[73]、维基百科质量评估研究[82-84, 87, 122]、学术型文档相关性研究中[119, 124, 165]，均提出了此评估标准的重要性。

在互联网上，并不是所有的信息都可以确定其作者的，因此对于互联网上的信息来说，如果可以知道其作者的真实身份，将有助于用户对此信息的可靠性进行判断。如果平台或网站没有直接提供作者的个人资料，可以通过信息内容来判断作者的身份或者作者在该特定领域的胜任程度[80]。如果作者在信息中提供关于他们与该主题有关的专业背景的描述性评论（如"我是护士"）[31]，或者作者直接在信息内容中透露了其身份和动机[167]，用户会判定信息是由专业人士提供的，从而提高对该信息的可信度的感知，提高对该信息的质量评估。另外，也可以利用外部的现状间接衡量作者的权威性，如利用评论提供者的关注人数来衡量作者的权威性[73]。

如果平台或网站直接提供了作者的个人资料，可以通过姓名、专业知识、证书、来自的组织（包括组织的名称、类型、声誉和隶属关系等）、职位／头衔、联系信息（电话号码或电子邮件）及与该主题的专业相关性，实现帮助用户评估作者权威性的目的[65]。对学术文档的来源权威性评估来说，了解文档作者的真实身份更为重要[119, 124, 165]。作者是否在主题领域有出版物或是相关背景、作者是否属于一家著名的机构、作者是否是该领域的教授或是专家等[120]方面都可以作为衡量作者权威性的依据。作者的权威性在学术文档评估过程中起着独特的作用[121]。无论主题如何，该领域的著名学者发表的内容都更易被人们使用[123]。

（3）来源的权威性

来源的权威性，用来衡量发布信息的平台是否是权威的。例如，在对论坛质量的评估中，来源权威性的评估是指信息是否发布在有权威的论坛中[80]。

这个评估标准在对文档质量的评估中表现得更为明显，即为文档来源的权威性[119]。如果文档来源于某个期刊，那么这个期刊的权威性对评估这个文档的质量就尤为重要[158]。例如，在学术型文档相关性评估中，访问者提到"因为这是一本一流的期刊"[124]。期刊的权威性可以通过期刊的学科地位、期刊的主题、期刊的主要焦点及期刊的方法论关注点、可达性和特质，如偏向于某个学科领域等方面进行评估[123]。还可以通过判断文档是否以印刷形式出版或在会议上发表来衡量文档来源权威性[120]。

另外，还可以根据信息所在网页的 URL 的类型判断权威性，URL 中带有".edu"，".gov"和".org"的比含有".com"的更可信[121, 168]。另外，还可以判断信息来源所属类别的权威性，如被访者提到大英百科全书比维基百科更可靠，因此在该受访者眼中大英百科全书有着更好的权威性。另外，有被访者提出书籍比网站能提供更可靠的信息[168]。

2.4.3.3 与用户信念和偏好相关的评估标准

不同的用户对信息质量的认识是不同的，现有研究也认为用户对信息质量的评估是一个综合主观和客观的过程[169]。不同的评估者有不同的信念或偏好，会在一些评估标准上有不同的评估结果。因此，笔者根据各评估标准的定义，将从用户角度出发的评估标准中的与用户的信念和偏好相关的评估标准进行识别，从而确定了以下 5 个与用户信念和个人偏好相关的标准。

（1）相关性

相关性，用来衡量信息内容与其描述主题的相关程度，也可以被称为主题相关性。文档提供了与文章主题无关的特定信息时，则会出现相关性问题。由于不同的用户对信息的理解，以及自身信息需求的侧重点的不同，对不同信息的相关性会有不同的评估[159]。在答案质量评估研究[159]、评论质量评估研究[161]、微博质量评估研究[71, 73]、维基百科质量评估研究中[84,86]，均指出了此评估标准的重要性。

高度相关的信息会清楚地提及或描述主题。如果信息不以任何方式提及主题，则该信息与主题无关。在这两个极端之间的是与主题有一定相关性的信息，其中主题不是该信息描述的主要主题，只是模糊地提及了主题[71]。另外，对信息内容中引用链接的相关性评估也是一个角度[86]。不同的信息资源类型描述的对象是不同的，因此对不同的信息资源类型来说，相关性有着具体的定义。例如，在答案质量评估中，相关性用来衡量答案是否与问题相关[159]；在评论质量评估中，相关性用来衡量评论是否提供了大量的用户需要的产品信息[161]；在微博质量评估中，相关性是指消息如何反映与其描述事件相关的信息[71, 73]。

在学术内容评估中，此评估标准可能更为重要。阅读与学者需要的话题相关性高的信息，可以极大地节省学者时间[124]。一般学者为了跟随他们的研究领域，并确定新的研究问题，通常会扫描广泛的期刊文献，为了从这些广泛的文献中选择有用的文章进行阅读，许多学者指出会先根据文本的特征，如标题，来判断文本的主题相关性。这些文本特征在帮助学者们识别是否为感兴趣的文本时最为有用。如果根据标题判断文本有趣或相关，则可采用其他标准进一步对此文本的质量进行判断。可见在选择学术文档时，相关性是首要的考虑因素[118]。

（2）可信性

可信性，用来衡量信息和其来源是否真实可信的程度。不同的用户由于自身的知识水平、理解能力等的不同，对不同答案的可信性会存在不同的判断。在答案质量评估研究[32, 159]、博文质量评估研究[66, 70]、论坛质量评估研究[80]，以及评论质量评估研究中[161, 164]，均获得了可信性这个评估标准，均用来衡量内容中的信息在多大程度上被认为是可信的。

可信性是感知到的质量或用户的感受，而不是信息或来源的固有特征。因此，可信性的判断是以受众为中心的，它涉及对信息资源可信任程度的主观认识[170]。可信性是衡量实际质量的直接标准，因为可靠的机制确保质量。用户也将作者的权威性与可信性连接起来，如 Mackiewicz 和 Yeats[164] 在其质量评估的研究中对可信性的度量就是通过感知评论者对产品或与产品相关事宜的专业知识（如对品牌的熟悉度、对产品特点的说明、对品牌中的其他产品的说明、对类似产品的说明、对产品进行过研究的说明及对产品进行过测试的说明），来衡量评论的可信性。不同用户对在线资源的可信性的判断是不同的，因为对信息质量的期望是不同的。因此，在先前的研究中也将可信性视为多维结构[170]。可见，客观地衡量信息的可信性是困难的[171]，这是一个主观范畴的评估标准。

（3）有用性

有用性，用来表示信息在多大程度上有助于满足个人或某个群体的需要。有用性可以定义为使用质量[172]。满足用户需求意味着提供使用质量。有用性应以效率和满意度来衡量。实现使用质量，需要基于用户的评估来验证可用性的实现。有用性最早使用在对网站的评估上[173]。有用性表明用户在使用网站信息、内容和资源经历后的感知。研究发现，高品质的设计和有效的用户界面与网站的有用性相关[174]。

用户评估用户生成内容的有用性，即用户感知内容中提供的信息是否对其自身有帮助，这个帮助可以体现在解决了用户的问题，或者让用户自身的知识水平有所提高等。在答案质量评估研究[159]、博文质量评估研究[70]、论坛质量评估研究[80]、微博质量评估研究[71]中，均提到了有用性这个评估标准。具体来说，用户阅读不同类型信息的需要是不同的，因此对不同的信息资源类型来说，用户对有用性的界定是不同的。例如，社会化问答平台中，答案有用性是用来衡量答案是否对解决用户的问题有用或有帮助[159]；博文有用性是作为是否可以让一个人认为使用该博文的信息后会对提高自身的表现有帮助的评估标准[70]；微博信息的有用性是指对有兴趣了解该事件细节的人存在潜在价值，有用的消息应提供了有关该事件的潜在有趣的细节，无用的消息不提供有关事件的上下文信息[71]。

不同用户可能会由于自身的需要或是所处的环境不同，而对不同信息的有用性有着自己的判断。这在学术文档的评估中有很多具体的体现。例如，学生会衡量学术信息中包含的视频是否对感知信息的有用性有帮助。这个过程会根据不同的应用需求而定。部分被调查者认为基于文本信息更容易处理，他们会说："如果我正在做作业，我只想要简单的文本给我的基本内容"。另有被调查者说："我正在研究温室物理学，视频和图表比书面文字中的解释更合适，YouTube 视频和图片，它们也很好，我可以得到一种视觉效果。"[121]

（4）可行性

可行性，用来衡量信息中提供的解决方案是否可行。此评估标准也会受到评估者所处的情况和偏好的影响，从而评估者选择最适合自身的解决方案。此评估标准只在答案质量评估研究中有提到，并且是被最多用户提到的最重要的评估标准[31]。

（5）有趣性

有趣性，用来衡量信息内容是否有吸引力，能否获得用户的注意，从而引起读者的阅读兴趣。高质量的信息应该在设计和主题上都很有趣，可以捕捉读者的兴趣，让用户更加关注，从而吸引更多的用户阅读该信息。在博文质量评估研究[70]和学术文档质量评估研究中[118, 124]，提出了此评估标准的重要性。

2.4.3.4 与用户以前的经验和背景相关的评估标准

另一个导致不同用户产生不同质量评估的原因是，用户以前的经验和背景导致了不同的质量判断。换句话说，此类中包括的评估标准会受到用户已经了解的信息、用户的领域知识的影响。此类评估标准与用户信念偏好相关性小，而与用户先前背景有关。通过对相关文献的梳理，总结了以下 5 个属于此类别的评估标准。

（1）新奇性／新颖性

新奇性，又可称为新颖性，用来衡量信息在多大程度上为用户提供了一些新的东西。在答案质量评估研究[31, 157, 159]、论坛质量研究[80]、学术文档相关性研究中[119, 124]，均提到了新奇性是评估信息质量的标准之一。

具体来说，新奇性是用来衡量信息中是否提供了对用户而言是新的或有趣的想法和观点，从而让读者感到有些惊讶，引发读者对某个主题或场景的创造性思考。在用户信息需求的背景下，用户会评判信息内容是否可以激发其对特定概念或情况的认识或理解，从而对信息中提供的新信息或有趣的想法和观点表示赞赏。不同用户受其知识水平、经历情况的限制，对不同信息的新奇性的感知会有不同。另外，除了内容的新颖性，还存在用户对文档来源（即作者、期刊、出版商等）新颖性的判断。

（2）可理解性

可理解性，用来衡量信息内容是否容易理解。在答案质量研究[31, 157]、博文质量研究中[66, 70]，均指出了此评估标准的重要性。

用户只有理解了信息中提供的内容，才有可能去评估，进而应用该信息。用户如果不能理解信息中的内容，势必不会判断其质量为高质量的内容。当然，由于不同用户自身的理解力、知识储备等的不同，对不同信息的理解水平也是不同的，这在专业领域内的信息内容质量评估中可能更为重要。

在对学术文档的相关性情况调查中，有被调查者提到他想要"可以使用并且我能理解的信息"；有被调查者提到他发现维基百科的文章"通常用我能理解的语言写成"；有被调查者提到之所以会拒绝一个文档而赞成另一个文档，是由于那个文档"略简单"；还有被调查者提到他们会不使用一个法语文档，因为对语言不熟悉[118~119, 124]。可见，在学术型信息的评估中可理解性是一个重要的考虑因素。

（3）专业性

专业性，用来衡量信息内容是否由专家撰写的。上述与信息来源相关的评估标准类别中的作者权威性，即为其专业性，是从客观的角度，根据作者在其贡献的信息内容中对其专业性的描述为依据，而这里的专业性是从评估者的角度出发来评估此信息内容是否为专业性。不同的用户由于其不同的知识水平、经历或是理解力，对不同信息专业性的认可度也会产生不同。在对答案质量评估的研究中提到过此评估标准[159]。

（4）适量性

适量性，用来衡量内容中提供的信息对某个用户来说是否是适量的。对此评估标准来说，不同的用户会由于自身已有的知识水平程度，或是先前已经对此问题获取的知识量等原因，对当下评估的内容中包括的信息量会有不同的需要，因此用户可能通过审查信息中的信息量是否足以帮助其做出决策，来衡量信息是否适量。在博文质量评估研究[66]、评论质量评估研究中[161]，提出了此评估标准。

（5）有效性

有效性，用来衡量信息内容是否有阅读价值。用户在评估时会涉及两种有效性。一种为环境中的有效性，被定义为文档提供的信息是否可以获得其他来源信息的进一步阐述；另一种为个人有效性，被定义为用户已经获得了文档中提供的信息，并不涉及整个环境内的信息有效性，而是指用户在阅读该篇文章之前已收集到了文章中提供的信息，从而导致该篇文档不可用。

验证信息的有效性需要与参与者先前知识相关联。后续获得的信息需要与先前获得的信息有关联，才能更好地满足用户需要。获取信息的过程就像一个"滚雪球"的过程，一旦某个特定的主题或副标题被用户关注，则信息搜寻的重点就缩小到这个被用户认为是相关的一组信息，先前选择的信息范围会影响后续的信息选择。例如，有被调查者提出："一旦我发现了一个好的网站，我会从中获取一些信息，并继续检索，看看我还能找到什么，然后从那些新信息中搜索。"在学术型文档相关性研究中[119, 121]提出了此评估标准。

2.4.3.5　与当下的外部情况相关的评估标准

有些质量研究指出，用户在评估信息内容质量时，有时候也不会根据内容本身或是内容提供者的情况，而是根据当下的外部情况来评估信息质量，可见有些时候存在的外部情况会影响用户对信息质量的评估。因此，此类别下所属的评估标准均是与当下所处的外部情况，或是外部影响因素相关的评估标准。

（1）外部验证

外部验证，即是用来衡量该信息内容是否被其他来源获得的信息所验证。验证文档提供的信息被其他信息来源支持的程度，从而可以有效帮助用户对信息可信性的判断。在答案质量评估研究和学术型文档相关性研究中[119-121, 168, 175-176]均涉及此评估标准。

信息可能会从多个角度获得外部验证。第一个外部验证来源为用户以前的知识或经历。用户会选择的高质量信息是验证了他们从其他来源听到的内容，即如果用户预先的一个认识被证实，其可能会认为此信息是高质量信息[31]，如有研究中的被访者提到："我有一个朋友正在研究这个，她发现了同样的东西"[119]。第二个外部验证来源为学者在检索信息时采用的一种建立可靠性的方式为匹配先前知识和后续知识的形式。通过在第二个来源中获得的信息，以确定较早获得的信息是否准确。例如，有被调查者提到他会先看维基百科的信息，然后将需要的信息进一步放入 Google 中进行检索，查看是否与维基百科中的信息匹配，从而从多个来源证实信息[121]。

另外，信息还可以被另外的外部资源验证。该信息是否被一个可信的或者有权威的资源引用，该信息是否被其他作者在其他文件中引用，该信息是否已经有图书管理员进行评估等都可以说明此信息经过了外部验证[120]。

(2) 唯一可供选择的方案

唯一可供选择的方案，用来衡量信息内容中提供的解决方案是否是唯一实际可以应用的方案。如果其他信息均不能实际应用，只有一个可供选择的方案信息，那么用户可能会根据此原因选择这唯一可供选择的方案为高质量信息。因此，是否有其他信息可以选择也是一个影响用户评估某一个信息为高质量信息的外部影响因素。在答案质量评估研究[31]和学术型文档可信性研究中[120]，涉及该评估标准。

(3) 快速性

快速性，用来衡量用户获取到信息需要的时间。如果用户遇到棘手的需要解决的问题，若可以快速获取想要的信息，最快获取到的信息会被选为高质量的信息。对答案质量评估来说，此评估标准尤为重要[31, 157]。快速回答的答案可能在特定的问题上会容易被选为高质量的答案。在对博文质量的研究中，提出了潜伏期（latency）这个概念，其被定义为信息到达用户的时间量，均是对快速性这个评估标准的解读[66]。本课题的研究对象也是一种答案，所以这个标准可能也是一个重要的评估标准。

(4) 其他用户的认可度

其他用户的认可度，即为信息获得的用户推荐数。这个评估标准经常用于答案质量评估中。社会化问答平台一般为用户提供为其满意的答案点赞的功能。因此，用户可能会由于某一个答案获取了较多的推荐数，而认为该答案为高质量的答案[32]。可见，其他用户的认可度也是影响用户评估信息质量的一个外部影响因素。

(5) 可访问性／可获得性

可访问性，即为可获得性，用来衡量内容中提供的信息是否是可以获取到的。在维基百科质量评估研究[84]、学术型文档可信性研究[120]和学术型文档相关性研究中[119, 124]，提出了此评估标准。

在信息中提供的参考资源可能存在不能有效访问的问题，造成参考资源存在不可访问性的问题可能是由多种原因造成的。例如，如果信息的表述语言是用户无法说出和阅读的语言，则信息可能不易访问；另一个常见原因是版权保护。例如，维基百科社区对发布的内容会进行细致的审查，特别是对照片的版权问题。如果发现侵权情况，则立即移除该资源，从而使得链接无效。

另外，除了信息中提供的参考资源的可获得性外，可能还存在信息本身的容易获取程度。早期对检索出的学术型文档的可获得性，定义为可能或容易获得文件副本的程度，或者获取文件副本所涉及的成本。在评估者进一步应用其他信息内容评估标准前，隐含的基本认知就是信息是免费的。免费的资源普遍比需要付款的资源更受青睐。在 eBay 或亚马逊等商业网站上提供信息经常被拒绝，因为获取需要付费[121]。另外，学生指出信息不是免费的（需要订阅或购买）才可获得的时候，也是信息可信度高的一种表现[120]，这在获取学术信息时较为常见，因为学术数据库中的学术论文一般都是要付费后才可以下载阅读。

综上所述，可访问性对不同的信息类型可能存在不同的影响。学术型社会化问答平台的答案中提供的参考资源的可获得性对其质量评估的重要性程度也是值得探索的一个新问题。

（6）时间限制

时间限制，即为衡量用户当下需要使用这些信息的时间要求。对于某些特定信息或者特定用户来说，可能需要花费大量的时间获取该文档的内容，然后用户当下并没有太多的时间，因此该文档对此类用户来说就是不理想的。可见，影响用户对信息进行质量评估的外部情境因素之一为时间限制。在学术型文档相关性评估研究中提出了此评估标准[119–120, 124]。

2.4.3.6　与社会化媒体环境相关的评估标准

在信息质量评估研究中指出，用户在选择最佳信息时会考虑一些与社会化媒体环境相关的评估标准，包括从个人到人际关系范畴的各种与社会化媒体环境相关的评估标准，同时指出了社会化媒体方面的评估标准对信息质量评估的重要性。因此，由于本课题研究对象也为一类社会化媒体上的信息，此部分对此类评估标准进行了总结，其中包括以下 7 个评估标准。

（1）礼貌性

礼貌性，用来衡量信息内容是否有冒犯的语言。此评估标准不一定是该信息被选为高质量信息的唯一原因，但也是高质量信息必备的一个特点，有着冒犯语言的信息是不会被选为高质量的。在对答案的质量评估研究中[159]指出了此评估标准。

（2）情感支持

情感支持，即衡量信息内容中是否包含对信息需求者的情感支持，如感谢、欣赏、同情和鼓励等。此评估标准只在对答案质量的评估研究中涉及[31]。对于一些类型的问题，提问者会倾向于选择答案中包含情感支持的答案，并不全是按照内容本身的质量进行选择。例如，有用户指出："这个答案让我有点松了一口气。"

（3）作者的态度

作者的态度，指用户是否能从信息内容中感知作者的积极态度。如果用户感到作者以诚实或真诚的方式提供了信息内容，那么也可能将该信息选为高质量的。例如，在答案质量评估中，提问者会说："你很诚实""我尊重你的开放思想"作为此答案被选择为高质量答案的原因[31]。在答案质量研究[31]和论坛质量评估研究中[80]，指出了此评估标准。

（4）作者的努力

信息内容体现了作者为提供此内容付出的努力。如果用户能从信息中感知信息提供者为提供此信息付出了巨大的努力，那么也可能将此信息选为高质量的。如在答案质量评估中，提问者会说："我很欣赏你花时间帮助我从正确的角度认识我的事实。"因此，提问者会选择那些他认为回答者有花费大量的时间帮助他来解决问题的答案[31]。

（5）作者的经历

作者的经历，即为衡量信息内容中是否提供了作者的相关经历。用户会倾向于选择那些作者在信息中分享了自己相关经历的信息。只在对答案的质量评估研究中提到了此评估标准。在答案质量评估中，提问者会说："听起来很像我的问题""很高兴听到有人经历过相同的事情"[31]。

（6）意见一致

意见一致，即为衡量评估者是否同意信息内容中表达的观点。如果信息内容中包括与该内容读者相一致的观点，文档中的信息与个人的知识和信仰产生了共鸣，那么此信息就较易被选择为高质量的信息。在答案质量评估研究[31]、论坛质量评估研究和学术型文档可信度研究中，证实了此评估标准的存在。用户会倾向于选择那些作者在信息中表达的观点与自身观点一致的信息为高质量，如在答案质量评估中，提问者会说："我完全同意你的看法"，因此选择此答案为高质量的答案。

（7）幽默性

幽默性，用来衡量信息内容的表达方式是否诙谐幽默。在对答案质量的评估研究中指出，提问者也可能由于该答案很幽默而选择该答案为高质量的答案。例如，有提问者选择高质量的答案后，说明的原因为："你的答案很幽默，让我发笑""太滑稽了"[31]。

2.5　本章小结

本章首先对有关社会化问答平台、学术型信息和信息质量评估的相关概念和理论进行了总结。接着由于本课题的重点是对质量评估标准的研究，因此详细地对现有的质量评估研究中提出的质量评估标准进行了分类总结，从而为构建学术型社会化问答平台上答案质量评估模型提供理论支持。

3 学术型社会化问答平台上答案的客观特征

本书第一个研究阶段首先进行了对 ResearchGate Q&A 上答案客观特征的研究。此部分是为了探索 ResearchGate Q&A 上答案的客观特征及这些特征在不同学科和不同问题类型上是否存在异同，并进一步通过对比发现 ResearchGate Q&A 和一般问答平台上答案客观特征的异同点。因此，本章研究结合定性内容分析和定量统计分析方法，对 ResearchGate Q&A 上获取的 3 个不同学科（图书馆信息服务、艺术史、天体物理学）的 107 个问题的 1128 个答案进行分析。研究结果表明，提问者意图的不同（即寻求信息或是讨论）和学科的不同，都会对答案的客观特征有影响。在 3 个学科的答案中均会提供各种资源，包括专家的联系方式、引用、维基百科链接、图像等。接着本章基于现有的对一般问答平台上答案客观特征的研究结论，进一步对比讨论了学术型社会化问答平台上答案的客观特征与一般问答平台上答案客观特征的异同。结果证实了学术型社会化问答平台上的答案与一般问答平台上的答案的客观特征是存在很大差异的。

此部分研究结论对学术型社会化问答平台上答案质量评估研究有着重要的启示作用。由于 ResearchGate Q&A 和一般问答平台上答案客观特征存在较多异同，并且这些异同点与对答案质量进行评估息息相关，因此，需要进行针对学术型社会化问答平台上答案质量评估的专门研究。

3.1 获取答案客观特征的研究流程

此部分研究的流程如图 3.1 所示，将基于已有研究中提出的知识建构分类指标体系 [177-178]，构建出本章节研究中所使用的对 ResearchGate Q&A 上答案内容的分析理论框架。利用此内容分析理论框架对 ResearchGate Q&A 平台上的答案的客观特征进行定性内容分析和定量统计分析，获取到有关 ResearchGate Q&A 上答案客观特征的分析结论。最后，将本部分获取的结论与一般问答平台上答案的客观特征分析的结论进行对比，即为与对 Yahoo! Answers 上答案客观特征分析的结论进行对比，这是因为现有的对一般问答平台的研究中最为丰富的即为针对 Yahoo! Answers 上答案的研究。最终通过上述步骤解决此章节提出的研究问题。

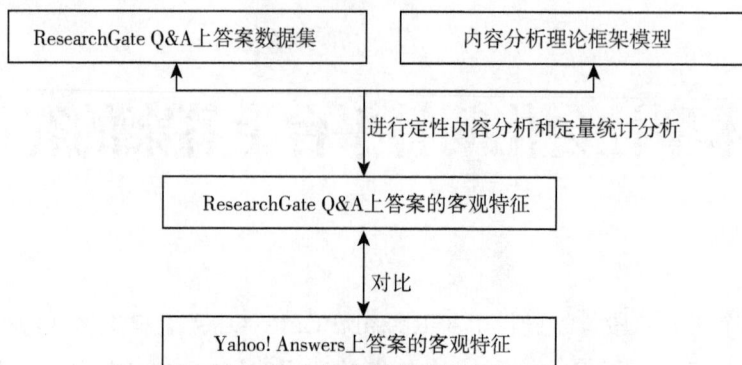

图 3.1　获取答案客观特征的研究流程

由于本研究中分析 ResearchGate Q&A 上答案的客观特征部分只为本人参与的一个课题，但是这个课题是引出本研究针对学术型社会化问答平台上答案质量评估研究的依据，也是进一步对比学术型答案与非学术型答案特征差异的必要部分，因此本章节将简要介绍对 ResearchGate Q&A 上答案的客观特征部分的研究，具体有关对 ResearchGate Q&A 上答案的客观特征研究的详细内容请查阅已发表论文①。

3.2　问答数据收集

为了保证本部分分析的数据量与其他类似研究具有可比性[177, 179]，ResearchGate Q&A 问答类别中"图书馆信息服务"（Library Information Services）、"艺术史"（History of Art）和"天体物理学"（Astrophysics）被挑选作为本部分研究的 3 个样本学科。通过从 ResearchGate Q&A 平台上这 3 个学科类别下问题与其答案页面上爬取问答数据，收集到"图书馆信息服务"类别下 38 个问题的 413 个答案、"天体物理学"类别下 36 个问题的 404 个答案、"艺术史"类别下 33 个问题的 311 个答案。对于每个问题的所有答案，都获取了其回答者姓名、所在机构、回答的日期和时间及答案内容。综合 3 个学科，总体数据集包括 107 个问题的 1128 个答案。

---

① WEI J，DESAUTELS S，HE D Q，et al．Information exchange on an academic social networking site：A multidiscipline comparison on ResearchGate Q&A [J]．Journal of the association for information science and technology，2017，68（3）：638-652.

3.3　答案客观特征分析理论框架模型

用于本部分研究的内容分析理论框架模型包括 4 个类别：提问者的意图（即问题的类型，分为信息寻求型问题、讨论寻求型问题和非问题）[181]、答案内容的 5 个详细客观特征（包括提供事实信息，提供资源，提到学科中的理论、著名概念或框架，提供意见或是反馈其他回答者的意见，提供个人经验）[177-178]、社会线索特征（包括安慰与联系方式）和建立共识特征（包括同意和不同意）。具体对各个特征的详细解释请查阅已发表论文[193]。

通过利用内容分析法，按照严格的编码流程和要求[182-183]，对收集到的各个答案的内容按照答案客观特征分析理论框架模型中涉及的特征，对答案在各个特征上的表现进行编码，即为答案对各个特征进行标注。

3.4　学术型答案与一般问答平台上答案客观特征对比分析结果

对学术型社会化问答平台 ResearchGate Q&A 上答案各个客观特征的分析结果，以及不同学科领域和问题类型下答案客观特征的差异性分析结果，请查阅已发表论文[193]。本部分重点对比获取的 ResearchGate Q&A 上答案客观特征与一般问答平台上答案客观特征，以发现二者的异同。

现有的大部分对一般问答平台的研究，都集中在 Yahoo! Answers 上，因此本部分拟对已有的针对 Yahoo! Answers 这类一般问答平台特征的研究结论与对学术型社会化问答平台特征的研究结论进行定性对比分析，以突出学术型社会化问答平台相比于一般问答平台的不同之处。虽然对 Yahoo! Answers 的相关研究所使用的数据量远大于对学术型社会化问答平台分析研究中所使用的数据量，但是通过对比可以从一定程度上反映两者之间差异的定性现象，为对学术型社会化问答平台答案质量评估的必要性做铺垫（表 3.1）。

表 3.1 涉及有关问答平台的特征，分别从问答平台基本客观特征、问题客观特征和答案客观特征 3 个方面进行对比。在学术型社会化问答平台研究中得出的两项结论并没有检索到对 Yahoo! Answers 的相关研究结论，以下两项不存在对比的结论，也从侧面反映了 ResearchGate Q&A 平台与非学术型问答平台的区别。

表 3.1　一般问答平台与学术型问答平台客观特征对比分析

客观特征		学术型问答平台：ResearchGate Q&A	一般问答平台：Yahoo! Answers	不同点对比	参考文献
问答平台基本客观特征	单个用户平均贡献问题或回答的个数	2.3 个	845.7 个	学术型问答平台单个用户贡献的问题或回答数远小于一般问答平台，换言之，在学术型问答平台上，用户的参与度不高，回答或是提问的数量少	Shah 等[184]
	单个问题的平均回答个数	10.54 个	5.71 个、5.50 个	学术型问答平台上的提问获得的答案数量更多，更需要质量评估机制，为用户推荐高质量的答案，节省用户时间	Harper 等[136]；Harper 等[180]
	单个问题获得第一个答案所需要的平均间隔时间	15.36 小时	10.00 分钟	学术型问答平台上的提问需要更多的时间获取到第一个答案，进一步说明在学术型问答平台上用户的参与度不高	Shah[185]
问题客观特征	信息寻求型问题与讨论寻求型问题个数对比	49（45.8%）/54（50.5%）	93（57%）/58（36%）	学术型问答平台存在更多的讨论寻求型问题，此类问题相对于信息寻求型问题更加复杂，进而更加难以评估其答案质量，因此学术型问答平台更需要答案质量评估机制	Harper 等[136]
	问题的平均长度	66	323	学术型问答平台上问题的长度较短，对很多问题并没有进行具体的解释，包括一些专有名词或是专业术语，因此学术型问答平台上问题更加专业难懂	Harper 等[180]
答案客观特征	答案的平均长度	86.63 个字	319.24 个字	学术型问答平台上答案的平均字数小于一般问答平台上答案的字数。根据上述研究发现，很多回答者会提供相关的参考文献，帮助用户进一步深入理解，并不会进行过多的文字解释	Harper 等[186]
	答案的平均回答时间	73.10 小时	371.11 分钟	学术型问答平台上问题需要相当长的时间获取到一定量的答案，进一步说明在学术型问答平台中用户的参与积极性没有在非学术型问答平台中的高	Chua 等[157]

续表

客观特征		学术型问答平台：ResearchGate Q&A	一般问答平台：Yahoo! Answers	不同点对比	参考文献
答案客观特征	提供事实信息	41.0%	59.5%	一般问答平台上的答案提供事实信息的比例大于学术型问答平台，其中一个原因可能是一般问答平台上信息寻求型问题较多	Liu 等 [187]
	提供资源	31.00%	2.29%	学术型问答平台上的答案会更多地提供各种资源，并且占比最高的是传统的学术资源，如引文、学术文章和图书等；而一般问答平台上的答案提供的资源类型占比最高的是各类网站。因此，可以看出传统的学术资源是回答学术类问题普遍使用的一种资源类型，而这种资源类型在一般问答平台上问题的答案中很少存在	Oh 等 [188]
	提到学科中的理论、著名概念或框架	13.20%	0.04%	回答学术型问答平台上的问题会涉及与学科相关的很多理论、概念和模型，而此类信息几乎不会在回答一般问答平台上的问题时使用到	Oh 等 [188]
	提供意见或是反馈其他回答者的意见	53.30%	25.25%	学术型问答平台上的答案会更倾向于表达观点，其中一个原因也许是学术型问答平台存在更多的讨论寻求型问题，用户需要提供观点来回答此类问题	Liu 等 [187]
	提供个人经验	11.10%	1.16%	在 ResearchGate Q&A 平台上，用户的个人信息是公开的，在学术型问答平台上答案会更多地涉及自身的经验，通过自身的经验和权威性证明该回答是可行的，以提高回答的可信性	Oh 等 [188]

①用户的国家来源在 Yahoo! Answers 上并没有提供，因为一般问答平台都是匿名的，并没有用户真实的个人信息，已有的 Yahoo! Answers 研究中并没有对用户国家来源的相关结论。而在 ResearchGate Q&A 平台上，用户的信息都是公开的，可以明确地获取到提问者和回答者的姓名、来自的研究机构和发表的论文等。

②并没有发现对 Yahoo! Answers 上问题内容特征的相关研究，一个可能的原因是：

一般问答平台上的问题并没有很复杂，用户在提出问题时，很少在问题中就提及资源或是理论概念，因此并没有对此专门的研究。这个对比的缺失也从侧面反映了学术型社会化问答平台上问题的复杂性，用户在提出问题时为了让其他用户理解问题，会在问题提出的时候就提供具体的知识进行解释。

从表 3.1 的对比分析中，总结出了以下 3 类学术型社会化问答平台存在的不同之处。

①在学术型社会化问答平台上，用户的参与度不高，反映在单个用户贡献的问题或回答数少；提问需要更多的时间获取到第一个答案；问题需要相当长的时间获取到一定量的答案。

②学术型社会化问答平台上的问题更加难懂，反映在学术型社会化问答平台上存在更多的讨论寻求型问题；学术型社会化问答平台上问题和答案的长度较短，没有过多的解释。

③学术型社会化问答平台上答案拥有特有的内容客观特征，如提供更多的资源，其中占比最高的是传统的学术资源；会涉及与学科相关的很多理论、概念和模型；更多地表达观点和利用自身经验回答问题。

通过总结上述实证分析和对比分析结论，可见现有的对其他用户生成内容质量评估体系并不能适应对学术型社会化问答平台上答案质量评估的需要，并且学术型社会化问答平台上的答案更加需要质量评估机制，反映在单个问题获得的答案数量更多、学术型社会化问答平台上的问题更加复杂难懂、用户的参与度不高等方面。

3.5　本章小结

本章为本课题第一个研究阶段问题发现和现状分析中对 ResearchGate Q&A 上答案客观特征的研究。通过利用先前文献提出的学术内容分析理论框架模型，对 ResearchGate Q&A 上答案的客观特征进行了实证分析，发现学术型社会化问答平台上的答案客观特征与一般的问答平台上的答案客观特征有很大的差异性，主要表现在学术型社会化问答平台上的答案具有更丰富的内容特征，如提供更多的资源，涉及与学科相关的很多理论、概念和模型，更多地表达观点和利用自身经验回答问题等。由于学术型社会化问答平台上的答案与一般问答平台上的答案具有较多的差异性，因此对其质量评估需要结合其自身的特征进行专门的有针对性的研究。

4 高质量答案的客观特征及其可预测性 [①]

  本部分报告第一个研究阶段研究中探索 ResearchGate Q&A 上被用户推荐的高质量答案的客观特征及其可预测性。ResearchGate Q&A 平台是通过同行评议机制进行高质量答案推荐的。具体来说，就是用户通过点击每一个答案下的"Recommend"来表明自己对此答案的质量是否满意。此部分研究是为了探索影响学者点击"Recommend"推荐高质量学术型答案的客观特征，即为发现影响学者对学术型答案质量评估的答案客观特征，进而实现自动预测高质量学术型答案的目的。通过构建由答案内容客观特征和回答者权威性客观特征构成的答案客观特征分析理论框架，利用有序逻辑回归分析方法来研究不同质量等级下的 ResearchGate Q&A 中 3 个学科的 1021 个答案的客观特征与其获取到的"Recommend"数的显著影响关系，以确定影响答案被评估为高质量的客观特征；进一步比较了 3 个不同学科（图书馆信息服务、艺术史和天体物理学）和 2 类问题（信息寻求型问题和讨论寻求型问题）中高质量答案客观特征的异同点，以确定学科和问题类型对学者评估高质量答案的影响。接着利用 3 个广泛使用的分类模型来预测答案质量，并对比不同分类模型在学术型社会化问答平台上答案质量预测效果情况。实验结果表明，学术型社会化问答中的高质量答案往往具有两个特征：①它们由有较高学术声誉的学者提供（如更多的追随者等）；②它们提供较多客观信息（如有较少的主观意见的较长答案）。然而，这些高质量答案特征在不同的学科上有差异。例如，答案的客观性在天体物

---

  ① 本章主要内容发表于：

LI L, HE D Q, JENG W. Answer quality characteristics and prediction on an academic Q&A Site：a case study on researchgate[C]. New York：ACM, 2015：1453–1458.

LI L, HE D Q, ZHANG C Z, et al. Characterizing peer judged answer quality across disciplines in academic Q&A Sites：a case study on researchgate[J]. Aslib journal of information management, 2018, 70 (3)：269–287.

LI L, HE D Q, ZHANG C Z. Characterizing high-quality answers for different question types on academic social Q&A site [C]. Leuven, Belgium：International Society for Scientometrics and Informetrics, 2019：2670–2671.

理学中更重要。同时，不同问题类型下的高质量答案的表现也有差异。例如，对讨论寻求型问题来说，学者更注重答案回答者的权威性；对信息寻求型问题来说，学者更注重答案是否提供了理论基础。③优化的 SVM 分类算法在识别高质量答案上具有优于其他模型的准确性，但是预测可达到的最好效果也并没有很理想。另外，与利用答案内容客观特征的预测效果相比，利用回答者权威性具有更好的预测性能。

此部分研究的初始目的仅仅是使用容易获取的答案客观特征能准确识别出令学者满意的高质量答案，从而帮助学术型社会化问答平台高效地选择和推荐不同学科的高质量答案，特别是在冷启动的情况下，很多高质量答案并没有得到同行足够的推荐数，而获得重视并优先推荐。但是，通过研究后发现，仅使用提出的各类答案客观特征并不能准确预测高质量答案，可见需要探究更有效的针对学术型社会化问答平台上答案质量的评估模型，并且此模型可能会受到不同背景的学者和不同使用环境等外部因素的影响，如本部分研究得出的来自不同学科的学者评估出的高质量答案具有的客观特征是不同的，不同学科下的高质量答案具有的客观特征也有所不同。

本章将首先整体介绍本部分研究进行的流程，接着详细介绍此部分研究中提出的由答案客观特征构成的用于质量评估的理论框架、特征值获取过程、数据分析过程和研究结论。最后是对此部分研究结论的讨论，从而明确指出本部分研究的意义和重要性。

4.1　高质量答案的客观特征及其可预测性的研究流程

此部分的目的是探索在 ResearchGate Q&A 上被用户推荐的高质量答案的客观特征，并利用提出的高质量答案的客观特征实现对答案质量的预测。此部分研究的流程如图 4.1 所示。

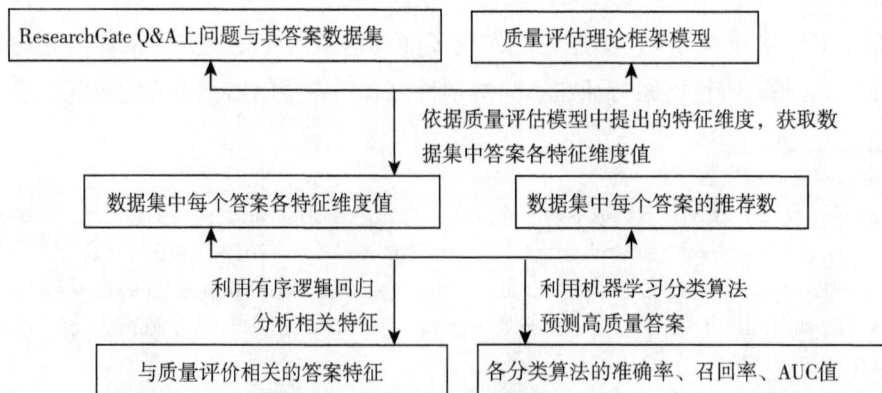

图 4.1　高质量答案的客观特征及其可预测性的研究流程

此部分的研究步骤将根据先前相关的质量评估研究工作，提出此部分研究使用的质量评估理论框架模型，此模型由与回答者相关的客观特征和与答案内容相关的客观特征构成。沿用第 3 章研究收集到的问答数据，获取数据集中答案各客观特征值和被用户点击的推荐数。接着利用有序逻辑回归分析各客观特征是否与答案获取到的用户推荐数线性显著相关，并利用多种机器学习分类算法（包括朴素贝叶斯、有序逻辑回归和 SVM 分类算法）预测高质量答案。

4.2　高质量学术型答案的客观特征分析理论框架

本部分研究提出质量评估理论框架模型包括两大类答案客观特征。第一类客观特征是回答者的权威性，包括回答者的历史信息和学术权威性两个子类，此类特征已经在评估一般问答平台上答案质量和学术论文质量的研究中得到了有效验证[32, 38-39, 44]。第二类客观特征是来源于信息内容本身，此类特征是同行评议信息质量的重要依据。此类特征包括答案的学术内容客观特征和非学术内容客观特征。此类与信息内容相关的特征沿用了第 3 章研究分析 ResearchGate Q&A 上答案的客观特征中提出的对答案内容客观特征分析的理论框架模型。以下将描述每个特征的含义和从相关文献中获取的理论支持，特别是在 ResearchGate Q&A 平台这个环境下这些特征与答案质量评估的关系。表 4.1 总结了此部分研究用来探索高质量学术型答案的 16 个客观特征。

表 4.1　高质量学术型答案的客观特征分析理论框架

类别		特征	定义	参考文献
回答者的权威性	回答者的历史信息	回答者的历史答案数	回答者提供的答案总数	Fu 等[192]；Blooma 等[47]；Liu 等[150]
		回答者的历史提问数	回答者提出的问题总数	
回答者的权威性	回答者的学术权威性	回答者的出版物数量	回答者上传到 ResearchGate 的出版物数量	Ugolini 等[38]；Mukherjee[39]
		回答者出版物的被阅读量	回答者上传到 ResearchGate 的出版物获得的被阅读量	
		回答者出版物的被引用量	回答者上传到 ResearchGate 的出版物获得的被引用数量	
		回答者出版物的影响因子	回答者上传到 ResearchGate 的出版物获得的总影响因子	
		回答者所在机构的总影响因子	回答者所在机构中所有学者上传到 ResearchGate 上的出版物获得的总影响因子	
		回答者被关注的数量	回答者在 ResearchGate 上获得的被关注人数	

续表

类别	特征		定义	参考文献
答案内容客观特征	与学术相关的客观特征	提供学术资源	答案是否提供参考文献、引用或其他资源来支持答案中提供的信息	Kim 和 Oh[31]；Liu[120]
		参考基础理论	答案是否涉及一些相关的学术理论	Calvert 和 Zengzhi[114]；Cool 等[118]
		提供研究经验	答案是否提供回答者与问题相关的研究经验	Kim 和 Oh[31]
	非学术相关的客观特征	添加事实信息	答案是否提供客观信息来澄清与问题相关的当前知识	Kargar 等[66]；Barry[119]；Watson[121]
		提供意见	答案是否明确包含回答者的主观意见	Cool 等[118]；Watson[121]；Vakkari 和 Hakala[124]
		建立共识	答案是否明确地通过诸如"我同意"或"我不同意"这样的语言来表达同意或不同意的观点	Kim 和 Oh[31]；Liu[120]
		包含社会要素	答案是否包含安慰、礼貌和联系信息等要素	Kim 和 Oh[31]
		答案长度	答案中的单词数量	Kim 和 Oh[31]；John 等[32]；Blooma 等[47]；Fu 和 Wu[192]

（1）回答者的权威性

回答者的权威性用来衡量回答者潜在提供高质量答案的能力。先前研究已经证明内容提供者的权威性是用户评估内容质量最关键的标准之一[31-33, 44, 189-190]。回答者在该问答平台上的贡献历史和获得的评估是普遍使用的评估答案质量的特征[32-33, 191]。同时，ResearchGate Q&A 平台不仅提供了回答者在平台上的历史信息，还提供了他们的学术权威性信息。因此，在本部分研究中，对回答者权威性的衡量分为两部分：回答者的历史信息和回答者的学术权威性信息。

回答者的历史信息：为了衡量内容提供者的权威性，大部分的研究均基于用户在社会化媒体平台上的历史信息，同时并不涉及用户真实的身份信息。这是由于在一般社会化媒体平台上并没有用户真实的身份信息，都是匿名的。例如，Liu 等[150]、Blooma 等[33] 和 Fu 等[44] 均证明回答者获得的评分、提供的答案数、发布的问题数和回答的最佳答案数是评估答案质量的重要评估标准。本部分研究根据先前的研究工作，探索回答者的历史信息和学术型社会化问答平台上被同行评议的高质量答案的关系。本部分研究中涉及的回答者历史信息特征包括回答者在 ResearchGate Q&A 平台上提供的答案数和提出的问题数。

回答者的学术权威性信息：受到先前对学术论文质量评估研究的启发，另一个重要评估标准是作者的学术权威性，如发表论文的被引量、出版物数量和来自的研究机构[38-39]。ResearchGate Q&A 不仅提供了回答者在该平台上的历史信息，而且还提供了回答者真实的学术信息，这可能是影响同行评议的高质量答案更有影响力的因素。衡量回答者的学术权威性的特征包括回答者的出版物数量、出版物被阅读的数量、出版物被引用的数量、出版物的影响因子、所在机构的总影响因子和回答者被关注的数量等。这些对回答者学术权威性的衡量信息均在 ResearchGate Q&A 平台上可以获取到。利用这些回答者学术权威性特征是为了获得回答者的学术权威性对同行评议的高质量学术答案的影响。

（2）答案内容客观特征

此类别中包含的特征为衡量学术型社会化问答平台上答案的内容客观特征，并进一步分为两个子类别。一类是与学术相关的客观特征，包括衡量答案是否提供学术资源、参考基础理论和提供研究经验；另一类是与非学术相关的客观特征，包括添加事实信息、提供意见、建立共识、包含社会要素和答案长度。这些内容客观特征的具体介绍如下。

提供学术资源：引用相关学术资源是通过为读者提供实质性证据，来帮助验证答案中提供的信息，从而增强信息的可信度。答案中引用参考文献可以有效提高答案的可信性[31, 120]。Liu 发现参考文献／引文在评估信息质量时很重要[120]。在 ResearchGate Q&A 平台上的答案中包含各种不同类型的学术资源，如论文、书籍、视频、维基百科和 ResearchGate Q&A 上其他相关问题的链接等[193]。提供学术资源的答案可能会影响同行对答案质量的评估。

参考基础理论：本部分研究也探索高质量的答案中是否包含相关理论，如基本概念、著名理论框架模型、公式和定理，以支持回答者的观点。学术期刊的编辑们在评估学术研究论文的质量时，提出了论文中需要强调基础理论的要求[114]。Cool 等[165] 也证实基本概念是学生在选择参考文献时考虑的因素之一。学术型社会化问答平台上的答案中提供理论基础往往可以使答案更加合理可靠，因此基础理论可能会成为同行评判答案质量的因素之一。

提供研究经验：Kim 等[31] 的研究中首先提到了答案中需要提到与问题相关的个人经

验，此研究指明回答者提供的经验有助于提问者识别最佳答案。一方面，回答者在答案中的经验可以为提问者提供情感的安慰，如一个提问者是这样说明其选择的最佳答案的原因："非常高兴听到有人也遭遇着同我一样的事情"；另一方面，答案中提供回答者以往与问题相关的研究经验可以使答案内容更加丰富可靠，这对于与学术有关的问题尤为重要。例如，通过了解他人过去犯的错误，可以避免在遇到同样的研究问题时犯同样的错误。因此，这个特征包括在此部分研究框架中。

添加事实信息：事实或客观的信息被认为是可靠的和不偏不倚的[66, 119, 121]。Kargar等[66]提出，对博文中信息质量评估的标准之一是客观性。同样，在学术背景下，提供的信息更应该基于某些事实来回答问题。这对同行评议高质量的答案来说也是至关重要的。

提供意见：在答案中提供意见或对其他答案进行反馈是同行评判质量的重要依据。答案中提供的不同意见可以激发批判性思维。Cool等[165]认为，学者倾向于选择含有明确观点的文本来支持他们的学术活动。本研究考虑到了提供意见这个特征，以识别高质量的学术型社会化问答平台上的答案特征。

建立共识：建立共识是指回答者是否明确表示同意或不同意他人的意见。Liu[120]发现当学生在网络上评估学术信息的可信度时，与信息内容评估正相关的因素是"与自己的信仰共鸣"。 Kim和还提出，提问者和回答者之间存在共识是提问者选择最佳答案的标准之一。然而，以前的研究没有考察到建立共识对学者评估学术型社会化问答平台上答案质量的重要性。因此，本部分研究探讨了建立共识对学者评估学术型社会化问答平台上答案质量的影响。

包含社会要素：社会化问答平台是一种包含情感支持、礼貌、感谢等社会因素的交互式平台。Kim 和 Oh[31]识别出社会化方面的因素是提问者选择最佳答案时会考虑到的因素。然而，以前的研究中并没有探索学术型社会化问答平台上答案质量与社会化因素之间的相关性。因此，此研究调查学术型社会化问答平台上答案中的 3 个社会因素，以了解它们对同行评判学术答案质量的影响。3 个社会因素为提供安慰、礼貌（如说"你好"或"谢谢"）和提供进一步联系方式（如邮箱）。

答案长度：答案长度已被确认为是评估用户生成内容质量的最主要特征之一，如评估社会问答和维基百科上的内容[34, 86]。先前的研究证明长度较长的答案是质量较差的[32]，简短的回答更有可能被选为最佳答案[31]。但是，学术型问题比较复杂，同行也许对于提供足够信息的较长答案更为满意。因此，本部分研究还探索了学术答案的长度与同行判断其质量之间的关系。

4.3 问答数据收集

本部分研究从 ResearchGate Q&A 平台收集问答内容数据，并进一步获取答案的其他特征，其中每个答案获得的"Recommend"的数量也将被获取作为答案质量的定量指标，从而实现探索表 4.1 中提出的与学术型社会化问答平台上答案质量相关的客观特征是否会影响同行判断的答案质量。

此部分研究沿用第 3 章研究探索 ResearchGate Q&A 上答案客观特征中使用的样本数据集[193]，其中包含 ResearchGate Q&A 在 3 个不同学科下的问题与答案数据，包括图书馆信息服务、艺术史和天体物理学。此部分研究之所以沿用上一章探索 ResearchGate Q&A 上答案客观特征中使用的答案内容数据的原因如下：首先，这个数据集根据先前研究中提出的有关对学术型内容的理论基础，提供了针对学术型社会化问答平台上答案的丰富内容客观特征。其次，此数据集中答案内容客观特征值是通过人工编码的方法获取到的，相比于其他方法，如通过自然语言处理技术自动获取，利用人工编码方式获取到的答案内容客观特征值更加准确，从而为本部分研究想要探索高质量学术型社会化问答平台上答案内容的客观特征提供了数据准备。最后，此数据集包括了 3 个学科的答案内容客观特征值。这 3 个学科分别为社会科学、人文科学和自然科学的代表学科，从而具有可比性。因此，也满足了此部分想要对不同学科的高质量答案内容的客观特征进行对比的要求。进一步来说，在探索 ResearchGate Q&A 上答案客观特征研究中也发现来自这 3 个学科的答案有着不同的特点，如天体物理学比其他两个学科有更多的答案提到基础理论[193]。这也为此部分研究对比不同学科高质量答案客观特征的差异提供了信心。因此，基于上一章探索 ResearchGate Q&A 上答案客观特征使用的数据集，此部分研究进一步探讨这些不同的客观特征是否会导致对不同学科答案有不同质量评估。

由于上一章探索 ResearchGate Q&A 上答案客观特征中只是提供了答案的文本数据，为了支持此部分研究的进行，进一步收集了每个答案更多的相关信息，其中包括回答者的姓名和其主页的 URL，以及答案被"Recommend"的数量。接着利用收集到的各个回答者主页 URL，访问了回答者的主页，收集了每个回答者的信息，包括提供的答案数、提问的数量、出版物数量、出版物被阅读的数量、出版物被引用量、出版物的影响因子、机构总影响因子和被关注的人数等。

4.4 特征提取

回答者的权威性特征是从回答者个人资料网页中利用自行开发的网页抓取程序来提

取的。在内容特征中，答案长度通过计算答案中单词个数来获取。其他内容客观特征，包括提供学术资源、参考基础理论、提供研究经验、添加事实信息、提供意见、建立共识、包含社会要素，都是利用内容分析法获取。内容分析法是一种客观、系统、定量的对显性内容进行分析的方法[194]。内容分析法已广泛应用于分析文本内容中[195-196]。

由于本部分研究在收集每个答案的回答者信息的时候，发现其中 48 个回答者并没有提供其个人基本信息，因此来自 3 个学科的 1021 个答案被减少到了 973 个，被删除的答案包括艺术学科的 8 个答案、图书馆信息服务学科的 22 个答案和天体物理学科的 18 个答案。

鉴于在该研究中不可能邀请到各答案的回答者指出其答案中是否包括本部分研究要探索的客观特征，因此该工作由编码人员进行内容分析替代。使用内容分析法有两个原因。一方面，除了答案长度之外的所有内容特征都是复杂的，自然语言处理方法可能不能准确地提取这些特征；另一方面，自动分析大规模数据集并不在本部分的研究范围中。

由于此部分研究中使用的问答数据集同上一章探索 ResearchGate Q&A 上答案客观特征所使用的数据集是一样的，并且内容特征也是沿用上一章中提出的对答案内容分析的客观特征，因此在上一章的研究中已经获取了答案各内容客观特征的编码结果，同时按照规范的编码过程保证了获取的各答案客观内容特征的准确性。

4.5 数据分析

4.5.1 有序逻辑回归分析

此部分研究使用有序逻辑回归分析来确定影响高质量答案的显著特征。在这部分研究中，第 4.2 节中描述的 16 个特征被作为自变量。因变量为表示答案质量高低的 3 个层次。答案质量的高低是由 ResearchGate Q&A 平台上其他用户对答案的 "Recommend" 数决定的。在 ResearchGate Q&A 平台中，获得了 3 个以上 "Recommend" 数的答案会被作为高质量答案进行推荐。按照同样的规则，此部分研究将获得 3 个或是超过 3 个 "Recommend" 的答案作为高质量的答案；获得 1 个或 2 个 "Recommend" 的答案被定义为中等质量的答案；没有获得任何 "Recommend" 的答案被认为是低质量的答案。基于这种质量等级分类，本部分研究使用的数据集中有 76 个高质量答案、422 个中等质量答案和 475 个低质量答案。答案被分为 3 个层次的质量类别，分别以 1、2 和 3 编码，3 为最高质量，1 为最低质量。

要特别指出的是，有序逻辑回归（OLR）被用在本部分研究中可以分析出自变量与因变量之间的线性相关关系。在本部分研究中，因变量为连续的离散变量，OLR 是对有序变量建模的适当方法。另外，OLR 方法要求存在一个或多个自变量，可为连续、有序分类或无序分类变量，本部分研究中的自变量也满足使用 OLR 方法的要求。

在进行 OLR 分析之前，为了减少数据的倾斜性，对使用的连续型自变量数据进行了对数转换处理。通过绘制并观察各连续型自变量的箱线图，以及计算出各个连续型自变量 Shapiro-Wilk 值均小于 0.05，了解到这些自变量中均存在异常点。通过进一步计算，得出这些连续型自变量的峰值均大于 0，说明它们分布呈右偏态。如果在分析中使用呈右偏态的数据，可能会导致分析结果的错误。对数转换处理是处理呈现右偏态数据的一种有效方法。

此外，根据使用 OLR 模型的要求，进行了多重共线性诊断和平行线检验[197]。容忍值（tolerance）或方差膨胀因子（VIF）用于检测多重共线性。本部分研究中，所有自变量的容忍度均远大于 0.1，方差膨胀因子均小于 10，所以不存在多重共线性。平行线检验的 P 值为 0.064（$P>0.005$），说明满足平行线假设。多重共线性诊断和平行线检验结果表明 OLR 是适合本部分研究的数据分析方法。

另外，为了对比不同学科下被评估为高质量答案所具有特征的不同，本部分研究的数据集被分为 3 个子数据集，每个数据集只包含来自同一个学科的答案数据。对这 3 个子数据集分别进行 OLR 分析，通过比较利用每个数据集获得的 OLR 分析结果，得出来自不同学科的高质量答案客观特征的异同点。

为了对比不同问题类型下被评估为高质量的答案所具有特征的不同，根据第 3 章人工编码提问者意图，即将问题分类为信息寻求型问题和讨论寻求型问题的编码结果，本部分研究的数据集被分为了 2 个子数据集，每个数据集中只包括属于一类问题类型下的答案数据。通过对比利用这 2 个子数据集分别进行 OLR 分析的结果，从而得出不同问题类型下的高质量答案客观特征的异同点。

4.5.2 答案质量预测模型的构建与选择

答案质量预测可以看作是针对每一个答案的一个分类问题，通过利用获取的各答案客观特征值和质量分值，利用预测模型对各答案的质量进行预测。

本部分研究选择朴素贝叶斯模型、支持向量机模型和有序逻辑回归作为候选预测模型。朴素贝叶斯分类器是一个非常简单和快速的分类器，在各种分类问题中已经被证实是快速解决分类问题的一个非常有效的方法。支持向量机模型是另一种在许多分类任务中选择的分类器，其在很多分类问题中被证实是准确率最高的。有序逻辑回归模型使用每个答案的各个特征作为自变量，答案质量被用作因变量的一种线性预测模型。最后通过对比各模型的预测效果，选择具有较高准确率、召回率、F1 值和 AUC 值的模型，作为最佳的答案质量预测模型。

4.6 高质量答案的客观特征及其可预测性结果

4.6.1 答案客观特征与其质量的关系

表 4.2 列出了有序逻辑回归的结果，报告了回归系数和 P 值。根据表 4.2 所示的结果，以下将从与答案质量显著正相关、显著负相关和并不存在显著相关关系 3 个角度讨论答案客观特征与其质量的关系。

表 4.2　答案质量的有序逻辑回归分析结果

客观特征（N=973，df=1）		回归系数	P 值
回答者的历史信息	回答者的历史答案数 *	−0.995	0.020
	回答者的历史提问数	−0.422	0.307
回答者的学术权威性	回答者的出版物数量	0.522	0.393
	回答者出版物的被阅读量	0.029	0.959
回答者的学术权威性	回答者出版物的被引用量	0.264	0.686
	回答者出版物的影响因子	−0.550	0.295
	回答者所在机构的总影响因子	−0.126	0.572
	回答者被关注的数量 ***	2.325	0.000
与学术相关的客观特征	提供学术资源	−0.166	0.273
	参考基础理论	0.012	0.952
	提供研究经验	−0.106	0.604
非学术相关的客观特征	添加事实信息	0.013	0.931
	提供意见 **	−0.438	0.002
	建立共识	0.108	0.492
	包含社会要素	0.139	0.332
	答案长度 ***	2.369	0.000

注：***，$P < 0.001$；**，$P < 0.01$；*，$P < 0.05$。

与答案质量显著正相关的答案客观特征具有正回归系数值和小于 0.05 的 P 值，包括的特征有答案长度和回答者被关注的数量。回答者的被关注数量属于回答者的学术权威性类别下，这种较强的相关关系突出了一个事实，即回答者的学术权威性在表征高质量答案特点中起着至关重要的作用。另外一个与答案质量显著正相关的特征是属于非学术内容客观特征类别中的答案长度，其显著正相关性表明，更长的答案更有可能被推荐为高质量的内容。

与答案质量显著负相关的特征包括回答的答案数和提供意见，这种显著性意味着答案在上述这两个客观特征下的值越高，其质量越低。回答的答案数属于的类别为回答者的历史信息，这种负相关关系的存在指出回答过很多问题的回答者贡献的答案通常被认为是质量低于回答过较少问题的回答者贡献的答案质量。此外，提供意见和答案质量之间的负相关关系表明，没有回答者的主观意见的答案更有可能被推荐为高质量。

其余的特征并没有与答案质量显著相关。所有与学术有关的内容，客观特征都不与答案质量显著相关，这可能是由于在本部分研究提出的质量评估框架中包含其他更重要的客观特征。换句话说，可能是答案的与学术有关的内容客观特征与答案质量的非显著相关的现象突出强调了与答案质量强相关特征的重要性。

4.6.2　各学科下答案客观特征与其质量的关系

表 4.3 显示了 3 个不同学科的答案客观特征和答案质量之间的有序逻辑回归结果。对 3 个学科下分别列出的各个客观特征与答案质量之间的回归系数和 P 值进行比较。根据表 4.3 所示的结果，以下将对 3 个学科在每类客观特征与答案质量之间关系的差异进行讨论。

表 4.3　3 个学科下答案质量的有序逻辑回归分析结果

客观特征		艺术史（N=270, df=1）		图书馆信息服务（N=353, df=1）		天体物理学（N=350, df=1）	
		系数	Sig.	系数	Sig.	系数	Sig.
回答者的历史信息	回答者的历史答案数	0.803	0.498	1.906*	0.033	−1.581*	0.017
	回答者的历史提问数	−2.242*	0.039	−0.325	0.659	0.332	0.637
回答者的学术权威性	回答者的出版物数量	−0.990	0.432	0.553	0.680	1.331	0.272
	回答者出版物的被阅读量	2.148	0.062	−0.670	0.559	−1.518	0.160
	回答者出版物的被引用量	0.545	0.652	1.928	0.068	−0.043	0.978
	回答者出版物的影响因子	−0.772	0.422	−2.624*	0.014	0.929	0.532

续表

客观特征		艺术史（N=270, df=1）		图书馆信息服务（N=353, df=1）		天体物理学（N=350, df=1）	
		系数	Sig.	系数	Sig.	系数	Sig.
回答者的学术权威性	回答者所在机构的总影响因子	−0.122	0.783	0.823*	0.039	−0.720	0.084
	回答者被关注的数量	1.091	0.433	−0.302	0.811	3.140**	0.005
与学术相关的客观特征	提供学术资源	−0.311	0.242	−0.039	0.915	−0.298	0.280
	参考基础理论	0.030	0.946	−0.649	0.232	0.010	0.971
	提供研究经验	−0.392	0.277	−0.581	0.109	0.614	0.162
非学术相关的客观特征	添加事实信息	−0.264	0.349	−0.141	0.680	0.275	0.317
	提供意见	−0.128	0.684	−0.358	0.182	−0.780**	0.002
	建立共识	−0.053	0.879	0.115	0.641	0.266	0.445
	包含社会要素	0.217	0.472	0.192	0.455	−0.254	0.305
	答案长度	−0.134	0.883	3.594***	0.000	3.888***	0.000

注：***，$P<0.001$；**，$P<0.01$；*，$P<0.5$。

在回答者的历史信息类别中，来自3个学科的高质量答案与回答者历史信息的特征均有显著关系。具体来说，在天体物理学科中回答者提供的答案数与答案质量之间存在显著的负相关关系，而在图书馆信息服务中为正相关关系。在艺术史学科中回答者提问数和答案质量之间存在显著的负相关关系。这些关系表明，回答者的历史信息在评估这3个学科的答案质量方面均起着至关重要的作用。

此外，图书馆信息服务领域的高质量答案与回答者的学术权威性信息类别中的两个特征之间存在显著关系。具体来说，图书馆信息服务领域答案质量与回答者所在机构的总影响因子之间存在正相关关系，而与回答者出版物的影响因子之间存在负相关关系。另外，在天体物理学科中回答者被关注数量与答案质量之间存在显著的正相关关系。然而，在艺术史领域，并没有发现回答者的学术权威性类别中的特征与答案质量之间存在显著的关系。

在非学术相关的客观特征中，图书馆信息服务领域和天体物理学领域的高质量答案与答案长度这个特点之间存在着显著的正相关关系。较长的答案被认为是具有较高的质量。另外，天体物理学科的答案中是否提供意见和答案质量之间存在显著的负相关关系。然而，在艺术史领域，答案质量与非学术相关的客观特征类别中的特征并没有显著的相关关系。

　　最后，强调两个其他的主要发现。首先，本部分研究提出的客观特征中除了回答者的提问数，其他的客观特征与艺术史学科的答案质量没有显著的线性相关关联。这一发现意味着需要进一步对艺术史领域高质量答案评估的模型进行研究，如进行深入的用户调查研究，以修改本部分研究提出的评估框架。此现象也意味着不同学科的学者会根据不同的客观特征来判断高质量的答案。其次，与学术相关的客观特征与3个学科中的高质量答案均没有显著相关关系。其中，一个原因可能是此部分研究提出的框架中包括了其他更重要的客观特征；另一个原因可能是此部分研究提出了不适当的与学术相关的内容客观特征，因此，也说明需要进行进一步的用户调查研究，从而提出更适当的对学术型社会化问答平台上答案质量进行评估的模型。

4.6.3　各问题类型下答案客观特点与质量的关系

　　表4.4显示了信息寻求型问题的答案和讨论寻求型问题的答案的客观特征和答案质量之间的有序逻辑回归关系结果，具体列出了两种问题下的答案各客观特征与质量的回归系数和 P 值。根据表4.4的结果，以下将分别对每类客观特征在此两种问题类型下的差异进行对比讨论。

表 4.4　两种问题类型下答案质量的有序逻辑回归结果

客观特点		信息寻求型问题（N=358, df=1）		讨论寻求型问题（N=587, df=1）	
		回归系数	P 值	回归系数	P 值
回答者的历史信息	回答者的历史答案数	−0.858	0.196	−1.276*	0.035
	回答者的历史提问数	−1.222	0.111	0.055	0.917
回答者的学术权威性	回答者的出版物数量	0.357	0.733	−0.315	0.693
	回答者出版物的被阅读量	1.320	0.226	0.340	0.636
	回答者出版物的被引用量	0.533	0.635	0.382	0.648
	回答者出版物的影响因子	−1.102	0.262	−0.245	0.704
	回答者所在机构的总影响因子	−0.600	0.125	0.276	0.338
	回答者被关注的数量	2.036	0.072	2.443**	0.005
与学术相关的客观特征	提供学术资源	−0.531*	0.034	0.032	0.873
	参考基础理论	0.926*	0.021	−0.336	0.181
	提供研究经验	−0.206	0.517	−0.131	0.639

续表

客观特点		信息寻求型问题（N=358, df=1）		讨论寻求型问题（N=587, df=1）	
		回归系数	P 值	回归系数	P 值
非学术相关的客观特征	添加事实信息	−0.188	0.461	0.024	0.906
	提供意见	−0.091	0.712	−0.538**	0.005
	建立共识	−0.045	0.877	0.263	0.182
	包含社会要素	−0.285	0.273	0.384*	0.033
	答案长度	2.988**	0.001	2.006**	0.001

注：**，$P<0.01$；*，$P<0.05$。

在回答者的历史信息类别中，讨论寻求型问题的答案质量与回答者历史答案数呈现显著负相关关系，也就是说回答者回答过的问题越多，其提供的答案被推荐为高质量答案的可能性越小。此现象并不存在于信息寻求型问题的答案中，可见信息寻求型问题回答者回答的历史信息对其答案的质量判断并不重要。ResearchGate Q&A 会将回答者与其他回答者或是提问者之间不断的讨论内容作为新的答案，因此参与讨论型问题的回答者的历史答案数会较多，但是大部分答案都是对先前答案的补充完善，并不会被推荐为高质量的答案。

此外，在回答者学术权威性信息类别中，讨论寻求型问题的答案质量与回答者的被关注数量呈显著正相关关系，而信息寻求型问题的答案质量与此类别中的任何特征均不存在显著相关关系。可见，对讨论寻求型问题的答案来说，回答者拥有更多的被关注数，其回答的答案更容易被推荐为高质量答案；而对信息寻求型问题来说，并不存在此现象。同时也可以看出，对信息寻求型问题来说，回答者的学术权威性并不会影响答案质量的评估。用户评估此类问题的答案更在意答案内容本身的特征。

在与学术相关的客观特征类别中，对信息寻求型问题的答案来说，如果答案中参考较多的基础理论，但包括较少的学术资源，其答案被选为高质量答案的可能性大。讨论寻求型问题的答案在此类别下的特征与答案质量不存在显著的相关关系。可见，信息寻求型问题的高质量答案并不是提供很多资源的答案，用户更希望直接从具有理论基础的答案中获取信息，而不是去其他资源中寻求信息。同时，也进一步反映这个可能性的存在，即用户更喜欢较长的信息寻求型问题的答案，其能提供更为丰富的信息来解决问题。

在与非学术相关的客观特征类别中，信息寻求型问题和讨论寻求型问题的答案质量与答案长度呈现显著的正相关关系。也就是说，较长的信息寻求型问题和讨论寻求型问题的答案更容易被选择为高质量的答案。另外，高质量的讨论寻求型问题的答案更多地会包含社会要素，同时并不会包含太多的个人意见。可见，相比于信息寻求型问题，讨论寻求型问题更注重答案中是否会包括社会要素，同时对讨论寻求型问题来说，同行更加喜欢没有太多个人主观意见的答案，换句话说，就是用户更喜欢较为客观地回答讨论寻求型问题的答案。

4.6.4 高质量答案预测结果

（1）SVM 算法预测结果

此部分研究调用 LibSVM 工具中提供的 SVM 分类算法的 4 种核函数模型进行答案质量预测实验，各个核函数分类实验结果如表 4.5 所示。

表 4.5 SVM 预测结果

核函数		Linear	RBF	Polynomial	Sigmoid
准确率		57.689%	58.178%	49.461%	56.024%
AUC 值	低质量	0.604	0.611	0.500	0.587
	中等质量	0.576	0.575	0.500	0.563
	高质量	0.500	0.500	0.500	0.500
精确率	低质量	0.625	0.629	0.495	0.602
	中等质量	0.529	0.534	0.000	0.514
召回率	低质量	0.636	0.644	1.000	0.638
	中等质量	0.612	0.614	0.000	0.571
F1 值	低质量	0.630	0.636	0.662	0.619
	中等质量	0.567	0.571	0.000	0.541

注：由于高质量答案数量不足，因此无法提供对高质量答案类别预测的精确率、召回率和 F1 值。

通过表 4.5 可以看出，RBF 核函数的预测结果优于另外 3 种核函数。然而，所有核函数均不能预测出高质量答案的类别，可能是由于高质量答案的数据量不足。本部分研究根据表 4.1 构建的理论模型，对答案质量的预测选择了 16 个特征，特征维度较高，RBF 核函数可以有效地将其映射到高维度的特征空间，这样分类效果会相对较好。因此，本部分研究继续选择分类效果好的 RBF 核函数进行参数优化，参数优化过程主要是利用交互检验功能进行寻优，以获得更高的答案质量预测效果。实验结果如表 4.6 所示，获得的最高预测准确率达到 62.684%。

表 4.6　优化后的 SVM 预测结果

核函数		RBF	优化 RBF
准确率		58.178%	62.684%
AUC 值	低质量	0.611	0.613
	中等质量	0.575	0.581
	高质量	0.500	0.511
精确率	低质量	0.629	0.672
	中等质量	0.534	0.575
	高质量	0.000	1.000
召回率	低质量	0.644	0.691
	中等质量	0.614	0.653
	高质量	0.000	0.064
F1 值	低质量	0.636	0.681
	中等质量	0.571	0.612
	高质量	0.000	0.120

（2）3 种预测模型结果对比分析

如表 4.7 所示，通过有序逻辑回归、朴素贝叶斯、支持向量机这 3 种答案质量预测模型结果，可以看到优化后的支持向量机算法预测的准确率最高，然而有序逻辑回归在 AUC 值上的表现最好。在质量最高类别的预测上，朴素贝叶斯算法在召回率和 F1 值上表现较好，在对其他质量类别预测的精确率、召回率和 F1 值上，均为优化后的 SVM 分类算法最优。

表 4.7　3 种预测模型对比结果

分类算法		有序逻辑回归	朴素贝叶斯	支持向量机（优化 RBF）
准确率		55.926%	52.204%	62.684%
AUC 值	低质量	0.658	0.618	0.613
	中等质量	0.616	0.594	0.581
	高质量	0.687	0.645	0.511
精确率	低质量	0.593	0.581	0.672
	中等质量	0.520	0.511	0.575
	高质量	0.429	0.164	1.000

分类算法		有序逻辑回归	朴素贝叶斯	支持向量机（优化 RBF）
召回率	低质量	0.655	0.604	0.691
	中等质量	0.541	0.493	0.653
	高质量	0.038	0.154	0.064
F1 值	低质量	0.623	0.592	0.681
	中等质量	0.530	0.502	0.612
	高质量	0.071	0.159	0.120

（3）特征组合的对比分析

本部分研究选择了答案内容客观特征和回答者权威性特征对答案的质量进行预测。因此，设置了 3 种特征组合（只利用答案的内容客观特征类、只利用回答者的权威性类及综合使用答案的内容客观特征和回答者的权威性类）来对比不同组合特征对答案质量的预测效果。由于优化后的 SVM 分类算法的性能最优，因此，对比不同特征组合的分类效果时利用的是优化后的 SVM 分类算法。实验结果如表 4.8 所示。

表 4.8　特征组合的对比结果

特征组合		答案内容客观特征	回答者的权威性	答案内容客观特征 + 回答者的权威性
准确率		53.183%	59.158%	62.684%
AUC 值	低质量	0.590	0.618	0.613
	中等质量	0.555	0.585	0.581
	高质量	0.500	0.500	0.511
精确率	低质量	0.591	0.595	0.672
	中等质量	0.480	0.585	0.575
	高质量	0.000	0.000	1.000
召回率	低质量	0.558	0.800	0.691
	中等质量	0.596	0.457	0.653
	高质量	0.000	0.000	0.064
F1 值	低质量	0.574	0.682	0.681
	中等质量	0.532	0.513	0.612
	高质量	0.000	0.000	0.120

结合答案的内容客观特征和回答者的权威性进行答案的质量预测的准确率高于只利用内容客观特征或者是回答者的权威性，并且可以预测出部分最高质量类别答案。同时发现，利用回答者的权威性进行答案质量预测的准确率高于利用答案内容客观特征进行答案质量预测。

4.7 本章研究讨论

4.7.1 学术型高质量答案与一般问答平台上高质量答案客观特征的差异

本研究指出，答案长度和回答者的被关注数这两个客观特征为判断答案质量的最重要的两个客观特征，表 4.2 中显示其有较高的回归系数。先前研究也发现答案长度是影响一般问答平台上的答案质量判断的重要特征。John 等[32]确认较长的答案"实际上可能会导致答案质量差"。Kim 和 Oh[31]指出了提问者选择最佳答案时提供的原因之一是"简短答案"。然而，本部分研究发现，较长的学术型社会化问答平台上的答案更有可能被推荐为高质量的答案，可能是因为学术型问题比一般问题更专业和复杂，需要丰富的信息来彻底解决问题。

属于回答者学术权威性类别下的回答者被关注数是另一个被证实影响同行评估学术型社会化问答平台上答案质量的重要特征。先前对一般问答平台上答案质量的研究证实了回答者的历史信息对答案质量有重要影响[150]。本部分研究发现，回答者的学术权威性对学术答案的质量评估比回答者的历史信息更重要。由拥有很多关注者的回答者提供的答案可以吸引更多的同行关注并获得更多的推荐。但如果回答者提供过很多的答案，那么其提供的答案被推荐为高质量的可能性会更低。另外，回答者的历史提问数量和答案质量之间没有显著相关关系。其中一个可能的原因是，在 ResearchGate Q&A 平台上提问者或者回答者会对一些答案进行回复，如表达对其他回答者的感谢，或是针对一些答案提出的质疑进行回复等，均会被显示为新的答案，而这些答案很少会被推荐，从而就会导致回答过的答案数量越多会越少被推荐为高质量的答案。

先前研究提到，提供意见是教师或学生选择教学或研究文本的重要标准[124, 165]。然而，本部分研究发现，没有提供意见的学术回答更有可能被认为是高质量的，这意味着答案中包含的个人意见可能不能说服其他同行。在某些情况下，答案提供更多的证据来支持其意见更能获得同行的青睐。

4.7.2 学科对高质量答案客观特征的影响

本部分研究不仅验证了同行评议的高质量学术型答案的特征，而且还进一步分析了艺术史、图书馆信息服务和天体物理学中高质量答案特征的共性和差异。

图书馆信息服务和天体物理学领域的高质量答案具有的一个共同特征是答案长度，即更长的答案有更多的机会被选为高质量，但这个现象并没有出现在艺术史学科中，表明艺术领域的学者进行质量评估时并没有考虑这个特点。产生这种现象的原因之一可能是回答艺术问题并不需要很多内容来解释，根据先前对 ResearchGate Q&A 的研究发现，很多艺术史领域的答案会直接利用提供图片的方式回答问题，并没有过多的文字解释[193]。另一个可能的原因是，本部分研究中艺术史学科答案数据集中高质量答案数据较少。然而，在查阅了一些有关学术内容质量判断的相关研究工作之后[3, 40, 119−121, 165]，发现现有研究中缺乏比较不同学科异同的研究。因此，今后研究中应通过扩大数据集来探索这一差异背后的深层原因。

作为社会科学领域下的图书馆信息服务学科的答案数据，由来自具有较高机构影响因子和回答过较多答案的回答者提供的答案可能被认为是高质量的，这个现象并不存在于艺术史和天体物理学的答案中。这个结果表明，来自图书馆信息服务学科的同行似乎喜欢多产回答者的答案，这与以前对其他类型用户生成内容质量评估的研究结论一致[33, 92, 198]。此外，他们也可能更喜欢回答者来自有高权威性的机构。综上可以看出，图书馆信息服务领域学者可能会更多关注社会化问答平台的社交功能。

对于天体物理学科的答案，提出意见是与高质量答案相关的关键特征，它们之间存在显著的负线性相关关系。来自天体物理学领域的研究人员可能会认为，回答者的个人观点会影响他们感知答案质量。这个现象在艺术史和图书馆信息服务学科中并没有发现。这个发现可能意味着艺术领域和图书馆信息服务领域的学者似乎并不关心答案中是否包含回答者的意见。

在对 Yahoo! Answers 的研究中，Adamic 等[199]也指出了对高质量答案的评估需要考虑领域的影响。本部分研究证实了学科对学术型社会化问答平台上答案质量评估也有影响。因此，不仅对于一般问答平台上的答案，对学术答案也需要考虑领域来评估答案质量。

4.7.3 问题类型对高质量答案客观特征影响

本部分研究又进一步分析对比了对两种类型问题的答案质量评估的异同。

对讨论寻求型问题来说，回答者的历史行为特征会对其提供的答案质量产生负影响，而对信息寻求型问题就不会。ResearchGate Q&A 会将提问者对其他回答者的回复内容也作为其中一个答案内容，在讨论寻求型问题的回复中广泛存在着提问者或是回答者可能会对其中的一个回答有着不同的见解或表示赞同等，所以产生此类现象的原因可能是讨论寻求型问题的回答者在此类问题下可能提供过很多答案，提供的很多答案都是进一步的讨论内容，这些答案不会被推荐为高质量的答案。

在回答者学术权威性的类别中，讨论寻求型问题的答案质量与本部分研究提出的一些回答者学术权威性特征呈正相关。可见讨论寻求型问题的答案质量评估更关注回答者的学术影响力，如回答者的被关注人数。这与现实的感知是一致的，讨论寻求型问题一般较为复杂，对此类问题要提供高质量的答案需要更高的学术影响力。

一个较为有意思的发现是，对信息寻求型问题来说，高质量的答案并不是提供很多资源的答案，同行更希望获得的是答案能提供丰富的理论基础，而不是去其他资源中寻求答案。同时，从另一个发现也进一步反映这个可能性的存在，即信息寻求型问题的高质量答案更偏向于较长的答案，因其可提供更为丰富的信息来解决问题。讨论寻求型问题的高质量答案特征与信息寻求型问题有很多的异同。相同点是越长的答案也说明其更可能为高质量的。不同点是讨论寻求型问题更注重答案中是否会包括社会要素。同时，另一个较为有意思的发现是，对讨论寻求型问题来说，同行更加喜欢没有太多个人主观意见的答案，换句话说就是更喜欢较为客观的回答。

4.7.4　质量预测效果低的原因讨论

通过本部分研究利用 3 种分类算法对答案质量的预测结果可以发现，最好的准确率表现也只接近 63%，分类效果并不理想。存在此现象的原因可能为以下两点。

首先，ResearchGate Q&A 平台上提供的高质量答案推荐机制存在偏差。同行对每个答案的推荐数可能并不能正确表征答案质量高低。虽然将答案获得的推荐数作为质量高低的依据已经被广泛应用，但是先前也有研究指出用户的推荐数可能会有偏见，因为存在较早的答案会获取更多推荐数的情况，或者已有较多推荐数的答案会更容易获取推荐数等情况[166]。所有这些偏见也可能存在于对学术答案的质量推荐中。同时，通过本部分研究也可以发现，回答者的学术权威性类别中回答者的被关注数量是判断质量的重要特征，相对而言，与答案内容本身的客观特征关系并不密切。因此，可以看出同行判断不能看作是对答案质量的公正客观的判断。

其次，本部分研究提出的质量评估模型并不到位，对学者如何评估学术型社会化问答平台上答案的质量需要探索更加有效的质量评估模型。信息质量是一个非常复杂的概念，用户对不同内容质量的评估是一个结合客观和主观的过程，会随着不同的评判用户和使用情境而发生变化。仅仅利用答案的客观特征，并不能很好地表征学者对高质量答案的评估。另外，通过本部分研究中对不同学科高质量答案客观特征的对比，可以看出不同学科的学者会有不同的质量判别依据，对不同类型问题的答案质量评估也会在意答案不同的客观特点。同时，在对其他 UGC 质量评估的研究中，学者们也指出质量评估结果会受到各种非内容因素的影响，如评估对象类型、评估者特征、网站类型和任务等[35]。因此，应该根据不同用户背景和使用环境进行有区别的质量评估。

综上所述，有必要从学者的角度构建一个更加丰富的结合主客观评估标准的对学术型社会化问答平台上的答案质量进行评估的模型，并且探索不同用户在对学术型社会化问答平台上的答案进行质量评估时是否存在差异性，以及影响对其质量评估的外部因素。

4.8　本章小结

本章为本课题的第一个研究阶段问题发现和现状分析中对 ResearchGate Q&A 上被用户推荐的高质量答案的客观特征及其可预测性研究。

此部分研究试图利用 ResearchGate Q&A 上已有的推荐高质量答案的机制，探索高质量的答案客观特征，以期简单地只利用答案的客观特征实现对答案质量的预测。为了进行此部分研究，首先，结合先前文献中提出的评估答案质量的重要客观特征，并结合学术型内容自身具有的特点，构建了综合答案内容客观特征和回答者权威性客观特征的对学术型社会化问答平台上答案质量评估的框架模型。接着，探索了提出的这些答案客观特征与 ResearchGate Q&A 上同行推荐的高质量答案的显著相关关系，并进一步利用分类算法进行答案质量预测。然而，发现利用本部分研究提出的框架模型并不能很好地预测答案质量。通过进一步讨论，指出导致预测效果差的原因可能是仅利用答案的客观特征构建的质量评估框架模型并不能很好地说明学术型高质量答案需要具备的特征，也可能与 ResearchGate Q&A 上同行评审出的答案质量存在问题有关。因此，有必要直接从学者角度获取更为准确的针对学术型社会化问答平台上的答案质量评估模型。

综上所述，前一章和本章发现的问题均驱使本课题进行第二个阶段的研究，即构建从学者角度出发的更为丰富的针对学术型社会化问答平台上答案质量评估的模型。

5 学术型社会化问答平台上答案质量评估标准的问项设计 ①

本部分是构建学者对学术型社会化问答平台上答案质量评估模型的问项准备阶段。本部分包括两个步骤的内容：首先，通过用户调查的方式获取学者评估其领域相关答案质量使用的标准；其次，基于获取的评估标准再结合相关信息质量评估研究中提出的评估标准及其度量维度，最终完成本部分对学术型社会化问答平台上答案质量评估标准的问项设计。通过这两个步骤来设计问项，可以构建一个较为完整和准确的用于下一章问卷调查中的对学术型社会化问答平台上答案质量评估的标准集，为构建学术型社会化问答平台上答案质量评估模型做准备。

在第一步骤的用户调查中选择了图书馆信息服务学科的 15 个研究者作为调查对象，雇佣其对 ResearchGate Q&A 上图书馆信息服务领域下的 15 个问题的 157 个答案质量进行评估，并在评估后回答有关其评估答案质量时使用的评估标准问题。接着，为了对被调查者的回答内容进行内容分析，本部分研究根据第 2 章对信息质量评估相关文献进行归纳总结确定的 6 类质量评估标准的类别，将被调查者的回答内容与此 6 类评估标准类别进行了映射，最后获取了属于 5 个类别下的 15 个评估标准。在这 15 个评估标准中，被最多学者提及的评估标准类别为与内容本身和与用户的信念和偏好相关的评估标准，这也证实不仅内容本身，评估者的信念和偏好都会影响质量判断，可见学者对学术型社会化问答平台上答案质量的评估是一个结合主观和客观评估标准进行评估的过程。同时，具体到各个评估标准上，学者使用的大部分评估标准并不是专属于对学术型社会化问答平台上答案质量进行评估的。被调查者提供的评估标准，如相关性、全面性、准确性和逻辑性，都在对一般型问答平台上答案质量评估的研究中提到过。然而，也有一些评估标准并不是来源于对答案质量评估研究中的，而是来源于对其他类型信息的质量评估研究中的，

---

① 本章主要内容发表于：

LI L, ZHANG C Z, HE D Q, et al. Researchers' judgment criteria of high-quality answers on academic social Q&A platforms[J]. Online information review, 2020, 44 (3) : 603–623.

如全面性、回答者的学术权威性和启发性。可见，针对学术型社会化问答平台上答案质量评估标准的问卷测度项设计应充分结合各类信息质量评估研究中提出的标准。

在第二步骤中，以上述用户调查研究获取的学者对学术型社会化问答平台上答案质量评估的标准为主，并融合从相关信息质量评估文献中总结整理的质量评估标准及其分类框架，最终生成了分属于与答案内容相关的评估标准、与回答者权威性相关的评估标准、与判别者相关的评估标准和与社会化媒体环境相关的评估标准 4 个类别下的共 66 个对学术型社会化问答平台上答案质量评估标准问项。

以下将首先整体介绍本部分研究进行的流程，接着详细介绍如何获取用于用户调查的问答数据、用户调查步骤设计、内容分析步骤和获取的评估标准及其类别，最后介绍构建对学术型社会化问答平台上答案质量评估标准问项的设计原则，以及最终用于下一章问卷调查的具体评估标准问项。

5.1 答案质量评估标准的问项设计研究流程

此部分首先需要获取学者评估 ResearchGate Q&A 上答案质量时使用的评估标准，接着结合获取到的评估标准和相关质量评估研究中提出的评估标准，实现学者对学术型社会化问答平台上答案质量评估标准的问项设计。此部分研究的流程如图 5.1 所示。

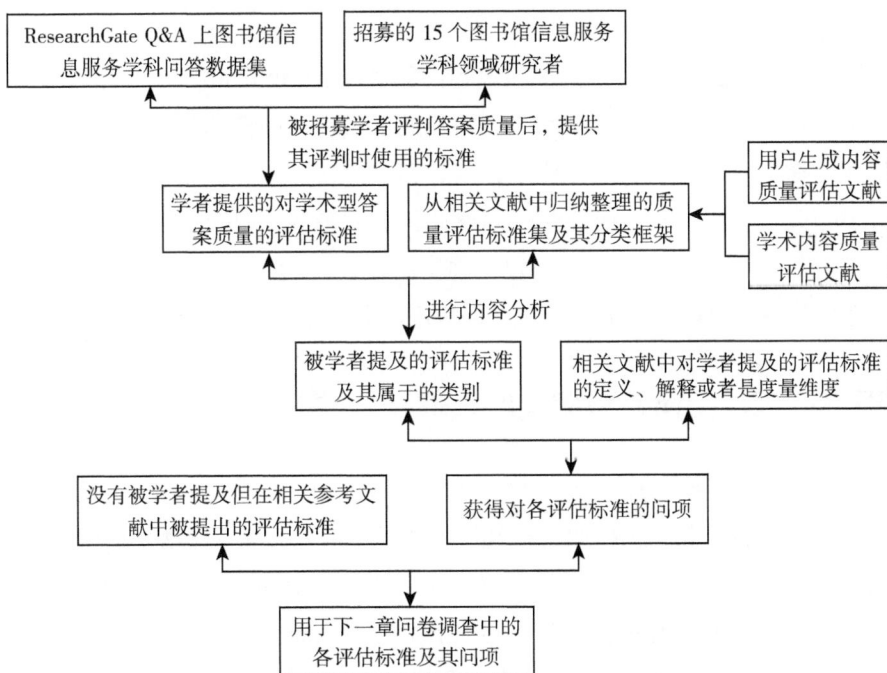

图 5.1 答案质量评估标准的问项设计研究流程

首先，此部分研究招募了15个图书馆信息服务领域研究者，通过其对 ResearchGate Q&A 上该学科下的答案质量进行评估后，提供其评估时使用的评估标准。此过程采用定性的、自然主义的研究设计方法（naturalistic research design）[200]，即在实验的过程中，当被调查者评估了提供给他们的答案质量后，自行写下在评估过程中使用到的标准，而不会提供相关评估标准供被调查者选择，从而避免影响他们对学术型答案质量评估的感知。

接着，利用内容分析法获取参与调查的学者提供的对学术型答案质量的评估标准。在实施内容分析时，需要将提取出的评估标准进行分类，目的就是将类似的内容进行合并，将不同的内容进行区分[201-203]。一般有两种方式对内容进行分类：第一种是基于数据本身呈现出来的事实和主题进行分类；第二种是基于理论和概念进行分类。由于现有丰富的对信息质量的相关研究，可以为此步骤的分类提供理论依据，因此，本部分研究中采用第二种方法对提取出的评估标准进行分类。通过对现有用户评估信息质量的研究中（包括用户对各类用户生成内容质量评估研究和对学术内容质量评估研究）提出的质量评估标准进行归类整理，从而指导此部分研究对获取到的评估标准进行内容分析。

进一步根据相关文献对各个评估标准的定义、解释或者是度量维度，获得对各评估标准的问项。对相关信息质量评估研究中提出的可能适用于学者对学术型社会化问答平台上答案质量进行评估的标准，而在本部分研究的用户调查中没有被获得到的加入到问项中。

在此需要强调的是，在第一个研究阶段中探索 ResearchGate Q&A 上被用户推荐的高质量答案的客观特征及其可预测性时，构建的质量评估理论框架模型中包括的各个答案客观特征将融入此部分构建的问项中，因为第一个研究阶段中提出的各答案客观特征也均来自于相关信息质量评估研究中，因此此部分构建问项时综合了相关信息质量评估研究中提出的评估标准的同时，也会包括在第一个研究阶段中提出的各答案客观特征。此部分研究将最终获取到用于下一章问卷调查中的各个主客观评估标准及其问项。

5.2 用户调查中的问答数据集的获取和过滤

本部分研究仍然选择 ResearchGate Q&A 平台上图书馆信息服务这个学科类别下的问题与答案作为数据来源。选择此学科类别的原因是：可以较为容易地招募此学科的学者参与调查（即15个研究者），并且笔者也是从事此学科的学者，具备此领域的知识，可以方便理解数据集中的内容和被调查者提供的回答内容。图5.2显示了本部分研究中选择用于被调查者评估的问答数据集的获取和过滤流程。

初步问答数据集获取	从图书馆信息服务学科领域下爬取的38个问题及其413个答案

对所收集的问题进行分类

讨论寻求型问题识别	获得了17个讨论寻求型问题的188个答案

删除并没有回答问题的答案

本部分研究最终使用的数据集	15个讨论寻求型问题的157个答案被用于进行质量评价

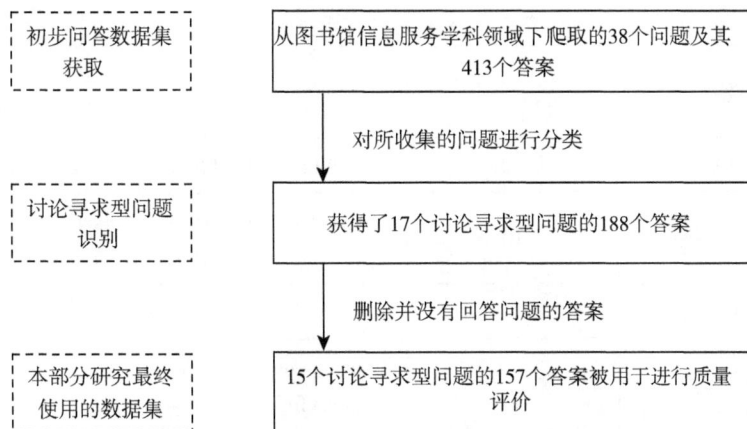

图 5.2　问答数据集的获取和过滤流程

本部分研究收集了从 2009 年 9 月到 2013 年 11 月发表在 ResearchGate Q&A 图书馆信息服务学科领域下的问题与其答案。这些问题与答案数据集是通过网络爬虫程序自动下载下来的。最终，爬取的初步数据集包括 38 个问题与其 413 个答案。

基于 Fahy 等[181] 提出的对社会化问答平台上问题类型的分类框架，此初步数据集中的问题被进一步分为 3 类：信息寻求型问题、讨论寻求型问题和非问题。由于此部分研究中应用的数据集与第一个研究阶段对 ResearchGate Q&A 上答案客观特征探索中应用的数据集相同，在第一个研究阶段对 ResearchGate Q&A 上答案客观特征探索中，该数据集中的问题已经被标注者分为上述 3 个类型。每个问题都被 2 个标注者同时标注，2 个标注者之间的 Cohen's Kappa 值为 0.80，表明分类的结果可信[182]。信息寻求型问题具有固定的正确答案，因此对其质量评估通常仅取决于答案是否与事实一致。相比之下，讨论寻求型问题没有明确的答案，这使得对此类问题的答案质量评估更加复杂，要遵循更多的标准。因此，本部分研究中只选取讨论寻求型问题的答案，作为被调查者评估质量的对象。最终，该数据集中的 17 个讨论寻求型问题的 188 个回答被用于进行质量评估，如其中一个问题的如下：

"Libraries and Knowledge Management. Where do they join together？"

在浏览了一些答案后，发现并不是所有的答案都试图回答这个问题。例如，有些答案只是提出了另一个相关问题，或对回答者表示感谢，或只是对某些答案做出回应或表达意见。因此，31 个答案被从原始数据集中删除了，其中 17 个问题中的 2 个问题也被删除了，这是由于这 2 个问题的所有答案都被删除了。最终用于质量评估的数据集包括 15 个问题的 157 个答案。表 5.1 详细说明了被删除答案的类别。

表 5.1　被删除的答案类别说明

被删除的答案类别	该类别下被删除的答案个数 / 个	举例
提出另一个相关问题	10	"When will public libraries loan out Kindles？"
对回答者表示感谢	10	"Lydia Dawe，thank you，I enjoy reading your comment and clarification very much！"
对某些答案表达意见	3	"I strongly agree with Rolando Million."
对某个答案提出的疑问做出回应	8	"Can you please check the URLs here please，it seems that links from 1th post are no longer available. I couldn't find any projects you preferring，thanks."

5.3　用户调查流程设计

为了保证调查可以在 1 个小时内完成，首先邀请了 1 个被调查者进行了预实验，以确保分配给每个被调查者合适数量的答案。基于预调查结果的反馈，157 个答案被随机分成 5 个部分，同时，保证每个问题的答案尽可能被均分到每个部分中。最终，其中的 3 个部分各包括 31 个答案，另外 2 个部分各包括 32 个答案。每个受访者评估 1 个部分的答案，同 1 个部分被 3 个受访者均进行质量评估。

在用户调查的第一部分中，每个被调查者首先需要列出其认为评估学术型社会化问答平台上答案质量需要使用到的评估标准。这有助于被调查者在评估答案质量前首先思考下需要用到的评估标准，同时也有助于保证被调查者在评估的过程中保持标准的一致性。接着，在第二部分中，被调查者利用 11 等级量表对答案质量从低到高进行打分，其中 0 分表示质量最差，10 分表示质量最好。完成评分后，在第三部分中，被调查者被要求再次列出进行评估时使用的评估标准，并列出排名前 3 位的最重要的标准。被调查者有了判别答案质量的经验后，这部分的调查会保证收集更全面的评估标准。

本调查的参与者为 15 名来自图书馆信息服务学科的研究者，其中包括 7 名博士研究生和 8 名讲师。本调查专门选择了年龄在 25 ～ 35 岁的年轻学者，因为该年龄段的人在社交媒体上更为活跃。这些被调查者均有使用学术型社会化问答平台的经验，因此对完成本调查有较大的兴趣。此外，所有的被调查者首先会被告知该调研的目的、程序、预期持续时间及在调研进行过程中有退出的权利，并且被告知保证获取的数据将会是完全匿名和保密的，最后由他们自愿选择是否加入到该调查中。

5.4　用户调查结果的内容分析流程

此部分研究将利用内容分析法对上述调查获取的被调查者提供的对质量评估时使用的评估标准描述进行分析。按照内容分析法的实施步骤进行如下 3 步分析流程。

步骤 1：开放编码。开放编码是指在阅读用户提供的回答时提取出研究需要的最小分析单元，这些最小分析单元将被收集到编码表中[201-206]。因此，根据本部分研究的目的，将通过阅读学者回答的内容，把所有提到的评估标准录入到表格中。

步骤 2：创建类别。创建类别是指对开放编码获取的内容进行分类，这是一种描述现象，增加理解和生成知识的一种手段[207]。由于在信息质量评估相关研究中提出了丰富的质量评估标准，因此将从有关信息质量评估相关研究中整理出的评估标准分类框架，作为归类本调查获取的评估标准的依据。

通过一般问答平台上答案质量、学术内容质量和其他用户生成内容质量（包括博文、微博、论坛上的讨论内容、维基百科、商品评论、多媒体、标注平台上的标签）评估等相关研究中提出的质量评估标准，利用自下而上的方式并结合用户评估答案质量过程中涉及的各因素进行归纳整理。图 5.3 显示了在 ResearchGate Q&A 平台上用户判别某一个答案质量的机制。从图 5.3 可以看到，在 ResearchGate Q&A 平台上某一个用户对某一个问题提供了一个答案，此问答平台上所有的注册用户均可以根据自身感知的答案质量情况，"Recommend"高质量的答案。

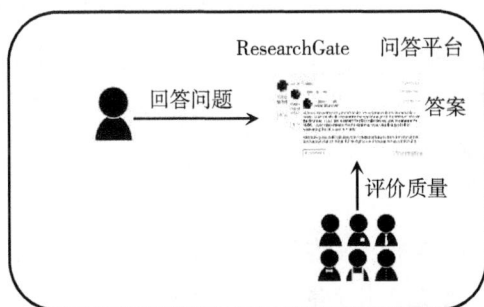

图 5.3　用户判别某一个答案质量的机制

这个过程涉及 4 个与质量判别相关的角度，分别是内容提供者、内容本身、判别用户以及判别当下所处的环境。因此，根据上述 4 个角度归类第 2 章相关概念与理论基础中表 2.1 整理的评估标准及其所属类别。表 5.2 进一步将第 2 章表 2.1 中整理的评估标准按照内容提供者、内容本身、判别用户以及判别当下所处的环境这 4 个角度进行了分类。对于每个类别下具体的评估标准及其文献来源已在第 2 章表 2.1 中详细叙述。

从表 5.2 可以看到,通过对相关文献中提到的评估标准的归类整理,总结出了 6 类质量评估标准类别,包括 1 个与内容提供者相关的评估标准类别;1 个与内容本身相关的评判标准类别;2 个与评判用户相关的评判标准类别,分别为与用户的信念和偏好相关的评估标准、与用户以前的经验和背景相关的评估标准;2 个与判别当下所处环境相关的评估标准,分别为与社会化媒体环境相关的评估标准、与当下的外部情况相关的评估标准。

表 5.2　从相关研究工作中总结的 6 类质量判别标准

判别角度	判别标准类别	定义
内容提供者	与信息来源相关的评估标准	包括的标准为衡量信息内容的来源
内容本身	与信息内容相关的评估标准	包括的标准为衡量信息内容本身的特点
评判用户	与用户的信念和偏好相关的评估标准	包括会受到不同质量评估者信念偏好影响的标准
评判用户	与用户以前的经验和背景相关的评估标准	包括会受到不同质量评估者以前的经验和领域知识影响的标准
判别当下所处的环境	与社会化媒体环境相关的评估标准	包括的标准为衡量该内容的社会化价值
判别当下所处的环境	与当下的外部情况相关的评估标准	包括会受到外部因素影响的标准

本步骤将以表 5.2 构建的从有关信息质量相关研究中整理出的对信息质量评估标准分类框架为依据,将步骤 1 的结果映射到表 5.2 的各类别中。为了最大限度地减少映射中个人错误的判断,保证结果的准确性,本步骤雇用了 1 名学者和笔者分别进行映射分析,并对相似的属性进行合并。通过计算两名学者映射结果的一致性进行该步骤结果可信度验证。1 名学者和笔者对映射结果的差异进行讨论,直到达成共识和获得最终正式的评估标准及其类别。

步骤 3:建立一个量化体系。在内容分析法中,4 种不同程度的度量方法,即定性变量、定序变量、定距变量及定比变量都可以用来量化内容分析结果[208-209]。本部分研究并不涉及定序、定距和定比的问题,只是探索各种评估标准的存在与否的问题,即为一个定性变量。因此,在对本部分研究结果的量化分析中,首先列出了被用户提及的评估标准,以及这些评估标准属于的类别。

由于从相关的参考文献中总结出了已有的属于各个类别下的评估标准及其文献来源(见第 2 章中的表 2.1),在本部分研究中,可以通过比对本部分研究获取的评估标准是否存在于第 2 章表 2.1 总结归纳的评估标准中,进而获取是否有相关信息质量的研究提到此调查中获取的评估标准，进而可以识别出用于评估学术型答案质量的新标准。

5.5 用户调查获取的评估标准及其类别

5.5.1 评估学术型答案质量的标准类别

如表 5.3 所示，15 个被调查者对质量评估标准的回答被映射到了 5 个从相关质量评估参考文献中总结出的质量评估标准类别中。从表 5.3 也可以看出，与内容相关的评估标准（C1）是最常用的质量评估标准类别。15 个被调查者中的 14 人都有提到属于此类中的评估标准。其中，6 个被调查者都提到了客观准确性这个评估标准（E4、E6、E9、E11、E12 和 E13）。例如，E12 提到他需要答案中提供客观的证据来支持其的质量评估。同时，全面性也被这 14 个被调查者中的 6 个被调查者提到（E2、E3、E7、E9、E11 和E12）。例如，E7 说到答案需要提供足够的论据。14 个被调查者中的 3 个被调查者提到了逻辑性（E5、E7 和 E14），这也是重要的评估标准。可读性和提供参考文献各被其中的 2 个受访者提到（E7 和 E11 提到可读性，E3 和 E9 提到提供参考文献）。另外，分别有 1 个被调查者提到答案需要有理论基础（E2）和举例（E3）。

表 5.3　受访者提到的各评估标准所属类别

判别角度	评估标准类别	受访者标号	人数 / 人
内容本身	C1：与内容相关的评估标准	E1、E2、E3、E4、E5、E6、E7、E9、E10、E11、E12、E13、E14、E15	14
内容提供者	C2：与内容来源相关的评估标准	E1、E6	2
评判用户	C3：与评判者自身的偏好相关的评估标准	E2、E3、E4、E5、E6、E7、E11、E12、E14、E13	10
	C4：与评判者自身以前的经验和领域知识相关的评估标准	E2、E12	2
判别当下所处的环境	C5：与当下的外部情况相关的评估标准	E8	1

第二类经常使用的评估标准类别是与评判者自身的偏好相关的评估标准（C3）。这15 个被调查者中的 10 人都有提到属于此类中的评估标准。其中，7 个被调查者提到相关性（E3、E5、E6、E7、E12、E13 和 E14），意思是答案必须提供相关信息，满足用户的信息需要。例如，被调查者 E14 提到答案必须围绕问题做回答。另外，被调查者 E2 和

E4 提到合理性，被调查者 E11 提到可用性。

作者的权威性被 2 个被调查者提到（E1 和 E6），作者的权威性属于与内容来源相关的评估标准类别。2 个被调查者提到了与评判者自身以前的经验和领域知识相关的评估标准类别下的评估标准（C4），包括可理解性和创新性（E2 和 E12）。与当下的外部情况相关的评估标准类别被 1 个被调查者提到（E8）。他提到了答案的快速性。

从表 5.3 可见与评判者相关的评估标准，如评判者的偏好、背景和当下的情况，是受判别用户影响的主观质量评估标准。在这些主观评估标准下，不同的用户可能对质量有不同的看法。另外的一些为客观评估标准，会较少受到不同评估者影响，是从信息内容本身反映出来的客观评估标准。可见，评估者会综合使用主观和客观评估标准对学术型社会化问答平台上答案质量进行评估。

5.5.2　评估学术型答案质量的标准

利用内容分析法，通过分析被调查者提供的回答，具体分析出了 15 个对学术型社会化问答平台上答案质量评判的标准，表 5.4 中提供了对识别出的每个评估标准的定义，以及列出了提到此评估标准的相关信息质量的研究。

首先，此部分研究识别出了 7 个与内容相关的评估标准。其中的 6 个评估标准，包括全面性、可验证性、准确性、逻辑性，提供经验和意见，已经在对一般问答平台上答案质量评估的研究中被提出过。而另一个评估标准——详细性，在对社会化媒体上其他用户生成内容的质量评估研究中有涉及，如维基百科、博客中的博文。另外，还识别出了两个与内容来源相关的评估标准，包括回答者的学术权威性和回答历史权威性，这两个评估标准已经在对学术论文质量评估和对一般问答平台上答案质量评估研究中提出过。快速性为本部分研究识别出的，属于与当下外部情况相关的评估标准类别，也在对一般问答平台上答案质量评估研究中被提出过。

本部分研究识别出两个与评判者以前的经验和领域知识相关的评估标准，包括新颖性和可理解性。这两个评估标准在一般问答平台上答案质量评估的研究中也得到了证实。与评判者自身的偏好相关的评估标准，包括相关性、可行性和增值性。相关性和可行性也是对一般问答平台上答案质量评估中重要的考虑标准，增值性也在对信息系统的数据质量研究中涉及。

表5.4 被调查者提到的各评估标准

评估标准所属类别	评估标准	定义	提到此评估标准的相关信息质量的研究
与信息内容相关的评估标准	全面性	Answer is thorough, provides enough information, and addresses all parts of a multipart question 答案是全面的，提供了足够的信息，并回答了问题中包括的所有子问题	Fichman[30]；Kim 和 Oh[31]；Shah 和 Pomerantz[210]；John 等[32]；Blooma 等[47]
	可验证性	Answer provides external sources, such as links or references 答案提供外部资源，如链接或引用	Fichman[30]；Kim 和 Oh[31]
	准确性	Answer is deemed correct and believable 答案被认为是正确和可信的	Fichman[30]；Kim 和 Oh[31]；Harper 等[186]；John 等[32]；Chua 和 Banerjee[157]
	逻辑性	Answer reflects correct and valid reasoning 答案反映正确和有效的推理过程	Kim 和 Oh[31]
	详细性	Answer is broad in scope and covers all aspects of the subject 答案范围很广，涵盖了该主题的所有方面	Chen 和 Ohta[69]；Yaari[86]
	提供经验	Answer provides the answerers' related research experience 答案提供回答者的相关研究经验	Kim 和 Oh[31]
	提供意见	Answer expresses the answerer's beliefs or opinions 答案中表达回答者的信念或观点	Kim 和 Oh[31]
与信息来源相关的评估标准	学术权威性	Answerer has professional knowledge to answer the question 该问题的回答者具有该领域的专业知识	Mukherjee[39]；Calvert 和 Zengzhi[114]；Clyde[115]
	回答历史权威性	Answerer's history on ResearchGate Q&A（e.g., questions answered, questions asked, upvotes received） 回答者在 ResearchGate Q&A 上的历史行为数据，如回答的问题数、提问数和收到的推荐数等	Shah 和 Pomerantz[210]；John 等[32]；Kim 和 Oh[31]、Fu 等[192]
与用户以前的经验和背景相关的评估标准	新颖性	Answer perceived to be creative and different from other responses 答案被认为具有创造性且与其他答案不同	Chua 和 Banerjee[157]；Kim 和 Oh[31]；Shah 和 Pomerantz[210]

评估标准 所属类别	评估标准	定义	提到此评估标准的相关信息 质量的研究
与用户以 前的经验 和背景相 关的评估 标准	可理解性	Answer is easily understood，and lacks ambiguity and errors of spelling and grammar 答案易于理解，没有歧义，不存在拼写和语法错误	Chua 和 Banerjee[157]；Kim 和 Oh[31]
与用户的 信念和偏 好相关的 评估标准	相关性	Answer is sufficiently connected to the question to make it useful and essential to answering it 答案与问题充分相关，以使其对回答该问题有用且必不可少	Shah 和 Pomerantz[210]
	增值性	Answer adds value or significance in solving the question 答案对解决该问题增加了价值和意义	DeLone 和 McLean[211]；Wang 和 Strong[148]
	可行性	The solutions provided in the answer can be implemented 答案中提供的解决方案可以实施	Kim 和 Oh[31]；Shah 和 Pomerantz[210]
与当下的 外部情况 相关的评 估标准	快速性	Answer is provided promptly 答案提供的及时	Chua 和 Banerjee[157]、Kim 和 Oh[31]、Fu 等[192]

研究发现，这些评估标准并不是针对学术型社会化问答平台答案质量评估所独有的。大多数评估标准都在对一般问答平台上答案质量的评估研究中提到过。然而，同时也发现一些评估标准是借用于对其他信息质量评估的研究中，如全面性、回答者的学术权威性和增值性。可见，以下构建针对学术型社会化问答平台上答案质量评估标准的问项设计，应该充分考虑对各个类型信息质量评估研究中提出的评估标准，从而为下一章进行问卷调查以获取各个评估标准的重要性程度来构建质量评估模型，提供完整的问项准备。

5.6　学术型答案质量评估标准的问卷测度项设计

5.6.1　评估标准问项设计原则

质量评估标准问卷测度项的确定将利用上述表 5.4 列出的通过用户调查获取的评估标准结果为主，并融合在对上述用户调查结果进行内容分析时从相关质量评估文献中总结整理的质量评估标准集及其分类框架，从而生成将用于以下问卷调查中的对学术型社会化问答平台上答案质量评估标准的问卷测度项。图 5.4 阐述了此质量评估标准问卷测度项层次结构：每一个质量评估的角度可以包含多个评估标准，如与内容本身相关的角度下，包括内容的详细性、可验证性等；针对每一个评估标准，会用多个问项从多个角度阐述这个评估标准，如详细性，包括的问项有这个答案是否提供了足够的信息，这个答案是否回答了问题的各个部分等。

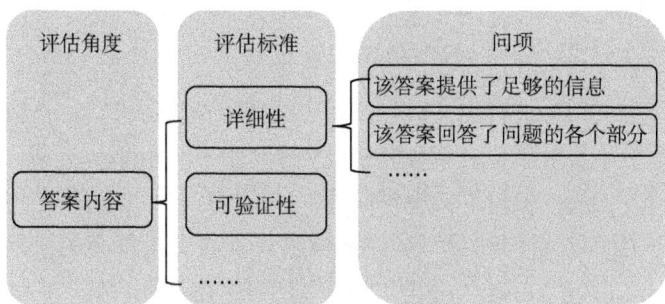

图 5.4　质量评估标准的问卷测度项层次结构示例

质量评估标准问卷测度项的确定是按照如下两个准则进行的：

①以上述用户调查获取的评估标准结果为主，根据相关文献中对用户调查中得出的评估标准的定义、解释或者是度量维度，获得对各评估标准的问项。用户调查中获得的一些评估标准，按照相关文献中的定义，被归并到了其他评估标准中，作为其一个问项，如"逻辑性"作为了"内容准确度"的一个问项；"是否提供相关经验（bringing experience）"作为了"可验证性"的一个问项。

②同时，相关信息质量评估研究的参考文献中提出的标准可能适用于对学术型社会化问答平台上答案质量评估的标准，但在用户调查中并没有获得的评估标准将加入到问卷测度项中。例如，在与答案内容相关的评估标准中，新加入了从相关参考文献中获取到的"清晰性"和"专业性"这两个评估标准。

5.6.2　评估标准问项

最终，针对学术型社会化问答平台上答案质量评估标准问卷测度项的初步指标层次结构，包括答案内容本身、回答者、判别用户、判别当下所处的环境这 4 个角度的评估标准及其具体问项。以下将分别介绍这 4 个部分的评估标准问项及其来源。基于对信息质量评估相关研究归纳整理的文献来源，将按照文献来源进行归类。来源分别为：①答案质量评估研究；②学术内容质量评估研究；③其他用户生成内容质量评估研究。其中，在回答者、判别用户和判别当下所处环境角度中的评估标准问项不存在来源。

（1）与答案内容相关的评估标准

这一类评估标准主要是与答案内容本身特点相关的评估标准，即首先从答案内容的层面考虑对学术型社会化问答平台上答案质量评估重要的评估标准。在信息质量相关研究中，已经多次证实信息内容本身可以影响到用户对信息质量的感知。表 5.5 列出了此问卷测度项涉及的从内容角度出发的评估标准及其问项，以及各问项的文献来源。最终，此评估标准问项指标层次结构包括 7 个与答案内容相关的评估标准及其 31 个问项。

详细性。根据上述用户调查的结果，详细性被提出，且被归类为与答案内容相关的评估标准类别中。根据 Fichman[30] 对答案详细性的定义，即 "An answer that is thorough, provides enough information, and answers all parts of a multi-part question（答案是详尽的，提供了足够的信息，并回答了该问题的所有子问题）"，以及 Kim 和 Oh[31] 提取的有关用户利用答案详细性来评估高质量答案的依据，即 "Told me everything I needed to know（告诉了我所需要知道的一切）"，"I thought this one was more thorough（我认为这个答案回答得更为详尽）"，可见评估答案的详细性即为评估答案内容的深度及其是否回答了提问中涉及的各个子问题。根据详细性的相关定义，定义了 6 个属于详细性的问项（表 5.5）。

可验证性。上述用户调查中得出的在与答案内容相关的评估标准中还包括可验证性。根据 Fichman[30] 对可验证性的定义 "A response that provides a link or a reference to another source where the information can be found（答案中提供了可以证实该信息的另一个来源的链接或参考文献）" 和 Barry[119] 对可验证性的定义 "Information is supported by other sources of information（答案中提供的信息可以得到其他来源信息的支持）"，答案的可验证性即要求答案可以被其他资源证实。同时，根据上述用户调查，发现了在学术型社会化问答平台上的一些其他验证方法，如获得其他答案的支持，答案中提供自身的研究经历或例子等。总之，定义了 6 个属于可验证性的问项（表 5.5）。

准确性。根据上述用户调查的结果，准确性也是在与答案内容相关的评估标准类别中。相关文献对答案准确性的普遍定义为：答案是正确无误的，符合客观公认准则的。根据这个准则，定义了 5 个属于准确性的问项（表 5.5）。这里需要指出的是，上述用户调查中得出的"逻辑性"这个评估标准作为了答案准确性的一个问项。根据逻辑性的定义，即"答案反映正确和有效的推理过程"，答案符合逻辑性也是答案正确的一个必要条件。

表 5.5　与答案内容相关的评估标准及其问项

评估标准	问项条目	来源 1：答案质量评估研究	来源 2：学术内容质量评估研究	来源 3：其他用户生成内容答案质量评估研究
	This answer is thorough 这个答案是彻底的	Fichman[156]；Zhu 等[159]；Kim 和 Oh[31]		Chuenchom[70]
	This answer is in-depth 这个答案是深入的		Barry[119]；Cool 等[165]	Kargar 和 Azimzadeh[66]；Chen[69]
	This answer provides enough information 这个答案提供了足够的信息	Fichman[156]；Shah 和 Pomerantz[210]		
Completeness 详细性	This answer addresses all parts of the question 这个答案回答了问题的所有部分	Fichman[156]；Zhu 等[159]；Shah 和 Pomerantz[210]		
	This answer has sufficient detail 这个答案有足够的细节	Shah 和 Pomerantz[210]		
	This answer contains up-to-date information 这个答案包含最新的信息		Calvert 和 Zengzhi[114]；Barry[119]；Cool 等[165]；Vakkari 和 Hakala[124]；Liu[120]；Currie 等[162]	Stvilia 等[85]；Savolainen[80]；Kargar 和 Azimzadeh[66]
Verifiability 可验证性	This answer is supported by other answerers in their answers 其他回答者在其答案中支持这个答案		Liu[120]	
	This answer is supported by external resources, such as links or references 这个答案被外部资源（如链接或引用）支持	Fichman[156]；Kim 和 Oh[31]；Barry[119]	Currie[162]；Shah 和 Pomerantz[210]；Liu[120]；Vakkari 和 Hakala[124]	Savolainen[80]

续表

评估标准	问项条目	来源1：答案质量评估研究	来源2：学术内答质量评估研究	来源3：其他用户生成内容质量评估研究
Verifiability 可验证性	This answer is supported by the views of other scholars 这个答案得到其他学者的支持		Liu[120]	
	This answer based on fundamental theories 这个答案基于基础理论		Cool 等[165]；Calvert 和 Zengzhi[114]	
	This answer is supported by examples and experience 这个答案获得范例和经验的支持		Vakkari 和 Hakala[124]；Cool 等[165]	
	This answer provides corroboration 这个答案提供了佐证		Watson[121]	
Accuracy 准确性	This answer is correct 这个答案是正确的	Kim 和 Oh[31]；John 等[32]；Fichman[156]	Barry[119]	Savolainen[80]
	This answer provides factual or objective information 这个答案提供了事实客观或客观的信息	Shah 和 Pomerantz[210]	Cool 等[165]	Kargar 和 Azimzadeh[66]；Savolainen[80]
	This answer is free of spelling and grammatical errors 这个答案没有拼写和语法错误			Becker 和 Gravano[71]
	This answer is logical 这个答案有逻辑性	Kim 和 Oh[31]	Liu[120]	
	This answer is internally consistent 这个答案在文中是一致的	Chua 和 Banerjee[157]		

续表

评估标准	问项条目	来源 1：答案质量评估研究	来源 2：学术内容质量评估研究	来源 3：其他用户生成内容质量评估研究
Comprehensiveness 全面性	This answer does not have missing information 这个答案中的信息没有丢失			Kargar 和 Azimzadeh[66]
	This answer has sufficient breadth 这个答案具有足够的广度		Barry[119]	Kargar 和 Azimzadeh[66]；Chen[69]
	This answer covers a wide range of facts 这个答案涵盖了广泛的事实			Savolainen[80]；Chen 和 Tseng[161]
Providing opinions 提供意见	The views in this answer are expressed impartially 这个答案中的观点是以公正的方式表达的	Zhu 等[159]	Liu[120]；Currie 等[162]	Savolainen[80]
	This answer contains a clear point of view 这个答案包含了一个清晰的观点		Watson[121]；Cool 等[165]；Vakkari 和 Hakala[124]	
Clarity 清晰性	This answer is presented in a readable manner 这个答案以可读的方式呈现	Zhu 等[159]	Barry[119]	
	This answer is presented in a clear manner 这个答案以清晰的方式呈现		Barry[119]；Vakkari 和 Hakala[124]	Peng 等[73]；Savolainen[80]；Shah 和 Pomerantz[210]
	This answer is well-organized 这个答案组织良好	Kim 和 Oh[31]	Liu[120]	
	This answer exhibits a good writing style 这个答案有很好的写作风格		Watson[121]；Cool 等[165]	
	This answer is not repetitive 这个答案不重复	Zhu 等[159]；Shah 和 Pomerantz[210]		Kargar 和 Azimzadeh[66]；Peng 等[73]

续表

评估标准	问项条目	来源1：答案质量评估研究	来源2：学术内容质量评估研究	来源3：其他用户生成内容质量评估研究
Profession 专业性	This answer is written at a standard academic level 这个答案是在标准的学术水平上写的	Liu[120]		
	This answer is scholarly 这个答案是学术性的	Currie 等[162]		Savolainen[80]
	This answer is scientific 这个答案是科学的	Cool 等[165]		
	This answer is not copied from other sources 这个答案不是从其他来源复制的	Zhu 等[159]		

全面性。上述用户调查结论中提出的在与答案内容相关的评估标准中还有全面性。根据 Savolainen[80] 对信息内容全面性的定义 "The extent to which information covers a broad range of facts and opinions（信息在多大程度上涵盖了广泛的事实与观点）" 及 Chen 和 Ohta[69] 对信息内容全面性的定义 "Broad in scope and cover all aspects of the subject（范围广泛，涵盖该主题的所有方面）"，可见评估答案的全面性即对答案包括内容的广度进行评估。综合对全面性的多个定义，确定了 3 个属于全面性的问项（表 5.5）。

提供意见。在上述用户调查中得出的与答案内容相关的评估标准中还有一个评估标准——提供观点。现有文献也指出答案内容中是否提供公正的观点也是需要考虑的评估标准[120, 159, 162]。因此，本部分研究提出用答案中是否提供观点和观点是否是公正的，这两个问项来衡量该评估标准。

清晰性。最后两个有关内容的评估标准，在上述用户调查中并没有获得，是根据相关文献进行了补充。其中一个是清晰性。Barry[119]、Vakkari 和 Hakala[124] 分别对 "clarity（清晰性）" 的定义为 "Information was presented in a clear or readable manner（信息是以清晰或可读的方式呈现）" "This information is not vague（信息不模糊）"，可以看出，清晰性是用来衡量答案内容的表达是否清晰易读。基于这个准则，定义了表 5.5 中的 5 项对清晰性的问项。

专业性。Liu[120] 指出学术信息的一个重要的特点是 "Writing on a standard academic level（以标准学术水平写作）"。因此，本部分研究加入了答案内容的专业性这个评估标准。内容的专业性在对学术型内容的质量评估中，可能是比较重要的一个评估维度。

（2）与回答者权威性相关的评估标准

在信息质量评估的相关研究中，普遍提到内容来源的权威性，这是一个非常重要的评估角度。在对一般问答平台上答案质量评估的相关研究中，内容来源的权威性即为回答者的权威性，现有研究广泛使用回答者在该问答平台上历史行为数据，即回答问题数、提问数和回答的问题被选为最佳答案的数量等来衡量回答者的权威性。由于本研究是对学术型社会化问答平台上答案质量的评估，因此回答者的学术权威性也可能是衡量答案质量的一个重要角度。ResearchGate Q&A 平台为实名注册制，注册用户需要提供其真实的姓名和所在研究机构，同时注册用户可以上传其学术论文，供其他用户阅读。ResearchGate Q&A 平台提供了丰富的对回答者的学术权威性进行衡量的信息。

因此，本部分研究在回答者权威性这个角度中包括两个评估标准，如表 5.6 所示。一个是回答者的学术权威性；另一个是回答者的回答权威性。本部分研究沿用对一般问答平台上回答者权威性的度量准则[31, 33, 159]，提出了表 5.6 中的 3 个对回答者的回答权威性的问项。

表 5.6　与回答者权威性相关的评估标准及其问项

评估标准	问项条目	来源 1：答案质量评估研究	来源 2：学术内容质量评估研究
Answerer's scholarship 回答者的学术权威性	This answerer is affiliated with a prestigious institution 这位回答者隶属于一个著名的机构		Liu[120]
	This answerer has publications in the subject area 这位回答者在该主题领域有出版物		Liu[120]
	This answerer has a background in the subject area 这位回答者在该主题领域有研究背景		Liu[120]
	This answerer has a high ResearchGate score 这位回答者具有很高的 ResearchGate 分数		Calvert 和 Zengzhi[114]
	This answerer has a high academic qualification or professional title 这位回答者具有较高的学术职称		Rieh[212]
	This answer is written by a famous researcher 这个答案是由一位著名的研究人员撰写的		Rieh[212]
	This answer is written by an expert with a high h-index 这个答案是由有着高 h 指数专家写的	Shah 和 Pomerantz[210]	Rieh[212]
	This answer is written by a known researcher whose work I have followed，cited，or read 这个答案是由我所知的研究人员撰写的，或者我引用过他 / 她的论文，或者阅读过他 / 她的论文		Liu[120]；Vakkari 和 Hakala[124]
	This answerer has a high impact factor 这个回答者发表的论文有很高的影响因子		
Answerer's authority 回答者的回答权威性	This answerer's answers have been recommended 这个答案是由提供的答案有过被选为推荐的高质量答案的回答者所撰写的	John 等[32]	
	This answer is written by a professional 这个答案是由专业人士撰写的	Kim 和 Oh[31]；Zhu 等[159]	
	This answerer has contributed many answers 这个答案是由提供过很多答案的回答者撰写的	John 等[32]	

（3）与判别者相关的评估标准

在对信息质量评估的定义中，被广泛接受的是满足用户需要（fit for use）。不同的用户对同一个答案的质量感知是不同的，用户评估信息质量好坏的过程是一个综合客观和主观的判断过程[117]。在对信息质量进行评估中，普遍存在与评判者主观认知相关的评估标准。因此，根据相关信息质量评估文献和上述用户调查提出的评估标准，此部分包括 7 个评估标准（表 5.7）。

新颖性。本类中包括上述用户调查中提到的评估标准——新颖性。Kim 和 Oh，Chua 和 Banerjee [31, 157] 在对答案质量评估研究中指出 "Cognitive value refers to the ability of an answer to stimulate thinking in the context of an asker's information need. It can be explained by two factors：understandability and novelty（认知价值是指答案在满足提问者信息需求的情景下可以激发提问者思维的能力，可以用两个因素来解释：可理解性和新颖性）"。可见，新颖性是一个与用户认知相关的质量评估标准。如表 5.7 所示，提出了 4 个问项衡量答案的新颖性。

可理解性。上述用户调查中也指出了可理解性也是重要的评估标准。如 Kim 和 Oh、Chua 和 Banerjee [31, 157] 所述，可理解性是另一个与用户认知相关的质量评估标准。

增值性。上述用户调查中也提出了评估标准——增值性。Park[123] 指出其定义为 "User's perception about the value of the citation provided in the document（用户对文档中提供的引文价值的看法）"。可见增值性也是一个重要的评估方面，因此，如表 5.7 所示，加入了 2 个问项衡量增值性。

可行性。大部分用户提问的目的就是为了解决自身遇到的问题。因此，答案中提出的解决方案是否可行，也是用户判别答案质量的一个重要方面。Kim 和 Oh[31] 提到 "Questioners often evaluated the feasibility of solutions suggested in answers and showed their intent to follow the solutions or actually followed the instructions suggested and picked the most effective one as the best answer（提问者经常评估答案中建议的解决方案的可行性，并表示愿意遵循解决方案或实际上遵循建议的方案，并选择最有效的解决方案作为最佳答案）"。可见，可行性也是评估答案质量的一个应有的标准。

快速性。对一般社会化问答平台上答案质量评估研究中提到高质量答案中提供的解决方案需要具备高效和及时的特性。因此，也加入了快速性这个评估标准。

相关性。一个高质量的答案首先需要满足相关性的要求，即用户对答案是否回答了问题的感知，接着才考虑答案其他方面是否达到要求。上述用户调查中也证实相关性也是被学者提到的重要评估标准。因此，如表 5.7 所示，加入了 3 个具体问项来阐述相关性。

可信性。根据相关文献，加入了评估标准——可信性。可信性即为用户主观认为答案所说是正确的。Barry[119] 对可信性定义为 "The user agrees with information within the document or the extent to which information within the document supports the user's point of view（用户同意文档中的信息或文档中的信息在多大程度上支持用户的观点）"。因此，定义了表 5.7 中对可信性的 4 个问项。

表 5.7　与判别者相关的评估标准及其问项

评估标准	问项条目	来源 1：答案质量评估研究	来源 2：学术内容质量评估研究
Novelty 新颖性	This answer is novelty to me 这个答案对我来说是新奇的	Shah 和 Pomerantz[210]；Kim 和 Oh[31]；Chua 和 Banerjee[157]	Barry[119]；Vakkari 和 Hakala[124]
	This answer makes a very interesting point 这个答案提出了一个很有趣的观点	Kim 和 Oh[31]	Van[2]；Barry[119]；Vakkari 和 Hakala[124]；Cool 等 [165]
	This answer is attractive 这个答案很有吸引力		Barry[119]
	The resources provided in the answer are novel to me 答案中提供的资源对我来说是新颖的		Barry[119]
Understandability 可理解性	This answer is easy to understand 这个答案很容易理解	Kim 和 Oh[31]；Chua 和 Banerjee[157]	Barry[119]；Vakkari 和 Hakala[124]；Cool 等 [165]
Value-added 增值性	This answer stimulates my thinking 这个答案激发了我的思考	Chua 和 Banerjee[157]	
	The resources provided in the answer are valuable to me 这个答案中提供的资源对我很有价值		Park[123]
Feasibility 可行性	The solutions provided in this answer can be used to solve problems I encountered in my research 这个答案对我的研究是可行的	Kim 和 Oh[31]	
Feasibility 可行性	The solutions provided in this answer are effective 这个答案中提供的解决方案是有效的	Kim 和 Oh[31]	

续表

评估标准	问项条目	来源1：答案质量评估研究	来源2：学术内容质量评估研究
Quickness 快速性	This answer is given promptly 这个答案是及时的	Fu 等[192]；Kim 和 Oh[31]；Chua 和 Banerjee[157]	
Relevance 相关性	This answer is useful to me 这个答案对我很有用	Choi 等[41]；Shah 和 Pomerantz[210]	Cool 等[165]
	This answer is relevant to my research 这个答案与我的研究有关	Shah 和 Pomerantz[210]	Vakkari 和 Hakala[124]
	This answer provides enough information for me 这个答案为我提供了足够的信息	Shah 和 Pomerantz[210]	Cool 等[165]；Park[123]
Credibility 可信性	I believe this answer 我相信这个答案	Shah 和 Pomerantz[210]；John 等[32]	
	I agree with the information within this answer 我同意此答案中的信息	Kim 和 Oh[31]	Barry[119]
	I know this answerer and his/her answers are always good 我知道这个回答者，并且他/她的答案总是很好的		Barry[119]；Vakkari 和 Hakala[124]；Barry[119]
	This answer is reasonable 这个答案是合理的	Choi 和 Shah[213]；Kim 和 Oh[31]	

（4）与社会化媒体环境相关的评估标准

本部分包括与社会化媒体环境相关评估标准的问项。已有的对一般问答平台上答案质量评估研究中提到"there are various social and emotional values questioners consider when selecting the best answers in a social Q&A site（提问者在社交问答网站中选择最佳答案时会考虑各种社交和情感价值因素）"[31]。因此，根据现有质量评估研究中提出的与社会化媒体环境相关的评估标准问项，得到表 5.8 中的 6 个问项。

表 5.8　与社会化媒体环境相关的评估标准及其问项

评估标准	问项条目	来源1：答案质量评估研究	来源2：学术内容质量评估研究
Social environment 社会化媒体环境	This answer has received many upvotes 这个答案得到了很多的推荐数	John 等 [32]	
	This answer is polite 这个答案很有礼貌	Shah 和 Pomerantz [210]；Zhu 等 [159]	
	This answer contains emotional expression，such as gratitude，appreciation，support，comfort，and empathy 这个答案包含情感表达，如感激、欣赏、支持、舒适和同情	Kim 和 Oh[31]；Chua 和 Banerjee [157]	
	I feel this answerer puts great effort into answering 我觉得这个回答者付出了很大的努力来回答该问题	Kim 和 Oh [31]	
	I like the positive attitude of this answerer 我喜欢这位回答者的积极态度	Kim 和 Oh [31]	
	This answer contains the answerers' contact information 这个答案包括回答者的联系信息		Liu [120]

5.7　本章小结

　　本部分构建了针对学者对学术型社会化问答平台上答案质量进行评估时的评估标准问项。首先，通过使用用户调查法，利用从 ResearchGate Q&A 上获取的图书馆信息服务学科领域的讨论寻求型问答数据集来探索学者对学术型社会化问答平台上答案质量的评估标准。通过招募图书馆信息服务学科领域的学者，使其对获取的数据集进行质量评估后，提供其评估时使用的评估标准。目前，还没有研究对学者评估学术型社会化问答平台上答案质量时使用的评估标准进行探索。因此，本研究并没有提供给被调查者可能的评估标准做选择，而是采用定性的自然主义的研究设计方法来探索此问题；其次，利用内容分析法对被调查者提供的回答内容进行分析，将分析得到的评估标准映射到从信息质量相关研究中归纳出的质量评估标准类别中，得到了学者用于评价学术型社会化问答平台上答案质量的评估标准。

通过进一步分析对比，可以得出现有研究中提出的各类用户生成内容质量评估标准可以作为来源之一，同时也应参考对学术内容的质量评估标准。

综上所述，本部分最后利用此用户调查获取的学者评价学术型答案质量的评估标准，并加入没有被此用户调查获取到的但在相关质量评估文献中有提出的适用于对学术型社会化问答平台上答案质量评估的标准，构建出了下一章进行问卷调查需要的对学术型社会化问答平台上答案质量评估标准及各个评估标准的具体问项。

6 问卷调查数据统计分析与评估标准模型构建[①]

本部分研究的目的是为获取学者评估学术型答案质量时如何认定各个评估标准重要性程度，进一步分析得出影响学者认定各个评估标准重要性程度的外部影响因素。同时，实现构建针对学术型社会化问答平台上答案质量评估模型，以为可以有效评估出高质量的答案提供支持。本部分研究将利用问卷调查方法，通过向 ResearchGate Q&A 上有过推荐高质量答案行为的学者发放问卷的方式，获取学者们在评估答案质量时，对各个评估标准重要性程度的打分。同时，此部分研究将调查问卷发放给了有代表性的 3 个学科（图书馆信息服务、艺术史和天体物理学）的学者，同时获取了其对推荐的高质量答案所属的问题类型的判断和其人口统计学特征。本部分研究主要对收集到的问卷数据进行基本的统计分析，获取学者如何评价各个质量评估标准的重要性程度，以及利用方差分析探索人口统计学特征、问题类型和学科是否会影响学者评价各个质量评估标准的重要程度；另外，依次进行问卷效度和信度检验，以及主成分分析步骤，构建出了对学术型社会化问答平台上答案质量评估模型，即用于评估学术型社会化问答平台上答案质量的评估条目及其权重值。

基本统计分析发现，对学术型社会化问答平台上答案质量评估来说，重要性排名靠前（评分平均值 ≥ 7.0）的评估标准问项条目均来源与答案内容相关的评估标准和与判别者相关的评估标准类别，进一步计算了属于各个评估标准下问项的平均值，获取了对各个评估标准重要性程度的打分，结果发现重要性排名前三的评估标准均来自与答案内容相关的评估标准，分别为提供意见、准确性和详细性。接着，根据性别、年龄、学术

---

① 本章主要内容发表于：

LI L, ZHANG C Z, HE D Q, et al. Researchers' judgment criteria of high-quality answers on academic social Q&A platforms[J]. Online information review，2020，44（3）：603−623.

LI L, ZHANG C, HE D Q. Factors influencing the importance of criteria for judging answer quality on academic social Q&A platforms[J]. Aslib journal of information management，2020，72（6）：887−907.

职位、学科和问题类型进行分组，利用方差分析方法探索基于上述因素下的各个分组在各个评估指标重要性打分上是否存在显著性差异，以及这些因素的组合是否对各个评估标准重要性打分有显著性影响。结果发现，特定学科和学术职位对评估标准中的相关性、完整性和可信度的重要性程度有显著影响。同时，一些因素的组合也对一些评估标准的重要性程度有显著影响，例如，年长的学者认为可验证性的重要性程度对图书馆信息服务和艺术史学科下的信息寻求型问题的答案质量评估显著高于对讨论寻求型问题的答案质量评估。此部分研究的方差分析结果表明，在不同的情景下不同学者判别的不同评估标准的重要性程度会有显著差异，这也会造成对同一个答案不同用户会给出不同的质量评估，同时也证实了先前学者指出的用户评估信息质量的过程是一个结合主观和客观的过程，是一个很难进行定量刻画的过程。然而，通过此部分对大量用户调查结果的统计分析，也得出了一些对学术型社会化问答平台上答案质量评估的普适规律，如重要性程度高的评估标准均来自答案内容或是与判别者相关的类别中。另外，需要考虑不同的学科、不同评估者的学术职位等因素，要进行有区别的高质量答案识别等。

虽然对学术型社会化问答平台上答案质量的评估是一个复杂的问题，不同的用户对同一个答案的质量评估使用的评估标准可能是不同的，或者对不同评估标准的重要性程度认知不同，造成对同一个答案的质量并没有统一的评估。然而，通过对大量数据的统计分析仍然可以获取适用于大部分学者要求的对学术型社会化问答平台上答案质量评估的标准及其重要性程度。因此，本部分研究将利用问卷调查方法获取的问卷数据构建适用于学术型社会化问答平台上答案质量评估的模型，以为学者推荐高质量的答案提供辅助。

以下将首先整体介绍本部分研究进行的流程，接着详细介绍此部分研究中问卷调查的问项设计，获取问卷数据过程，以及对问卷数据的基本统计分析结果和模型构建结果。

6.1 问卷调查数据统计分析与评估标准模型构建流程

此部分研究首先需要设计并实施问卷调查以获取问卷数据。本部分研究拟对 ResearchGate Q&A 上有过"Recommend（推荐）"某个问题下答案的学者发放调查问卷的方式获取问卷数据，因为 ResearchGate Q&A 上有过"Recommend"行为的学者已经有了对有关答案质量的判断经历或经验，其一定是基于一定的原因而进行了此"Recommend"行为。有在 ResearchGate Q&A 上进行"Recommend"经历的用户，才能真正知道满意的高质量答案应该满足的标准是什么，因为他们可能真实地使用了某些答案去尝试着解决问题。因此，通过对真实使用过 ResearchGate Q&A，并有相关答案质量评估行为的用户（即有过"Recommend"行为的用户）进行问卷调查，是实际获取用户对 ResearchGate Q&A 上高质量答案需要具备的特点的一个有效且可靠的途径，是实现准确获取针对学术型社会化问答平台上答案质量评估时对各评估标准重要性打分，构建学术型社会化问答平台上答案质量评估模型的有效保证。

本部分共包括三大部分，分别为问卷设计、获取问卷数据和获取结论，具体流程如图 6.1 所示。

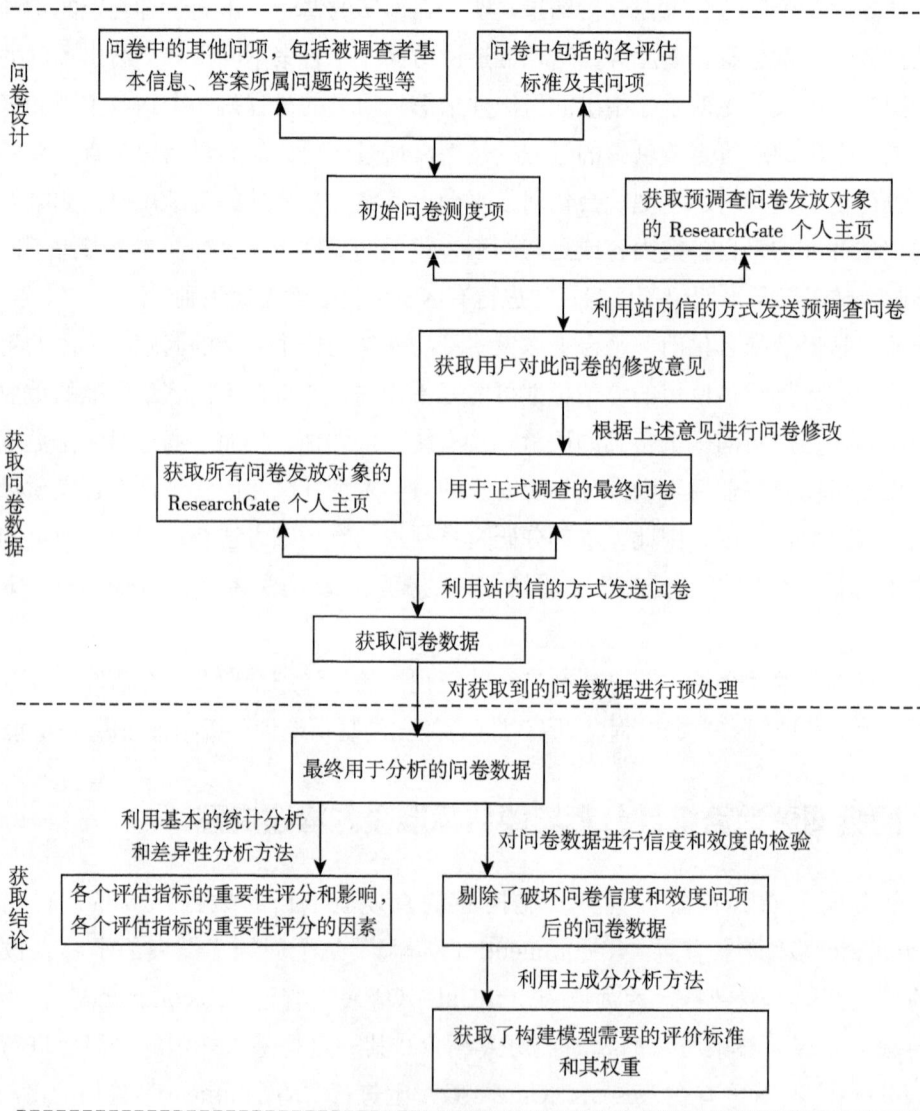

问卷设计

- 问卷中的其他问项，包括被调查者基本信息、答案所属问题的类型等
- 问卷中包括的各评估标准及其问项

初始问卷测度项

获取预调查问卷发放对象的 ResearchGate 个人主页

利用站内信的方式发送预调查问卷

获取用户对此问卷的修改意见

根据上述意见进行问卷修改

获取问卷数据

获取所有问卷发放对象的 ResearchGate 个人主页

用于正式调查的最终问卷

利用站内信的方式发送问卷

获取问卷数据

对获取到的问卷数据进行预处理

最终用于分析的问卷数据

利用基本的统计分析和差异性分析方法

各个评估指标的重要性评分和影响，各个评估指标的重要性评分的因素

对问卷数据进行信度和效度的检验

获取结论

剔除了破坏问卷信度和效度问项后的问卷数据

利用主成分分析方法

获取了构建模型需要的评价标准和其权重

图 6.1　问卷调查数据统计分析与评估标准模型构建的研究流程

①问卷设计即对初始问卷测度项的确定，初始问卷测度项包括上一章获取的对学术型社会化问答平台上答案质量评估标准的问项，再加入其他问项，包括被调查者基本信息和答案所属问题的类型，以及询问学者对此调查问卷的改进建议。

②获取问卷数据即发放预调查问卷进行问卷修改后，进行正式调查获取问卷数据。

③获取结论即为对经过预处理的问卷数据利用基本的统计分析获取学者评估各个标准重要性程度；利用方差分析探索用户人口统计学特征、问题类型和学科等外部影响因素对各个评估标准重要性程度打分的影响；以及利用主成分分析方法构建模型，即为确定模型中的评估标准和其权重，因为主成分分析的方法已经被广泛应用在多要素评价的指标权重的确定中[153]。在利用主成分分析方法确定评估标准权重前，首先需要对问卷数据进行信度和效度的检验，科学地删除那些破坏了问卷信度和效度的评估标准问项，以保证问卷中收集的各评估标准问项的可靠性和有效性，以为可以准确地构建评估模型提供保证。

6.2 问卷调查问项设计

上一章节中已详细叙述了问卷调查中最主要部分，即学者对学术型社会化问答平台上答案质量评估标准的 4 个类别下的共 66 个问项。另外，问卷中还包括其他问项，即答案所属问题的类型、被调查者人口统计基本信息问项和学者对此调查问卷的改进建议。

答案所属问题的类型：根据第一个研究阶段中探索 ResearchGate Q&A 上被用户推荐的高质量答案的客观特征获得的结论，可以看出对信息寻求型问题和讨论寻求型问题的答案会存在不同的判别标准，可见问题的类型是影响答案质量评估的一个重要的外部影响因素。同时，一个用户会在 ResearchGate Q&A 上对多个问题的答案点击"Recommend"，为了保证问卷收集的时候评估对象的一致性，避免用户在对不同问题进行评估时，采用了不同的评估标准，因此，在问卷中会首先列出被调查者推荐过的其中一个问题及其答案，让被调查者给出其认为这个问题的类型是信息寻求型问题还是讨论寻求型问题，接着再要求其给出推荐该问题的答案时依据的评估标准情况，对问卷中列出的各评估标准的重要性进行打分。还需要指出的是对同一个问题，某一个学者可能会对多个答案点击"Recommend"，本研究包含一个先决的假设，即用户对同一个问题的答案进行质量评估时所使用的评估标准是一致的，不会随着答案的不同就有所改变。

被调查者人口统计基本信息问项：在信息质量判别的过程中，评判者的情况是其中一个重要的外部影响因素。不同评判者背景信息不同，可能会影响其质量评估标准的选择。由于本课题针对的研究对象是学术型社会化问答平台上的答案，因此在被调查者基本信息问项中，包括了被调查者的学术职位、性别和年龄。

学者对此调查问卷的改进建议：科学的问卷调查要求在正式调查前，首先进行预调查，根据预调查的结果，对问卷进行修正后，进行正式的调查。因此，在初始问卷设计中，在问卷的最后设计了一个开放式问题，让被调查者提供其对本问卷或是本研究课题的改进建议，以帮助对此问卷进行改进。

最终，问卷（附录 A）包括 72 个问项，由 4 个部分组成：一是问卷说明。二是对问题类型的选择和推荐高质量答案原因评分，此为问卷的主体部分，包括 67 个问项，其中 66 个问项，将采用李克特量表（Likert Scale）进行度量，被调查者根据自身在 ResearchGate Q&A 平台上"Recommend"答案时的原因，对各问项的重要程度进行打分。需要特别说明的是，本研究拟利用 11 等级量表，从 0 到 10，其中 0 代表"完全不重要"，10 代表"非常重要"。利用更为细致的打分等级，可以使得调查结果更加可靠，例如，被调查者认为该问项较为重要时，必须再进一步思考具体打分是 7 分、8 分还是 9 分，从而确保调查结果更加有区分性。早在 Lee 等[214]对信息系统中信息质量研究时就指出，需要利用 11 等级量表对评估标准进行打分，因为其根据长久的对信息质量的研究发现，被调查者普遍觉得 5 分制或是 7 分制量表的可选择性较窄，被调查者更愿意使用评分等级的较大值部分进行打分。另外，在本部分问卷的设计中，与答案内容相关、与回答者权威性相关、与判别者相关和与社会化媒体环境相关的 4 个角度下的 66 个评估标准问项按照内容从短到长的方式打乱呈现给被调查者，以确保问卷调查回收数据的质量。三是人口统计学信息问项。四是一个开放式问题，获取被调查者对此问卷或是研究的建议。

6.3 问卷数据获取

按照科学的问卷调查研究步骤，通过进行预调查问卷的发放、问卷修改和正式调查 3 个步骤后，获取了此部分研究需要的问卷数据。

6.3.1 预调查

按照科学的问卷调查研究步骤，完成初始问卷构建后，下一步应该进行前测性访谈，即询问问卷设计方面的专业人士对问卷的修改意见，从而可以完善问卷。由于本研究的调查对象就为一些学科的专业人士，因此，本部分研究将通过直接在 ResearchGate Q&A 上发放预调查问卷的方式，获取专业人士对此问卷的修改意见。

沿袭第一个研究阶段中选择的代表性学科，此预调查将首先选择将问卷发放给有"Recommend"过社会科学领域下的图书馆信息服务学科①下所属问题的答案。之所以选

---

① https://www.researchgate.net/topic/Library-Information-Services.

择此领域作为预调查问卷发放的对象，是由于笔者是从事此学科的学者，了解在此学科下的学者会从事与用户研究、用户调查和信息质量等相关方面的研究，会对有关信息质量的调查研究较为了解。因此，被调查者不仅可能会对这份有关学术答案质量评估研究问卷提出优质的意见，还会对此研究较为感兴趣，从而提高问卷的回收率。

在 ResearchGate Q&A 平台上，可以在被"Recommend"的答案下方看到是哪些用户"Recommend"答案的，如图 6.2 所示，点击"Recommendations"数量会显示点击了"Recommend"的用户姓名，因此可以有效识别出有过推荐高质量答案经验的用户，通过对他们进行问卷调查，可以最直接地知道他们推荐高质量答案依据的评估标准。因此，通过利用 ResearchGate 提供的站内信功能发放此问卷调查，可以直接获得 ResearchGate Q&A 上的学者是利用哪些标准进行高质量答案推荐的，以及这些标准的重要性如何。

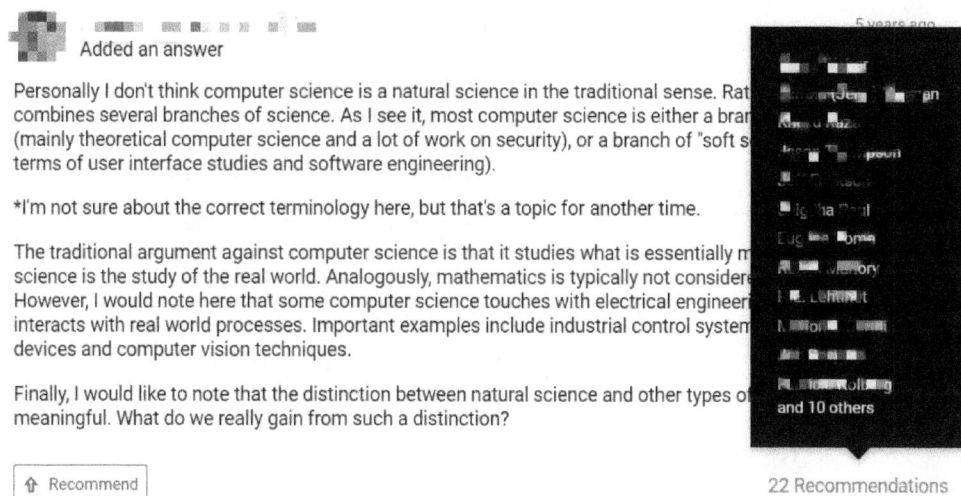

图 6.2 ResearchGate Q&A 上点击"Recommendations"显示用户姓名

为了挑选预调查问卷的发放对象，需要获取对图书馆信息服务领域下问题的答案有过推荐的用户姓名，获取步骤如下。

（1）首先需要获取图书馆信息服务领域下问题的 URL

获取流程如图 6.3 所示，由于 ResearchGate Q&A 平台上"图书馆信息服务"主题界面（https：//www.researchgate.net/topic/Library-Information-Services）上并没有提供在该领域下的全部问题，因此除了爬取此页面上列出的所有"图书馆信息服务"类别下的问题外，同时利用 ResearchGate 提供的搜索功能，用"图书馆信息服务（library information service）"这个关键词进行检索，利用爬虫程序获取检索出的每个问题的 URL，从而确保获取尽可能所有的"图书馆信息服务"领域下的问题。利用 ResearchGate 检索出的问题并不一定都是"图书馆信息服务"类别下的问题，可能是该领域的相关类别，因此进一步人工检查了检索出的问题是否属于"图书馆信息服务"类别下。最终，总共获取到了 129 个在"图书馆信息服务"类别下的问题。

图 6.3　获取图书馆信息服务领域下问题 URL 的流程

（2）接着获取对每个问题下的答案进行了推荐的用户 URL

利用获取的这 129 个问题的 URL，利用 Python Script 抓取每个问题的问答网页中 "Recommendations"下的学者姓名，其中 75 个问题的答案拥有被推荐的答案。最终获取了 478 个学者 URL。

接着就需要从这 478 个学者中挑选预调查问卷的发放对象。在获取到的这 478 个学者中，有些学者对多个问题的答案都有过推荐。这些对多个问题的答案有过推荐的用户有极大可能是活跃度高的用户，并且有丰富的参与答案推荐的经历，对此问卷调研主题有兴趣，问卷回复率可能较高。因此，通过将这 478 个学者 URL 去重并计算每个 URL 的重复数量，获取了每个学者推荐的答案所在的问题数，按照每个学者推荐过的答案所属问题的个数进行排序，挑选了排名前 20 名的学者在 2017 年 11 月 8 日发放了预调查问卷。问卷发送时的邮件内容如图 6.4 所示。

Subject：Survey Help for Our Research

Dear Dr. X X,

I'm Lei Li, a Ph.D. student in Department of information science at Nanjing University of Science and Technology and University of Pittsburgh. Our research team tries to explore the characteristics of high-quality answers in ResearchGate Q&A. We would like 10 minutes of your time to complete a survey about how important the reasons for recommending high-quality answers based on your preference because we notice you had the experience of recommending answer (s) in ResearchGate Q&A. Please rest assured that your responses will be completely anonymous and confidential.

If you're willing to participate, please visit the survey: https://pitt.co1.qualtrics.com/jfe/form/SV_bknhb3N059zlkvr

Many thanks for your feedback.

Best,

Lei

图 6.4　修改前的问卷发送时的邮件内容

6.3.2　问卷修改

预调查问卷发放的一周之后，收到了 7 人填写的问卷，其中有 5 人同时利用站内信的方式进行了回复。在这 5 封站内信中，其中 3 封信只是礼貌性地告知其填写了问卷，如图 6.5 所示。另外，有 2 封信提出了修改意见（图 6.6、图 6.7）。

Nov 10, 2017

Dear Lei Li,

I just filled out the survey.

Good luck with this project!

Liliana Moldovan

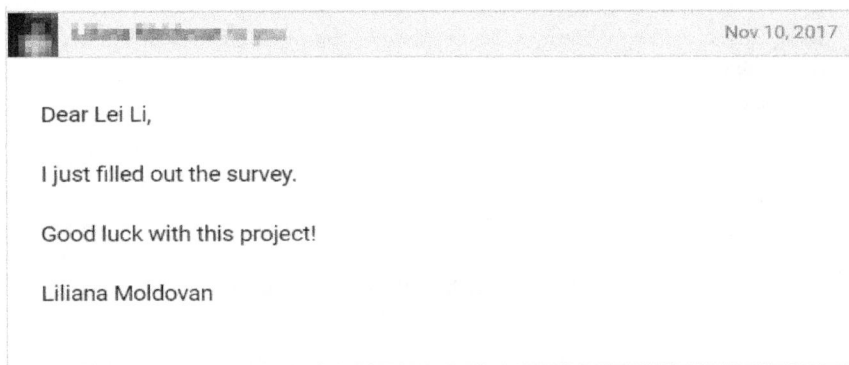

图 6.5　预调查收到的站内信回复 1

根据图 6.6 提出的意见，进行了相应的问卷修改。由于利用的是 Qualtrics 的中文版本，没有注意到问卷完成后的感谢是中文的，对此进行了修改。针对“grammar errors”，邀请了美国匹兹堡大学的两位在读博士生对此问卷进行了语言修改，修改了问卷中存在的一些时态和单复数问题。

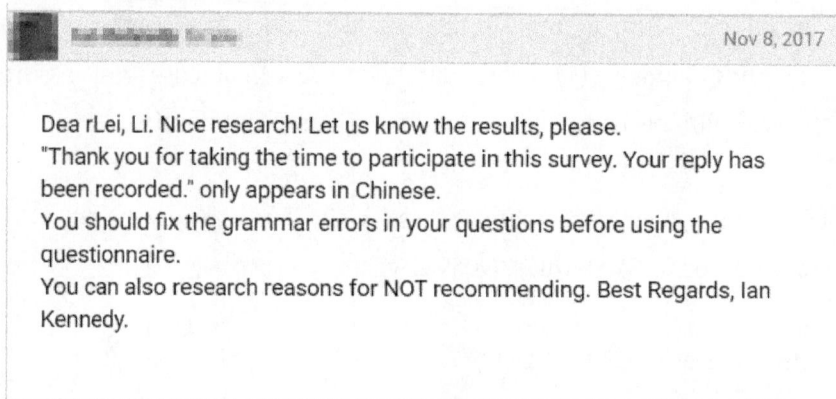

Nov 8, 2017

Dea rLei, Li. Nice research! Let us know the results, please.
"Thank you for taking the time to participate in this survey. Your reply has been recorded." only appears in Chinese.
You should fix the grammar errors in your questions before using the questionnaire.
You can also research reasons for NOT recommending. Best Regards, Ian Kennedy.

图 6.6　预调查收到的站内信回复 2

根据图 6.7 提出的意见，"high-quality" 这个描述较为抽象，对 ResearchGate Q&A 上的学者来说，其可能只是根据自身的喜好和满意度对某个答案进行了 "Recommend"，并没有将此 "Recommend" 行为与此答案是否为高质量关联起来。因此，对邮件内容和问卷开头中提到的 "high-quality" 进行了修改，将 "high-quality" 内容改为 "Recommend" 相关的内容。修改后的问卷见附录 A。

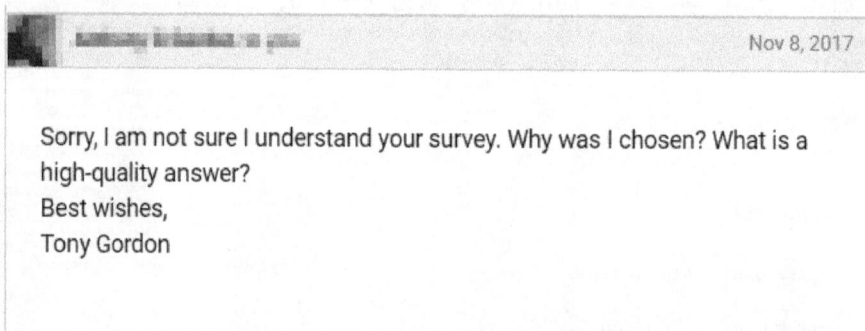

Nov 8, 2017

Sorry, I am not sure I understand your survey. Why was I chosen? What is a high-quality answer?
Best wishes,
Tony Gordon

图 6.7　预调查收到的站内信回复 3

发送站内信的邮件内容修改如图 6.8 所示。在邮件中笔者进行了自我介绍，表明了调查目的和问卷预期持续时间。同时保证问卷并不涉及个人隐私，并且获取的问卷数据将会是完全匿名和保密的，最后由被调查者自愿选择是否加入到该调查中并附上了问卷链接。

Dear Dr.,

I'm Lei Li, a Ph.D. student in Department of information science at Nanjing University of Science and Technology and University of Pittsburgh. Our research team tries to explore the characteristics of recommended answers in ResearchGate Q&A. We would like 10 minutes of your time to complete a survey about how important the reasons for recommending answers based on your preference because we notice you had the experience of recommending answer (s) in ResearchGate Q&A. Please rest assured that your responses will be completely anonymous and confidential.

If you're willing to participate, please visit the survey：https：//pitt. co1.qualtrics.com/jfe/form/SV_bknhb3N059zlkvr

Many thanks for your feedback.

Best,
Lei

图6.8　修改后的问卷发送时的邮件内容

6.3.3　正式调查

根据第一个研究阶段中探索 ResearchGate Q&A 上被用户推荐的高质量答案的客观特征获得的分析结果，同行评议的不同学科的高质量答案具有不同的特点，不同学科的学者可能会基于不同的原因"Recommend"高质量答案，因此，在正式调查中为了保证问卷数据的全面性和可对比性，并验证不同学科的学者是否会基于不同的原因"Recommend"答案，因此，此部分调查问卷沿袭第一个研究阶段中选择的代表性学科，将问卷发放给对图书馆信息服务^①、艺术史^②及天体物理学^③3个学科主题下的问题答案有过推荐的学者。

---

① https：//www.researchgate.net/topic/Library-Information-Services.
② https：//www.researchgate.net/topic/History-of-Art.
③ https：//www.researchgate.net/topic/Astrophysics.

沿用收集对图书馆信息服务领域下的答案有过推荐的学者 URL 的方式，首先获取每个领域下的问题 URL，接着获取对每个问题下答案进行了推荐的学者 URL。此部分进一步获取了对艺术史和天体物理学领域下的答案有过推荐的学者 URL。本着对每个学者只发送一次问卷的原则，需要对获取到的学者 URL 进行两次去重；另外，ResearchGate 上有每天发送站内信数量的限制，为了保证回收率，并且不浪费每天有限的发送数量，因此在实际发送站内信时，对各领域内学者进行了过滤。删除重复的学者 URL 数据和过滤学者 URL 数据包括以下 3 个步骤。

①同一领域内去重。由于存在同一个学者对同一个领域内的多个问题的答案点击"Recommend"的情况，因此，首先需要对同一个领域内的多个问题的答案都有过推荐的学者进行去重。

②不同领域内去重。另外，还存在同一个学者对不同领域内的多个问题的答案点击"Recommend"的情况，对此类学者只需要保留其在一个领域内的推荐即可。按照从图书馆信息服务，到艺术史，再到天体物理学领域的顺序依次发放问卷。因此，发放问卷给艺术史领域内的学者时，去重了已经在图书馆信息服务领域内发送过问卷的学者；发放问卷给天体物理学领域内的学者时，去重了已经在图书馆信息服务领域和艺术史领域内发送过问卷的学者。

③同一领域内过滤。近两年并没有在 ResearchGate 上有任何活动的学者（如上传论文、提问和回答等），为 ResearchGate 上的非活跃用户。此类学者在近期内登录 ResearchGate 的可能性较小，因此对此类学者不发送站内信。

在对 3 个学科主题下获取的数据进行上述处理过程中，各个阶段的数据量总结如表6.1 所示。

表6.1 问卷调查发放数量

学科领域	收集到的问题数/个	其答案有推荐人的问题数/个	推荐者总人数/人	同一领域内用户去重后用户人数/人	不同领域内用户去重后用户人数/人	同一领域内非活跃用户过滤后最终发放问卷人数/人
图书馆信息服务	129	75	478	381	—	338
艺术史	127	85	352	273	258	206
天体物理学	201	134	529	351	320	275

图书馆信息服务领域总共获取了 129 个问题，其中 75 个问题有推荐者，共获取了

478 个学者 URL，其中不重复的推荐者有 381 人。在实际发放问卷的过程中，去除非活跃用户，最终，在此领域下发放了 338 份问卷。

艺术史领域总共获取了 127 个问题，其中 85 个问题有推荐者，共获取了 352 个学者 URL，其中不重复的推荐者有 273 人，其中 15 人同时已在图书馆信息服务领域下发放过问卷，此 15 人不再重复发放。接着进行了非活跃学者过滤，最终，在此领域下发放人数为 206 人。

天体物理学领域总共获取了 201 个问题，其中 134 个问题有推荐者，共获取了 529 个学者 URL，其中不重复的推荐者有 351 人。除去在图书馆信息服务领域和艺术史领域已经发放过问卷的学者，以及过滤掉非活跃学者，最终，在此领域下发放人数为 275 人。

6.3.4 问卷回收与预处理

从 2017 年 11 月 15 日开始发放正式调查问卷，截至 2018 年 3 月 20 日共收到回复问卷 227 份，其中包括图书馆信息服务领域 91 份，艺术史领域 58 份，天体物理学领域 78 份。回复率为 27.7%，该回复率相较其他利用此方法发送调查问卷的研究工作回复率（回复率为 9% ~ 16%）较高[215-216]。

在收到的这 227 份问卷中，剔除了对 66 个评估标准问项均没有提供评分的 12 份问卷。剩下的 215 份问卷中还有 33 份存在个别缺值项，由于本问卷中包含的问项较多，收集不易，并且现有研究也提出不能简单地删除存在缺值的问卷数据，否则会影响整个问卷的质量。① 因此，保留了存在缺失值的 33 份问卷。同时，已有研究中指出，直接忽略缺失值会影响最终的分析结果。所以，采用了最常用的 EM 模型对缺失值进行了科学的填充处理[217]。对存在缺失值的问卷数据填充后的这 215 份问卷，将作为以下基本统计分析和构建指标体系使用的最终数据。

6.4 问卷调查数据基本统计分析结果

6.4.1 样本中被调查者的基本信息统计

首先可以通过每个被调查者的纬度和经度信息，将其定位到其所在的国家。本调查的参与者来自全世界多个国家，其中以欧洲、美国和印度居多，这与先前对 ResearchGate 上用户来自的国家统计结果一致[12]，因此可以说明本调查数据来源有广泛

---

① 这是因为存在缺失值的问卷中除了缺失的数据以外，其他数据仍旧是有效的，包含许多有用信息，将该问卷全部删除就等于损失了这部分信息。

的代表性。

表 6.2 呈现了各学科下被调查者的基本人口统计学特征,包括被调查者的年龄,性别及学术职位。在分析的这215份问卷中,55份(25.6%)来自艺术史学科,84份(39.1%)来自图书馆信息服务学科,76份(35.3%)来自天体物理学学科。在各个学科上,问卷数据量差距较小,具有可对比性。

表 6.2 3 个学科中被调查者基本人口统计学特征 单位:人

被调查者基本人口统计学特征		艺术史	图书馆信息服务	天体物理学	总计	总比例
年龄	18～24 岁	2	0	2	4	1.9%
	25～34 岁	8	21	15	44	20.5%
	35～44 岁	9	12	17	38	17.7%
	45～54 岁	12	23	14	49	22.8%
	55～64 岁	9	16	14	39	18.1%
	≥ 65 岁	12	7	10	29	13.5%
	不作答 Prefer not to answer	3	5	2	10	4.7%
	无 Null	0	0	2	2	0.9%
性别	女性 Female	13	27	4	44	20.5%
	男性 Male	39	53	66	158	73.5%
	不作答 Prefer not to answer	2	3	3	8	3.7%
	无 Null	1	1	3	5	2.3%
学术职位	管理员 Administrator	0	1	0	1	0.5%
	助理教授 Assistant professor	4	12	4	20	9.3%
	副教授 Associate professor	5	7	4	16	7.4
	硕士生 Master student	3	1	0	4	1.9%
	博士生 PhD student	7	10	9	26	12.1%
	博士后 Post-doctoral researcher	3	5	6	14	6.5%
	教授 Professor	10	8	8	26	12.1%
	荣誉教授 Professor emeritus	2	0	2	4	1.9%

续表

被调查者基本人口统计学特征		艺术史	图书馆信息服务	天体物理学	总计	总比例
学术职位	研究助理 Researcher associate / scientist	4	10	18	32	14.9%
	其他 Other	17	30	23	70	32.6%
	无（Null）	0	0	2	2	0.9%
总计		55	84	76	215	100.0%

被调查者的年龄大部分在 25 岁以上，其中有 44 人（20.5%）的年龄在 25 ~ 34 岁，38 人（17.7%）的年龄在 35 ~ 44 岁，49 人（22.8%）的年龄在 45 ~ 54 岁，39 人（18.1%）的年龄在 55 ~ 64 岁，29 人（13.5%）的年龄≥65 岁。各个年龄段的被调查者均有涉及。

被调查者的性别以男性居多，其中 158 人（73.5%）为男性，44 人（20.5%）为女性。此现象在天体物理学学科中表现最为明显，在 76 份来自天体物理学学科的回复问卷中，66 份来自男性学者，这是学科原因造成的男女比例的差异较大。

被调查者在各个学术职位上均有分布，其中除了"其他"之外，主要集中在有 32 个（14.9%）研究助理、26 个（12.1%）教授、26 个（12.1%）博士生、20 个（9.3%）助理教授，以及 16 个（7.4%）副教授等。在"其他"职位中，有些被调查者提供了其具体的职位，以退休的学者、独立学者（independent researcher）、图书管理员，以及进入工业界的学者居多，其标签云如图 6.9 所示。可以看出，除了普遍了解的各类学术职位的学者会活跃在 ResearchGate Q&A 上，一些其他职位的人员也会使用 ResearchGate Q&A 进行学术交流。

图 6.9　其他职业标签云

6.4.2 各评估标准条目的基本统计分析

首先，计算了 ResearchGate Q&A 学者对各个评估标准问项的重要性程度打分的中位数、平均值和标准差。表 6.3 展示了针对每个评估标准问项的基本统计分析结果，图 6.10 进一步列出了被调查者认为的较为重要（评分平均值 ≥ 7.0）的评估标准问项。可见，较为重要的评估标准条目分布在与答案内容相关的评估标准和与判别者相关的评估标准类别中。其中，属于与答案内容相关的评估标准类别包括答案是深入的、答案有很好的逻辑、答案以清晰的方式呈现、答案包含了一个清晰的观点、答案是学术性的、答案是彻底的、答案提供了事实或客观的信息，以及答案提供了足够的信息；属于与判别者相关的评估标准类别包括答案提出了一个很有趣的观点、答案是合理的、我相信这个答案，以及答案激发了我的思考。同时，也可知评估标准问项中存在 20 项较为不重要的评估标准条目，因为其重要性评分的平均值小于 5.5（打分范围的中值）。其中，平均值小于 3 的两个最为不重要的评估标准条目分别来自与回答者权威性相关的评估标准类别中的"这个回答者具有很高的 ResearchGate 分数"，以及与社会化媒体环境相关的评估标准类别中的"这个答案得到了很多的推荐"。

表 6.3　各评估标准问项基本统计分析结果

评估标准类别	评估标准	编号	问项	平均值	中位数	标准差
与答案内容相关的评估标准	Completeness 详细性	QID5	This answer is thorough 这个答案是彻底的	7.35	8.00	2.27
		QID4	This answer is in-depth 这个答案是深入的	7.7	8.00	2.18
		QID25	This answer provides enough information 该答案提供了足够的信息	7.13	7.00	2.28
		QID38	This answer addresses all parts of the question 这个答案回答了问题的所有部分	5.82	6.00	2.74
		QID16	This answer has sufficient detail 这个答案有足够的细节	6.98	7.00	2.32
		QID43	This answer contains up-to-date information 此答案包含最新的信息	6.53	7.00	2.77

续表

评估标准类别	评估标准	编号	问项	平均值	中位数	标准差
与答案内容相关的评估标准	Accuracy 准确性	QID3	This answer is correct 这个答案是正确的	8.18	9.00	2.33
		QID47	This answer provides factual or objective information 这个答案提供了事实或客观的信息	7.34	8.00	2.37
		QID56	This answer is free of spelling and grammatical errors 这个答案没有拼写和语法错误	5.10	5.00	3.05
		QID8	This answer is logical 这个答案有很好的逻辑	7.61	8.00	2.28
		QID29	This answer is internally consistent 这个答案在文中是一致的	6.84	7.00	2.49
	Verifiability 可验证性	QID59	This answer is supported by other answerers 其他回答者在其答案中支持这个答案	4.74	5.00	3.22
		QID63	This answer is supported by external resources, such as links or references 这个答案被外部资源（如链接或引用）支持	6.42	7.00	2.84
		QID57	This answer is supported by the views of other scholars 这个答案得到其他学者的支持	5.26	5.00	2.96
		QID31	This answer based on fundamental theories 这个答案基于基础理论	5.90	6.00	3.07
		QID48	This answer is supported by examples and experience 这个答案获得范例和经验的支持	6.90	8.00	2.72
		QID23	This answer provides corroboration 这个答案提供了佐证	5.87	6.00	2.85
	Comprehensiveness 全面性	QID35	This answer does not have missing information 这个答案中的信息没有丢失	6.59	7.00	2.59

续表

评估标准类别	评估标准	编号	问项	平均值	中位数	标准差
与答案内容相关的评估标准	Comprehensiveness 全面性	QID21	This answer has sufficient breadth 这个答案具有足够的广度	6.39	7.00	2.46
		QID27	This answer covers a wide range of facts 这个答案涵盖了广泛的事实	5.52	6.00	2.99
	Providing opinions 提供意见	QID58	The views in this answer are expressed impartially 这个答案中的观点是以公正的方式表达的	6.53	7.00	2.6
		QID32	This answer contains a clear point of view 这个答案包含了一个清晰的观点	7.50	8.00	2.22
	Clarity 清晰性	QID41	This answer is presented in a readable manner 这个答案以可读的方式呈现	6.96	7.32	2.47
		QID33	This answer is presented in a clear manner 这个答案以清晰的方式呈现	7.55	8.00	2.19
		QID15	This answer is well-organized 这个答案组织良好	6.66	7.00	2.58
		QID18	This answer exhibits a good writing style 这个答案有很好的写作风格	5.28	6.00	2.94
		QID11	This answer is not repetitive 这个答案不重复	6.32	7.00	2.9
	Profession 专业性	QID49	This answer is written at a standard academic level 这个答案是在标准的学术水平上写的	6.22	7.00	2.97
		QID6	This answer is scholarly 这个答案是学术性的	7.42	8.00	2.47
		QID13	This answer is scientific 这个答案是科学的	6.35	7.00	2.9
		QID36	This answer is not copied from other sources 这个答案不是从其他来源复制的	6.25	7.00	3.03

评估标准类别	评估标准	编号	问项	平均值	中位数	标准差
与回答者权威性相关的评估标准	Answerer's scholarship 回答者的学术权威性	QID53	This answerer is affiliated with a prestigious institution 这位回答者隶属于一个著名的研究机构	3.49	3.00	3.14
		QID46	This answerer has publications in the subject area 这个回答者在该主题领域有出版物	5.29	5.21	3.25
		QID42	This answerer has a background in the subject area 这个回答者在该主题领域有研究背景	6.63	7.00	2.88
		QID14	This answerer has a high ResearchGate score 这个回答者具有很高的 ResearchGate 分数	2.93	2.00	3.07
		QID61	This answerer has a high academic qualification or professional title 该回答者具有较高的学术职称	4.31	4.05	3.32
		QID44	This answer is written by a famous researcher 这个答案是由一位著名的研究人员撰写的	4.04	4.00	3.26
		QID28	This answer is written by an expert with a high h-index 这个答案是由有着高 h 指数专家写的	6.05	7.00	3.17
		QID66	This answer is written by a known researcher whose work I have followed, cited, or read 这个答案是由我所关注的一位已知的研究人员撰写的，或者我引用过他 / 她的论文，或者阅读过他 / 她的论文	4.33	4.49	3.4
		QID22	This answerer has a high impact factor 这个回答者发表的论文有很高的影响因子	3.79	4.00	3.28
	Answerer's authority 回答者的回答权威性	QID64	This answerer's answers have been recommended 这个答案是由提供的答案有过被选为推荐的高质量答案的回答者所撰写的	3.59	3.28	3.22

评估标准类别	评估标准	编号	问项	平均值	中位数	标准差
与回答者权威性相关的评估标准	Answerer's authority 回答者的回答权威性	QID40	This answer is written by a professional 这个答案是由专业人士撰写的	5.64	6.00	3.4
		QID62	This answerer has contributed many answers 这个答案是由提供过很多答案的回答者撰写的	3.83	4.00	3.24
与判别者相关的评估标准	Novelty 新颖性	QID12	This answer is novel to me 这个答案对我来说是新奇的	5.85	6.00	3.01
		QID34	This answer makes a very interesting point 这个答案提出了一个很有趣的观点	7.67	8.00	2.26
		QID7	This answer is attractive 这个答案很有吸引力	5.33	5.88	3.06
		QID50	The resources provided in the answer are novel to me 答案中提供的资源对我来说是新颖的	5.71	6.00	2.97
	Understandability 可理解性	QID19	This answer is easy to understand 这个答案很容易理解	6.76	7.04	2.68
	Value-added 增值性	QID20	This answer stimulates my thinking 这个答案激发了我的思考	7.48	8.00	2.48
		QID55	The resources provided in this answer are valuable to me 答案中提供的资源对我很有价值	6.33	7.00	2.81
	Feasibility 可行性	QID30	The solutions provided in this answer can be used to solve the problems I encountered in my research 这个答案对我的研究是可行的	5.02	5.00	3.06
		QID51	The solutions provided in this answer are effective 这个答案中提供的解决方案是有效的	6.31	7.00	2.76
	Relevance 相关性	QID10	This answer is useful to me 这个答案对我很有用	6.60	7.00	2.92
		QID24	This answer is relevant to my research 这个答案与我的研究有关	5.92	6.00	3.05

续表

评估标准类别	评估标准	编号	问项	平均值	中位数	标准差
与判别者相关的评估标准	Relevance 相关性	QID39	This answer provides enough information for me 这个答案为我提供了足够的信息	6.62	7.00	2.66
	Quickness 快速性	QID26	This answer is given promptly 这个答案是及时的	5.27	5.00	3.1
	Credibility 可信性	QID1	I believe this answer 我相信这个答案	7.52	8.00	2.81
		QID45	I agree with the information within this answer 我同意此答案中的信息	6.78	7.11	2.75
		QID54	I know this answerer and his/her answers are always good 我知道这个回答者，并且他 / 她的答案总是很好的	4.29	4.49	3.25
		QID9	This answer is reasonable 这个答案是合理的	7.65	8.00	2.08
与社会化媒体环境相关的评估标准		QID17	This answer has received many upvotes 这个答案得到了很多的推荐	2.85	2.00	3.01
		QID2	This answer is polite 这个答案很有礼貌	5.79	6.46	3.29
		QID65	This answer contains emotional expression, such as gratitude, appreciation, support, comfort, and empathy 这个答案包含情感表达，如感激、欣赏、支持、舒适和同情	3.51	3.00	3.02
		QID52	I feel this answerer puts great effort into answering 我觉得这个回答者付出了很大的努力来回答	6.16	7.00	2.87
		QID37	I like the positive attitude of this answerer 我喜欢这位回答者的积极态度	5.89	6.00	3.09
		QID60	This answer contains the answerer's contact information 该答案包括回答者的联系信息	3.88	4.00	3.41

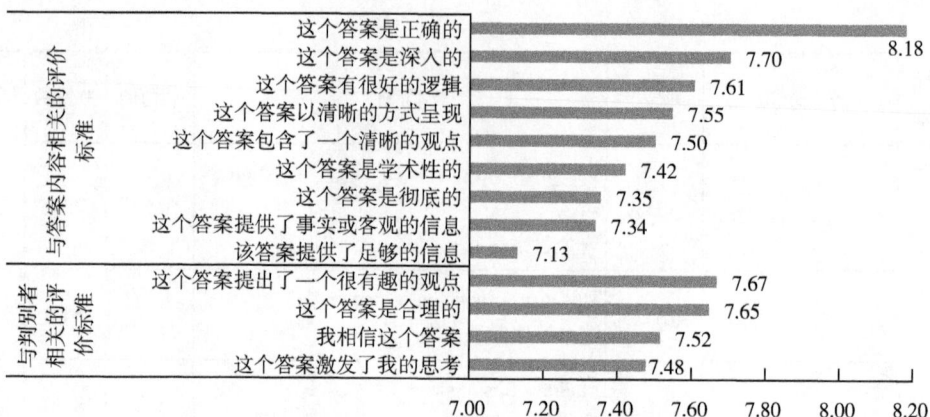

图 6.10　被调查者认为较为重要的评估标准问项条目

　　进一步按照上一章中的第 5.6.2 节构建评估标准问项时提出的各个问项所属的评估标准，对各个评估标准的重要性程度进行了基本统计分析，并进一步进行了正态分布检验，为以下进行差异性分析选择合适的方差分析方法做准备。通过计算每个评估标准问项评分的偏度、峰度和相应的 Z 值，即偏度 Z 值和峰度 Z 值，以及进行 Shapiro-Wilk 检验，来确定分布的正态性。Shapiro-Wilk 检验是适用于小样本资料（SPSS 规定样本量 ≤ 5000 份）的正态分布检验方法。对各个评估标准重要性程度打分的基本统计分析结果如表 6.4 所示。从表 6.4 可知，重要性排序前 3 位的评估标准分别为提供意见（$M=7.02$）、准确性（$M=7.01$）和详细性（$M=6.92$），均来自于与答案内容相关的评估标准类别中。重要性排序后 3 位的评估标准分别为回答者在平台上的权威性（$M=4.35$）、回答者的学术权威性（$M=4.54$）和社会化媒体环境（$M=4.68$）。表 6.5 展示了各个评估标准有关正态分布检测的结果。若偏度和峰度的 Z 值在 $-1.96 \sim 1.96$，则可认为数据服从正态分布[218]。从表 6.5 可见，有部分评估标准问项不符合对 Z 值的要求，另外大部分评估标准问项的 Shapiro-Wilk 检验 P 值小于 0.05，说明大部分评估标准问项的评分分布不符合正态分布。

表 6.4　各评估标准重要性程度统计分析结果

评估标准类别	评估标准	平均值	中位数	标准差
与答案内容相关的评估标准	提供意见	7.02	7.50	2.05
	准确性	7.01	7.20	1.71
	详细性	6.92	7.13	1.73
	专业性	6.56	6.75	2.06

续表

评估标准类别	评估标准	平均值	中位数	标准差
与答案内容相关的评估标准	清楚性	6.55	6.80	1.94
	全面性	6.17	6.33	2.10
	可验证	5.85	6.00	2.15
与判别者相关的评估标准	增值性	6.90	7.50	2.31
	可理解性	6.75	7.00	2.67
	可信性	6.56	6.79	1.88
	相关性	6.38	6.67	2.41
	新颖性	6.14	6.25	2.11
	可行性	5.66	6.00	2.51
	快速性	5.27	5.00	3.10
与社会化媒体环境相关的评估标准	社会化媒体环境	4.68	4.67	2.23
与回答者权威性相关的评估标准	回答者的学术权威性	4.54	4.67	2.47
	回答者在平台上的权威性	4.35	4.00	2.80

表 6.5 各评估标准正态分布检测结果

评估标准类别	评估标准	偏度			峰度			Shapiro-Wilk 检验	
		偏度值	标准误差	Z 值	峰度值	标准误差	Z 值	统计值	P 值
与答案内容相关的评估标准	提供意见	−0.93	0.17	5.61	0.87	0.33	2.63	0.94	0.00
	准确性	−0.70	0.17	4.24	0.89	0.33	2.70	0.97	0.00
	详细性	−0.78	0.17	4.69	1.18	0.33	3.57	0.96	0.00
	专业性	−0.47	0.17	2.86	−0.24	0.33	0.73	0.97	0.00
	清楚性	−0.53	0.17	3.20	0.23	0.33	0.70	0.98	0.00
	全面性	−0.14	0.17	0.84	−0.60	0.33	1.83	0.98	0.01
	可验证	−0.25	0.17	1.52	−0.56	0.33	1.71	0.98	0.02

续表

评估标准类别	评估标准	偏度			峰度			Shapiro-Wilk 检验	
		偏度值	标准误差	Z 值	峰度值	标准误差	Z 值	统计值	P 值
与判别者相关的评估标准	增值性	−1.02	0.17	6.14	0.96	0.33	2.90	0.92	0.00
	可理解性	−0.90	0.17	5.40	0.13	0.33	0.38	0.90	0.00
	可信性	−0.71	0.17	4.31	0.47	0.33	1.43	0.97	0.00
	相关性	−0.66	0.17	4.01	−0.14	0.33	0.42	0.95	0.00
	新颖性	−0.44	0.17	2.64	0.12	0.33	0.36	0.98	0.00
	可行性	−0.35	0.17	2.10	−0.43	0.33	1.29	0.97	0.00
	快速性	−0.24	0.17	1.46	−1.02	0.33	3.09	0.94	0.00
与社会化媒体环境相关的评估标准	社会化媒体环境	0.05	0.17	0.29	−0.70	0.33	2.13	0.99	0.06
与回答者权威性相关的评估标准	回答者的学术权威性	0.04	0.17	0.25	−0.89	0.33	2.70	0.98	0.00
	回答者在平台上的权威性	0.16	0.17	0.97	−0.90	0.33	2.71	0.96	0.00

6.4.3　差异性检验

本部分将通过利用多种统计分析方法，来探索 ResearchGate Q&A 用户的人口特征（性别、年龄、当前的学术职位）、学科、问题类型，以及这些因素的组合对各个质量评估标准重要性评分的影响。

由于大部分评估标准的评分不符合正态分布，因此采用了非参数检验下的中位数检验来探索各个因素的影响。这种分差分析方法是基于数据序列的中位数而设计的一种差异性的检验，相比于其他非参数检验方法可以更为直观地展示本部分研究需要比对的重要性评分的差异性。接着，多因素方差分析方法用于进一步探索各种因素的组合是否对各个评估标准重要性打分有显著性影响。由于多因素方差分析对于偏离正态分布有一定的抗性，对不满足正态分布的情况并不敏感，况且通过对不符合正态分布的评估标准重要性打分的 Q-Q plot 的观察可见，偏离程度并不严重，而且非正态分布实质上并不影响犯Ⅰ型错误的概率。另外，由于本部分研究探索的这些因素并不存在主因素，因此不适合使用其他类似的分析方法，如协方差分析方法。

（1）性别 vs. 质量评估标准重要性

此节利用中位数检验对比了不同性别的学者对各个质量评估标准重要性的评价是否存在显著性差异。表 6.6 显示了男性和女性对各个评估标准评分的中位数和中位数检验的 P 值，可见男性和女性对各个评估标准的重要性评分均不存在显著性差异。具体的男性与女性分别对每个评估标准评分的基本统计分析结果和方差分析结果见附录 B 中的附表 B.1。

但是，在男女分别评价出的对所有评估标准的重要性得分之间存在显著差异。从表6.6 中可见，女性学者认为的重要性评分排序前三的评估标准分别为提供意见、准确性，以及详细性、可理解性和增值性（并列第 3 位）。其中，提供意见、准确性、详细性和增值性与其认为的重要性较低的评估标准（即回答者的学术权威性、回答者在平台上的权威性和社会化媒体环境）两两之间均存在显著性差异。男性学者认为的较为重要的评估标准为增值性、可理解性和提供意见。其认为的重要性较低的评估标准也为回答者的学术权威性、回答者在平台上的权威性和社会化媒体环境。这些较重要的评估标准与被认为较不重要的评估标准之间也存在显著性差异。

表 6.6　不同性别学者对各个评估标准重要性评分的中位数值对比

评估标准类别	评估标准	男性	女性	P 值
与答案内容相关的评估标准	提供意见	3rd 7.750	1st 7.500	0.423
	详细性	7.191	3rd 7.000	0.783
	准确性	7.500	2nd 7.200	0.282
	专业性	6.750	6.750	0.982
	清楚性	6.920	6.787	0.537
	全面性	6.834	6.000	0.267
	可验证	6.500	6.000	0.354
与判别者相关的评估标准	增值性	1st 8.000	3rd 7.000	0.146
	可理解性	1st 8.000	3rd 7.000	0.394

续表

评估标准类别	评估标准	男性	女性	P 值
与判别者相关的评估标准	相关性	7.500	6.667	0.233
	可信性	7.125	6.767	0.609
	新颖性	6.468	6.250	0.609
	可行性	6.500	6.000	0.250
	快速性	5.988	5.000	0.609
与回答者权威性相关的评估标准	回答者的学术权威性	5.000	4.556	0.463
	回答者在平台上的权威性	4.111	4.253	0.865
与社会化媒体环境相关的评估标准	社会化媒体环境	4.834	4.695	0.865
P 值		0.000	0.000	—

(2) 年龄 vs. 质量评估标准重要性

本部分接着使用中位数检验方差分析方法探索不同年龄学者在对学术型社会化问答平台上答案质量评估标准的重要性方面是否存在显著性差异。由于年龄范围在 18～24 岁的被调查者人数较少，没有将该年龄段的被调查者纳入分析中。另外，由于不清楚"prefer not to answer"下的被调查者的年龄，因此该类别下的被调查者也没有纳入分析中。

表 6.7 对比了各个年龄段学者对各个评估标准重要性程度打分的中位数值，以及中位数检验的 P 值，可见 5 个年龄段学者对各个评估标准的重要性打分均不存在显著性差异。另外，表 6.7 高亮了每个年龄段学者认为的重要性评分排序前三的评估标准，从中可见年龄段在 25～34 岁和 45～54 岁的学者认为可理解性的重要性最高；年龄段在 35～44 岁和 55～64 岁的学者认为提供意见的重要性最高；年龄段在 45～54 岁和年龄 ≥ 65 岁的学者认为增值性的重要性最高。同时，各个年龄段认为的较为不重要的评估标准均为回答者的学术权威性、回答者在平台上的权威性和社会化媒体环境。具体的不同年龄段用户对各个评估标准重要性评分的基本统计分析结果和方差分析结果见附录 B 中的附表 B.2。

表 6.7　不同年龄段学者对各个评估标准重要性评分的中位数值对比

评估标准类别	评估标准	25～34岁	35～44岁	45～54岁	55～64岁	≥65岁	P值
与答案内容相关的评估标准	提供意见	7.000	1st 7.492	3rd 7.500	1st 7.500	2nd 7.500	0.878
	详细性	3rd 7.250	2nd 7.084	7.333	6.667	7.000	0.712
	准确性	2nd 7.400	6.600	7.200	2nd 7.200	3rd 7.275	0.911
	专业性	6.625	6.876	7.162	6.250	6.911	0.824
	清楚性	6.800	6.300	6.800	6.600	6.774	0.832
	全面性	6.000	5.667	6.333	6.333	6.441	0.862
	可验证	5.667	5.917	6.500	6.000	6.167	0.495
与判别者相关的评估标准	增值性	6.500	3rd 7.000	1st 8.000	7.000	1st 8.000	0.094
	可理解性	1st 8.000	3rd 7.000	1st 8.000	7.000	7.044	0.864
	相关性	6.667	6.714	7.000	6.000	7.125	0.347
	可信性	3rd 7.250	6.250	7.000	3rd 7.019	6.784	0.180
	新颖性	5.717	6.290	6.750	6.500	6.250	0.847
	可行性	6.250	6.000	6.500	5.000	5.500	0.844
	快速性	5.913	5.988	5.191	5.000	5.000	0.777
与回答者权威性相关的评估标准	回答者的学术权威性	4.667	4.056	5.000	4.336	4.556	0.908
	回答者在平台上的权威性	4.834	3.834	4.000	4.000	4.333	0.850
与社会化媒体环境相关的评估标准	社会化媒体环境	4.804	4.667	5.000	4.723	3.833	0.862
P值		0.000	0.000	0.000	0.000	0.000	—

再者，各个年龄段的学者与所有评估标准重要性打分之间均存在显著性差异。其中，年龄段在 25～34 岁的学者认为的较为重要的评估标准中的准确性和详细性与其认为的

排序较为不重要的 3 个评估标准两两之间均存在显著性差异；年龄段在 35 ~ 44 岁的学者认为的较为重要的评估标准中的详细性与其认为的排序较为不重要的 3 个评估标准两两之间均存在显著性差异；年龄段在 45 ~ 54 岁的学者认为的较为重要的评估标准中的增值性、提供意见和详细性与其认为的较为不重要的 3 个评估标准两两之间均存在显著性差异；年龄段在 55 ~ 64 岁的学者认为的较为重要的评估标准中的提供意见与其认为的排序较为不重要的 3 个评估标准两两之间均存在显著性差异；年龄 ≥ 65 岁的学者认为的较为重要的评估标准中的增值性与其认为的排序较为不重要的 3 个评估标准两两之间也均存在显著性差异。

（3）学术职位 vs. 质量评估标准重要性

接下来，接着使用中位数检验方差分析方法探索拥有不同学术职位的学者对学术型社会化问答平台上答案质量评估标准的重要性方面是否存在显著性差异。学术职位问项中的管理者并没有纳入分析中，由于此类职位上的被调查者不属于科研工作者。另外，由于有些学术职位上的被调查者数量较少，因此学术职位类型被进一步归并为 3 类，包括学生研究者、非终身职位研究者和终身职位研究者。其中，学生研究者包括硕士研究生和博士研究生，非终身职位研究者包括博士后、研究助理和助理教授，终身职位研究者包括副教授、教授和荣誉教授。另外，对选择其他职位的被调查者也没有纳入分析中。因为这些其他职位不具有等级区分的学术职位，对其进行对比分析的意义较小，因此在此部分分析中将此类排除在外。

如图 6.11 所示，不同学术职位的学者对各个评估标准的重要性打分上只在对可信性的打分上存在显著性差异。表 6.8 展示了不同学术职位学者对可信性打分的对比，进一步通过学术职位的两两比较发现学生研究者和非终身职位研究者之间存在显著性差异，学生研究者认为可信性的重要性显著高于非终身职位研究者对此标准的重要性评分（$P=0.016$）。具体的不同学术职位用户对各个评估标准重要性评分的基本统计分析结果和方差分析结果见附录 B 中的附表 B.3。

另外，从表 6.8 中可见，对学生研究者来说最为重要的两个评估标准——提供意见和可理解性，分别是终身职位研究者和非终身职位研究者认为的最为重要的评估标准。同样的，进一步对每个学术职位的学者对各个评估标准重要性打分进行了两两对比。学生研究者评价出的较为重要的评估标准中的提供意见、可理解性和增值性与其认为的排序最后的 3 个较为不重要的评估标准（也为回答者的学术权威性、回答者在平台上的权威性和社会化媒体环境）两两之间存在显著性差异；非终身职位研究者评价出的重要性评分排序前三的所有评估标准（即为非终身职位研究者列中所有高亮的评估标准）与其认为较为不重要的评估标准中的回答者的学术权威性、回答者在平台上的权威性和社会化媒体环境两两之间存在显著性差异；终身职位研究者评价出的重要性评分排序前三的评估标准与排序最后的 3 个较为不重要的评估标准两两之间存在显著性差异。

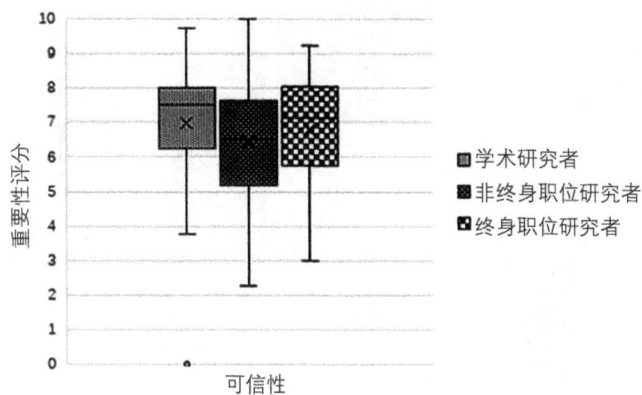

图 6.11　不同学术职位的研究者对可信性重要性评分的对比

表 6.8　不同学术职位学者对各个评估标准重要性评分的中位数值对比

评估标准类别	评估标准	学生研究者	非终身职位研究者	终身职位研究者	P 值
与答案内容相关的评估标准	提供意见	1st 8.000	3rd 7.000	1st 7.750	0.125
	详细性	7.084	2nd 7.167	7.214	0.941
	准确性	7.467	6.924	7.373	0.211
	专业性	6.812	6.750	2nd 7.500	0.237
	清楚性	6.800	6.531	7.360	0.488
	全面性	6.834	6.183	6.333	0.596
	可验证	6.250	6.000	6.000	0.909

评估标准类别	评估标准	学生研究者	非终身职位研究者	终身职位研究者	P 值
与判别者相关的评估标准	增值性	3rd 7.950	3rd 7.000	2nd 7.500	0.176
	可理解性	1st 8.000	1st 7.260	7.000	0.797
	相关性	7.500	3rd 7.000	6.667	0.352
	可信性 *	7.500	6.500	7.125	0.020
	新颖性	6.625	6.468	6.211	0.932
	可行性	6.742	6.500	6.000	0.154
	快速性	7.000	5.000	5.565	0.212
与回答者权威性相关的评估标准	回答者的学术权威性	4.889	5.000	4.834	0.887
	回答者在平台上的权威性	5.167	4.298	4.000	0.644
与社会化媒体环境相关的评估标准	社会化媒体环境	5.250	4.754	5.084	0.653
P 值		0.000	0.000	0.000	—

注：*，$P<0.05$。

(4) 学科 vs. 质量评估标准重要性

利用中位数检验方法，本部分比较对来自不同学科的答案进行质量评估时，对各个质量评估标准重要性的评分的差异。如表 6.9 所示，对相关性（$P=0.003$）和详细性（$P=0.032$）的重要性评分，在 3 个学科之间存在显著性差异。图 6.12 的箱线图展示了这两个存在显著差异的评估标准在对这 3 个学科答案质量评估时的重要性程度打分上的四分位数、平均数、范围和异常值。进一步通过分别对两两学科在这两个存在显著性差异的评估标准重要性打分对比，发现相关性对图书馆信息服务学科答案质量评估的重要性（$M=7.667$）显著高于艺术史（$M=6.000$，$P=0.018$）和天体物理学学科（$M=6.470$，$sig.=0.001$）；对详细性的评价上，对图书馆信息服务学科答案的重要性（$M=7.333$）显著高于艺术史学科（$M=6.500$，$P=0.05$）。具体的对不同学科答案质量评估时用户对各个评估标准重要性评分的基本统计分析结果和方差分析结果见附录 B 中的附表 B.4。

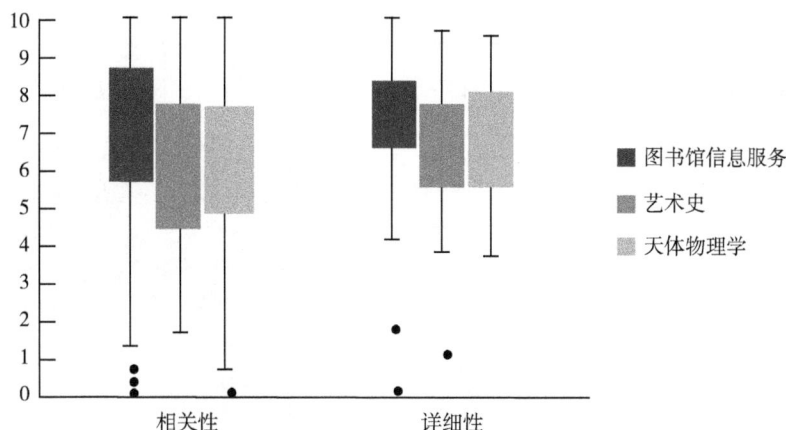

图 6.12 评价不同学科答案时存在显著性差异的评估标准重要性评分对比

表 6.9 还展示了这 3 个学科均在所有评估标准重要性评分上存在显著性差异。表中高亮的单元格为对各个学科重要性排名前三的评估标准。对图书馆信息服务学科和艺术史学科答案质量评估时，最重要的评估标准为答案是否提供意见，而对天体物理学来说为准确性。各个学科的学者评出的 3 个最不重要的评估标准均为回答者在平台上的权威性、回答者的学术权威性和社会化媒体环境。这 3 个最不重要的评估标准在对各个学科的评估中均与该学科重要性排序前三的评估标准存在重要性评分的显著差异。

表 6.9 评价不同学科答案时对各个评估标准重要性评分的中位数值对比

评估标准类别	评估标准	图书馆信息服务	艺术史	天体物理学	P 值
与答案内容相关的评估标准	提供意见	1st 8.000	1st 7.500	2nd 7.000	0.132
	详细性 *	7.333	6.500	2nd 7.000	0.032
	准确性	7.237	3rd 6.800	1st 7.100	0.878
	专业性	7.081	6.750	6.250	0.536
	清楚性	7.000	6.600	6.600	0.261
	全面性	6.550	6.333	5.667	0.417
	可验证	6.584	6.000	6.000	0.241

续表

评估标准类别	评估标准	图书馆信息服务	艺术史	天体物理学	P 值
与判别者相关的评估标准	增值性	3rd 7.500	2nd 7.000	2nd 7.000	0.170
	可理解性	1st 8.000	2nd 7.000	2nd 7.000	0.498
	相关性 **	2nd 7.667	6.000	6.470	0.003
	可信性	7.000	6.750	3rd 6.767	0.491
	新颖性	6.468	6.250	6.000	0.726
	可行性	6.500	5.500	5.945	0.295
	快速性	5.509	5.129	5.000	0.873
与回答者权威性相关的评估标准	回答者的学术权威性	5.111	4.667	4.333	0.347
	回答者在平台上的权威性	4.667	3.667	4.000	0.402
与社会化媒体环境相关的评估标准	社会化媒体环境	5.125	4.667	4.167	0.159
P 值		0.000	0.000	0.000	—

注：**，$P<0.01$；*，$P<0.05$。

(5) 问题类型 vs. 质量评估标准重要性

本部分对不同类型问题的答案，即对信息寻求型学术问题的答案和讨论寻求型学术问题的答案进行质量评估时，学者认为的各评估标准的重要性是否存在差异性进行探索。表 6.10 对比了对两种问题类型的答案进行质量评估时 ResearchGate Q&A 用户对各个评估标准重要性打分的中位数值。通过中位数检验发现在两个问题类型之间，每个标准的重要性评分不存在显著性差异。对信息寻求型问题和讨论寻求型问题的答案进行评估时，对各个评估标准重要性评分的基本统计分析结果和方差分析结果见附录 B 中的附表 B.5。

另外，从表 6.10 可以看到对信息寻求型问题的答案进行质量评估时重要性评分排名前三的评估标准分别为提供意见、准确性和详细性，而对讨论寻求型问题来说分别为可理解性、增值性和提供意见。对这两个类别问题的答案质量评估 3 个排序最为不重要的评估标准均为回答者在平台上的权威性、回答者的学术权威性和社会化媒体环境。这些较为不重要的标准分别与所在问题类别排名前三的重要评估标准在重要性评分上存在显著性差异。

表 6.10 评价不同问题类型的答案时对各个标准重要性评分的中位数值对比

评估标准类别	评估标准	信息寻求型问题	讨论寻求型问题	P 值
与答案内容相关的评估标准	提供意见	1st 7.500	2nd 7.500	0.763
	详细性	3rd 7.167	7.000	0.730
	准确性	2nd 7.400	7.000	0.197
	专业性	7.000	6.750	0.780
	清楚性	6.800	6.800	0.948
	全面性	6.333	6.333	0.731
	可验证	6.167	5.833	0.254
与判别者相关的评估标准	增值性	7.000	2nd 7.500	0.964
	可理解性	7.000	1st 8.000	0.402
	相关性	7.000	6.667	0.576
	可信性	7.000	6.750	0.697
	新颖性	6.250	6.436	0.780
	可行性	6.500	5.500	0.085
	快速性	6.000	5.000	0.264
与回答者权威性相关的评估标准	回答者的学术权威性	4.667	4.548	1.000
	回答者在平台上的权威性	4.262	4.000	0.576
与社会化媒体环境相关的评估标准	社会化媒体环境	4.822	4.667	0.576
P 值		0.000	0.000	—

（6）因素组合 vs. 质量评估标准重要性

表 6.11 展示了对各个评估标准重要性打分有显著性影响的因素组合，并且通过进一步的简单效应检验，探索了多个因素的交互效应。如果组合中包括 2 个因素，就将其中一个影响因素固定在某一个特定的水平上，考察另一个因素对因变量的影响；如果组合中包括 3 个因素，就把 2 个因素固定在各自的某一个水平上，考察第 3 个因素对因变量的影响。

表 6.11　对各个评估标准重要性程度打分有显著影响的因素组合

评估标准类别	评估标准	显著组合因素	F 值	P 值
与答案内容相关的评估标准	提供意见 *	问题类型 + 学术职位	3.654	0.016
	详细性	无	—	—
	准确性 *	学术职位 + 学科	2.408	0.034
	专业性 *	问题类型 + 学术职位	2.852	0.042
	清楚性 *	问题类型 + 学术职位	3.374	0.022
	全面性	无	—	—
	可验证 *	问题类型 + 年龄 + 学科	2.902	0.027
		问题类型 + 学术职位 + 学科	5.395	0.006
与判别者相关的评估标准	增值性	无	—	—
	可理解性	无	—	—
	相关性 **	问题类型 + 学术职位 + 学科	5.404	0.006
	可信性	无	—	—
	新颖性	无	—	—
	可行性 *	问题类型 + 年龄 + 学术职位	2.620	0.041
		问题类型 + 学术职位 + 学科	4.093	0.020
	快速性 *	无	—	—
与回答者权威性相关的评估标准	回答者的学术权威性 *	学术职位 + 学科	3.001	0.011
		问题类型 + 年龄 + 学科	2.716	0.035
		问题类型 + 学术职位 + 学科	4.812	0.011
	回答者在平台上的权威性 *	学术职位 + 学科	2.347	0.038

续表

评估标准类别	评估标准	显著组合因素	F 值	P 值
与社会化媒体环境相关的评估标准	社会化媒体环境	无	—	—

注释：**，$P<0.01$；*，$P<0.05$。

在与答案内容相关的评估标准类别中，对清楚性评价来说，在对信息寻求型问题的答案质量进行评估时，终身职位研究者认为清楚性重要性显著高于学生研究者（$M=7.772$ vs. $M=5.920$，$P=0.048$），对可验证性评价来说，年龄 ≥ 65 岁的学者和终身职位研究者认为，可验证性的重要性程度对图书馆信息服务学科中信息寻求型问题的答案质量评估显著高于对讨论寻求型问题的答案质量评估（$M=8.583$ vs. $M=5.139$，$P=0.047$；$M=8.142$ vs. $M=5.209$，$P=0.011$）；非终身职位研究者认为，可验证性的重要性程度对艺术史学科中的信息寻求型问题的答案质量评估显著高于对讨论寻求型问题的答案质量评估（$M=7.806$ vs. $M=5.146$，$P=0.036$）；终身职位研究者认为可验证性的重要性程度对图书馆信息服务领域和艺术史领域的信息寻求型问题的答案质量评估显著高于对天体物理学领域的信息寻求型问题的答案质量评估（$M=8.142$ vs. $M=4.035$，$P=0.003$；$M=7.383$ vs. $M=4.035$，$P=0.020$）。

在与判别者相关的评估标准类别中，对可行性评价来说，55 ～ 64 岁的非终身职位研究者认为可行性的重要性程度对信息寻求型问题的答案质量评估显著高于对讨论寻求型问题的答案质量评估（$M=7.101$ vs. $M=2.125$，$P=0.012$）；非终身职位研究者认为可行性的重要性程度对艺术史学科中的信息寻求型问题的答案质量评估显著高于对讨论寻求型问题的答案质量评估（$M=7.833$ vs. $M=4.187$，$P=0.017$）；终身职位研究者认为可行性的重要性程度对图书馆信息服务学科中的信息寻求型问题的答案质量评估显著高于对讨论寻求型问题的答案质量评估（$M=7.850$ vs. $M=4.561$，$P=0.017$）。对相关性评价来说，在对图书馆信息服务学科下的讨论寻求型问题的答案质量评估时，学生研究者认为相关性重要性显著高于终身职位研究者（$M=8.417$ vs. $M=4.759$，$P=0.048$）。

在与回答者权威性相关的评估标准类别中，终身职位研究者认为对图书馆信息服务领域和艺术史领域的答案质量评估来说，回答者的学术权威性的重要性程度显著大于对天体物理学领域的答案质量评估（$M=5.478$ vs. $M=2.873$，$P=0.024$；$M=5.493$ vs. $M=2.873$，$P=0.020$）；65 岁及以上的学者和终身职位研究者认为，回答者的学术权威性对评估图书馆信息服务学科中的信息寻求型问题的答案质量比讨论寻求型问题的答案质量更为重要（$M=7.722$ vs. $M=2.986$，$P=0.018$；$M=7.226$ vs. $M=3.730$，$P=0.008$）；终身职位研究者认为，对图书馆信息服务领域和艺术史领域下的信息寻求型问题的答案质量评估来说，回答者的学术权威性的重要性程度大于对天体物理学领域下的信息寻求型问题的答案质量评估（$M=7.226$ vs. $M=2.256$，$P=0.002$；$M=6.334$ vs. $M=2.256$，$P=0.012$）。具体所有因素组合对各个评估标准重要性评分影响的多因素方差分析结果见附录 B 中的附表 B.6 至附表 B.22。

6.5 学术型问答平台上答案质量评估标准模型构建

模型构建主要包括两个部分。首先，对问卷数据进行信度和效度的检验，以确保利用合适的问项构建模型；其次，再利用主成分分析方法确定模型中的各评估标准条目及其权重，实现评估模型的构建。

6.5.1 问卷的效度和信度检验

（1）问卷效度检验

本部分研究采用内容效度和建构效度两个标准来判断问卷的效度。首先，本课题通过文献综述、第 5 章中的用户调查、专家咨询等方式，形成了量表的评估标准项目和具体问项，因此具有良好的内容效度。另外，经 KMO 和 Bartlett 检验，该问卷的 KMO 值为 0.913，其远大于 0.5，达到了十分理想的数值（表 6.12），保证了量表的建构效度。另外，Bartlett 球形检验结果显著（$P=0.000$）说明各测度项间存在相关关系，可以对样本数据进行主成分分析。

表 6.12 KMO 和 Bartlett 检验

KMO 值		0.913
Bartlett 球形度检验	近似卡方	11761.697
	自由度	2145
	显著性	0.000

（2）问卷信度检验

信度检验即为可靠性检验，检查结果的一致性或稳定性。目前，最常用的是利用克隆巴赫 $Alpha$ 值来估计问卷数据的信度。在本研究中也将利用克隆巴赫 $Alpha$ 值计算问卷中提出的各评估标准类别中的一致性。克隆巴赫 $Alpha$ 值将针对每个评估标准类别分别进行计算，因为不同类别中的评估标准是从不同的角度构建的。如果利用所有的评估标准计算出一个克隆巴赫 $Alpha$ 值，该值是没有可解释性的[219]。

表 6.13 显示了由 31 个条目组成的与答案内容相关的评估标准类别的克隆巴赫 *Alpha* 值，由 14 个条目组成的与回答者权威性相关的评估标准类别的克隆巴赫 *Alpha* 值，由 16 个条目组成的与判别者相关的评估标准类别的克隆巴赫 *Alpha* 值，以及由 5 个条目组成的与社会化媒体环境相关的评估标准类别的克隆巴赫 *Alpha* 值，分别为 0.9458，0.9454，0.9051，0.7711。根据 DeVellis[220] 提出的可接受的克隆巴赫 *Alpha* 值范围：低于 0.60 是不可接受的，在 0.60 和 0.65 之间不符合需要，介于 0.65 和 0.70 之间最低可以接受范围，介于 0.70 和 0.80 之间较好的，大于 0.80 非常好。根据上述标准，各类别可靠性均较好，表明指标之间有很强的一致性。因此，该问卷项具有高度的可靠性和高度的内部一致性。

表 6.13　各评估标准类别的 *Alpha* 值和删除项后的克隆巴赫 *Alpha* 值

评估类别	克隆巴赫 *Alpha* 值	问项	修正后的项与总计相关性	删除项后的克隆巴赫 *Alpha* 值
与答案内容相关的评估标准	0.9458	QID11	0.354	0.946
		QID13	0.441	0.946
		QID15	0.674	0.943
		QID16	0.648	0.944
		QID18	0.598	0.944
		QID21	0.632	0.944
		QID23	0.545	0.944
		QID25	0.678	0.943
		QID27	0.624	0.944
		QID29	0.666	0.943
		QID3	0.399	0.946
		QID31	0.626	0.944
		QID32	0.680	0.943
		QID33	0.691	0.943
		QID35	0.686	0.943
		QID36	0.494	0.945
		QID38	0.603	0.944

续表

评估类别	克隆巴赫Alpha 值	问项	修正后的项与总计相关性	删除项后的克隆巴赫Alpha 值
与答案内容相关的评估标准	0.9458	QID4	0.508	0.945
		QID41	0.714	0.943
		QID43	0.614	0.944
		QID47	0.624	0.944
		QID48	0.596	0.944
		QID49	0.704	0.943
		QID5	0.509	0.945
		QID56	0.521	0.945
		QID57	0.604	0.944
		QID58	0.629	0.944
		QID59	0.590	0.944
		QID6	0.540	0.944
		QID63	0.532	0.945
		QID8	0.545	0.944
与回答者权威性相关的评估标准	0.9454	QID62	0.824	0.939
		QID64	0.787	0.940
		QID40	0.702	0.942
		QID66	0.653	0.943
		QID28	0.670	0.943
		QID44	0.797	0.939
		QID53	0.795	0.940
		QID42	0.650	0.943
		QID61	0.809	0.939
		QID22	0.686	0.942
		QID14	0.653	0.943
		QID46	0.738	0.941
		QID54	0.694	0.942
		QID60	0.658	0.943

评估类别	克隆巴赫 Alpha 值	问项	修正后的项与总计相关性	删除项后的克隆巴赫 Alpha 值
与判别者相关的评估标准	0.9051	QID45	0.438	0.903
		QID1	0.353	0.906
		QID9	0.448	0.903
		QID50	0.632	0.897
		QID7	0.464	0.903
		QID12	0.595	0.898
		QID34	0.583	0.899
		QID19	0.531	0.900
		QID55	0.694	0.895
		QID20	0.596	0.898
		QID51	0.702	0.895
		QID30	0.646	0.896
		QID26	0.555	0.900
		QID24	0.649	0.896
		QID10	0.694	0.895
		QID39	0.714	0.894
与社会化媒体环境相关的评估标准	0.7711	QID52	0.482	0.749
		QID37	0.601	0.708
		QID65	0.625	0.700
		QID17	0.520	0.737
		QID2	0.490	0.749

另外，表 6.13 中也显示了删除每个条目后的克隆巴赫 Alpha 值，可以看到与答案内容相关的评估标准类别中删除 QID11 后，量表的克隆巴赫 Alpha 值增高，因此考虑将 QID11 题删除；与判别者相关的评估标准类别中删除 QID1 后，量表的克隆巴赫 Alpha 值增高，因此考虑将 QID1 题删除。此外，每个条目应该满足各个评估标准的修正后的项与总计相关性值大于 0.5[221]。因此，删除了 QID13、QID3、QID36、QID45、QID9、

QID7、QID52、QID2 问项。

6.5.2 主成分分析确定评估标准和权重

本书第 2 章相关概念与理论基础第 2.3.3 小节信息质量评估方法中已经详细说明了本课题将利用主成分分析方法进行评估标准模型构建的原因。以下,本节将阐述利用主成分分析方法实现模型构建的过程和最终获取到的模型。根据上述信度分析结果,将 QID1、QID45、QID9、QID7、QID52、QID2、QID11、QID13、QID3、QID36 共 10 项删除后,对剩下的题项进行主成分分析。删除上述题项后,再次进行 KMO 和 Bartlett 检验,如表 6.14 所示,*KMO* 值升高为 0.922,更适合进行主成分分析。另外,如表 6.15 所示,解释总方差为 69.061,也符合主成分分析的标准。

表 6.14　KMO 和巴特利特检验

KMO 值		0.922
Bartlett 球形度检验	近似卡方	10 045.088
	自由度	1540
	显著性	0.000

表 6.15　解释的总方差

成分	初始特征值			提取载荷平和		
	总计	方差百分比	累积	总计	方差百分比	累积
1	22.415	40.027	40.027%	22.415	40.027	40.027%
2	5.070	9.053	49.080%	5.070	9.053	49.080%
3	2.532	4.521	53.600%	2.532	4.521	53.600%
4	1.939	3.463	57.063%	1.939	3.463	57.063%
5	1.837	3.280	60.343%	1.837	3.280	60.343%
6	1.454	2.597	62.940%	1.454	2.597	62.940%
7	1.288	2.300	65.240%	1.288	2.300	65.240%
8	1.113	1.987	67.227%	1.113	1.987	67.227%
9	1.027	1.834	69.061%	1.027	1.834	69.061%
10	0.998	1.782	70.843%			

成分	初始特征值			提取载荷平和		
	总计	方差百分比	累积	总计	方差百分比	累积
11	0.965	1.723	72.566%			
12	0.914	1.632	74.198%			

采用了最大方差法来测量各评估标准条目的载荷值，选取 0.6 作为分界点，删去在各成分上的因子载荷没有大于 0.6 的题项。由于在实际应用中，模型需要精简，以利用较少的有代表性的指标评估出对同一个问题各个答案质量的评分，因此指标的选取需要有代表性。另外，在本课题问卷项的构建中，综合了对其他用户生成内容类型质量评估中获取的各类评估标准，选取的评估标准较多。因此，基于上述原因，用于选取条目的因子载荷分界点较大，并且删除在多个成分上因子载荷大于 0.4 的题项目。

在进行了 3 次因子分析后，获得了满足上述因子载荷要求的评估条目。

第一次因子分析获得的旋转后的成分矩阵如表 6.16 所示，其中突出显示了大于 0.4 的因子载荷，以为方便识别出因子载荷大于 0.4 和大于 0.6 的题项。基于 0.6 分界点，删除了 QID66、QID57、QID26、QID27、QID29、QID37、QID35、QID58、QID32、QID15、QID49、QID38、QID21、QID20、QID34、QID30、QID39、QID25、QID51、QID46、QID31、QID16、QID6、QID63、QID43、QID23；另外，删除了在多个维度上因子载荷大于 0.4 的题项，如 QID61、QID44、QID18、QID56。上述删除题项已在表 6.16 中阴影显示。

表 6.16　第一次主成分分析后获取的旋转后的成分矩阵

题项	成分								
	1	2	3	4	5	6	7	8	9
QID64	0.848	0.153	0.124	0.118	−0.023	0.108	0.017	−0.035	0.091
QID62	0.837	0.150	0.167	0.176	0.063	0.017	0.106	−0.093	−0.004
QID17	0.808	0.089	0.164	−0.052	0.028	0.070	−0.036	0.220	−0.074
QID53	0.800	0.120	0.109	0.266	0.070	0.027	−0.030	−0.011	0.002
QID22	0.766	0.101	0.144	0.060	0.074	−0.012	0.106	0.194	−0.174
QID14	0.765	0.111	0.120	0.006	0.088	0.092	−0.022	0.207	−0.157
QID65	0.703	0.214	0.120	0.092	0.028	0.147	−0.050	0.044	0.132

续表

题项	成分								
	1	2	3	4	5	6	7	8	9
QID59	0.702	0.255	0.095	0.310	0.075	0.125	0.169	−0.049	0.069
QID61	0.641	0.144	0.106	0.494	0.094	0.075	0.183	−0.037	0.091
QID60	0.624	0.180	0.280	0.175	−0.041	0.076	0.219	0.034	−0.044
QID54	0.621	0.205	0.246	0.229	0.076	0.134	−0.042	−0.182	0.348
QID44	0.605	0.050	0.235	0.532	0.138	0.079	−0.049	−0.013	0.070
QID66	0.593	0.017	0.230	0.250	0.019	0.126	0.128	−0.158	0.209
QID57	0.574	0.305	0.089	0.217	0.159	0.224	0.186	−0.078	−0.110
QID26	0.528	0.207	0.266	0.170	0.158	0.076	0.212	0.071	−0.384
QID27	0.429	0.140	0.307	0.206	0.377	0.213	0.082	0.303	−0.130
QID41	0.168	0.757	0.130	0.237	0.174	0.161	−0.047	0.106	0.027
QID33	0.017	0.717	0.326	0.190	0.302	−0.002	0.063	−0.027	0.108
QID19	0.274	0.671	0.099	−0.097	0.311	0.218	0.116	0.041	0.020
QID18	0.453	0.618	0.021	0.007	0.148	−0.026	0.114	0.238	0.055
QID56	0.449	0.615	0.031	0.144	−0.031	0.031	−0.085	−0.054	−0.030
QID29	0.183	0.597	0.122	0.298	0.275	0.168	0.018	−0.058	−0.065
QID37	0.363	0.587	0.256	0.180	−0.027	−0.087	−0.002	0.005	−0.314
QID35	0.173	0.586	0.115	0.165	0.103	0.359	0.246	0.009	−0.152
QID58	0.166	0.562	0.199	0.088	−0.027	0.301	0.370	0.060	0.159
QID32	0.034	0.541	0.355	0.202	0.340	0.140	0.114	0.008	0.133
QID15	0.126	0.527	0.193	0.178	0.252	0.069	0.316	0.421	0.008
QID49	0.341	0.480	0.228	0.281	0.073	0.306	−0.061	0.265	0.005
QID38	0.300	0.470	0.289	0.271	0.120	0.242	−0.268	0.005	−0.249
QID21	0.185	0.446	0.442	−0.006	0.287	0.008	0.285	0.204	0.108
QID24	0.249	0.041	0.770	0.221	0.046	0.035	0.095	−0.009	−0.124
QID55	0.283	0.180	0.717	0.146	−0.027	0.208	0.143	−0.102	−0.028

题项	成分								
	1	2	3	4	5	6	7	8	9
QID50	0.301	0.196	0.687	0.083	−0.089	0.099	0.048	0.281	0.203
QID12	0.224	0.069	0.686	−0.038	0.145	0.074	−0.005	0.251	0.050
QID10	0.266	0.112	0.623	0.112	0.294	0.169	−0.012	−0.094	−0.123
QID20	0.058	0.447	0.568	0.019	0.180	0.036	0.289	−0.114	0.123
QID34	−0.073	0.365	0.560	0.061	0.239	0.173	0.169	−0.097	0.154
QID30	0.441	0.109	0.538	0.229	0.118	0.104	−0.010	0.037	−0.120
QID39	0.210	0.441	0.527	0.169	0.140	0.357	−0.162	−0.054	−0.153
QID25	0.023	0.340	0.511	0.146	0.384	0.277	0.234	0.114	−0.083
QID51	0.346	0.281	0.446	0.185	0.275	0.307	−0.116	0.185	0.190
QID40	0.356	0.298	0.175	0.727	0.157	0.054	0.006	0.057	−0.071
QID28	0.339	0.233	0.115	0.688	0.177	0.179	0.191	−0.040	−0.135
QID42	0.320	0.339	0.178	0.620	0.040	0.172	0.092	0.160	0.146
QID46	0.498	0.164	0.103	0.595	−0.028	0.255	0.046	0.048	−0.012
QID31	0.348	0.177	0.227	0.467	0.332	0.181	0.000	0.098	0.115
QID5	0.063	0.222	0.073	0.059	0.852	0.042	−0.020	−0.015	−0.020
QID4	0.044	0.109	0.143	0.160	0.772	0.067	−0.046	0.207	−0.050
QID8	0.061	0.282	0.128	−0.095	0.665	0.300	0.162	−0.180	0.136
QID16	0.052	0.353	0.157	0.166	0.516	0.196	0.110	0.475	−0.022
QID6	0.082	0.174	0.164	0.232	0.505	0.057	0.472	−0.061	−0.047
QID48	0.173	0.132	0.260	0.107	0.212	0.792	0.060	0.062	0.048
QID47	0.075	0.289	0.142	0.204	0.289	0.707	0.016	0.050	−0.101
QID63	0.278	0.149	0.246	0.194	−0.028	0.546	0.341	−0.051	0.140
QID43	0.312	0.195	0.395	0.270	0.079	0.446	0.041	0.162	0.412
QID23	0.373	0.153	0.268	0.085	0.088	0.196	0.581	0.154	−0.075

第二次因子分析获得的旋转后的成分矩阵如表 6.17 所示，同样为了方便识别，突出

显示了大于 0.4 的因子载荷。基于 0.6 分界点删除了 QID54、QID8。剩下题项中不存在多个维度上因子载荷大于 0.4 的题项。

表 6.17　第二次主成分分析后获取的旋转后的成分矩阵

题项	成分					
	1	2	3	4	5	6
QID64	0.860	0.136	0.159	0.099	−0.039	0.093
QID62	0.832	0.180	0.221	0.077	0.045	0.057
QID17	0.822	0.209	−0.006	0.076	0.071	0.008
QID22	0.800	0.141	0.089	0.020	0.094	0.015
QID53	0.796	0.111	0.282	0.049	0.046	0.039
QID14	0.794	0.154	0.043	0.043	0.170	0.043
QID65	0.717	0.144	0.096	0.198	−0.014	0.168
QID59	0.703	0.136	0.355	0.221	0.031	0.103
QID60	0.614	0.354	0.212	0.099	−0.035	0.070
QID54	0.573	0.252	0.278	0.191	−0.048	0.235
QID12	0.197	0.769	−0.062	0.067	0.251	0.050
QID24	0.199	0.764	0.254	0.074	0.040	0.051
QID55	0.249	0.744	0.200	0.143	−0.033	0.213
QID50	0.302	0.743	0.040	0.231	−0.093	0.078
QID10	0.213	0.648	0.203	0.042	0.293	0.236
QID28	0.307	0.137	0.801	0.126	0.169	0.199
QID40	0.336	0.188	0.799	0.200	0.152	0.073
QID42	0.323	0.204	0.664	0.275	0.025	0.175
QID33	0.058	0.255	0.240	0.780	0.223	0.063
QID41	0.195	0.120	0.302	0.777	0.145	0.142
QID19	0.281	0.098	0.023	0.722	0.227	0.276
QID4	0.038	0.157	0.179	0.094	0.858	0.095
QID5	0.064	0.036	0.074	0.266	0.848	0.129

题项	成分					
	1	2	3	4	5	6
QID8	0.053	0.080	−0.024	0.340	0.539	0.491
QID48	0.172	0.277	0.138	0.087	0.115	0.839
QID47	0.092	0.123	0.242	0.244	0.193	0.772

　　第三次因子分析获得的旋转后的成分矩阵符合要求。对应的解释总方差和成分矩阵如表 6.18 和表 6.19 所示。

表 6.18　最终解释的总方差

成分	初始特征值			提取载荷平和		
	总计	方差百分比	累积	总计	方差百分比	累积
1	9.932	41.382	41.382%	9.932	41.382	41.382%
2	2.826	11.776	53.157%	2.826	11.776	53.157%
3	1.797	7.487	60.644%	1.797	7.487	60.644%
4	1.291	5.381	66.025%	1.291	5.381	66.025%
5	1.033	4.305	70.330%	1.033	4.305	70.330%
6	1.002	4.174	74.504%	1.002	4.174	74.504%
7	0.727	3.027	77.531%			
8	0.682	2.841	80.372%			
9	0.508	2.116	82.488%			

表 6.19　第三次主成分分析后获取的旋转后的成分矩阵

题项	成分					
	1	2	3	4	5	6
QID62	0.784	−0.390	−0.095	0.062	0.040	−0.013
QID59	0.778	−0.228	−0.182	−0.093	0.001	−0.047
QID64	0.764	−0.443	−0.111	0.052	−0.056	0.056
QID53	0.739	−0.388	−0.156	0.016	0.092	−0.014

续表

题项	成分					
	1	2	3	4	5	6
QID40	0.720	0.139	−0.214	−0.380	0.313	−0.159
QID17	0.706	−0.413	−0.019	0.248	−0.081	0.024
QID60	0.704	−0.246	0.110	−0.052	−0.009	−0.028
QID14	0.699	−0.353	−0.089	0.273	0.004	0.058
QID65	0.699	−0.279	−0.098	0.070	−0.154	0.094
QID42	0.691	0.131	−0.154	−0.397	0.124	−0.061
QID28	0.691	0.169	−0.238	−0.382	0.362	−0.020
QID22	0.686	−0.410	−0.088	0.192	0.019	0.035
QID55	0.657	0.137	0.503	−0.125	−0.032	0.007
QID10	0.626	0.250	0.387	0.069	0.192	−0.005
QID50	0.618	0.034	0.526	−0.042	−0.198	−0.094
QID41	0.604	0.402	−0.283	−0.121	−0.377	−0.190
QID24	0.603	0.124	0.526	−0.116	0.102	−0.153
QID19	0.578	0.340	−0.237	0.107	−0.451	−0.054
QID33	0.534	0.510	−0.135	−0.057	−0.349	−0.315
QID5	0.359	0.549	−0.279	0.532	0.200	−0.109
QID4	0.380	0.531	−0.154	0.479	0.379	−0.094
QID12	0.527	0.173	0.566	0.250	0.024	−0.102
QID48	0.546	0.361	0.095	−0.032	−0.041	0.664
QID47	0.512	0.481	−0.115	−0.073	−0.064	0.556

确定了上述评估标准后，以下将分步骤利用主成分分析的结果确定权重。

（1）计算各指标在不同主成分线性组合中的系数

利用表6.19中各成分的因子载荷数除以表6.18中第1列各成分对应的特征根的开方，从而获得各指标在各个主成分线性组合中的系数。如QID62在第一个主成分上的系数 $=0.784/9.932^{1/2}$。按照此方法获取的各指标在6个主成分线性组合中的系数如表6.20

所示。

表 6.20　各指标在 6 个主成分线性组合中的系数

题项	1	2	3	4	5	6
QID62	0.249	−0.232	−0.071	0.054	0.039	−0.013
QID59	0.247	−0.135	−0.136	−0.082	0.001	−0.047
QID64	0.242	−0.263	−0.083	0.046	−0.055	0.056
QID53	0.234	−0.231	−0.116	0.014	0.091	−0.014
QID40	0.229	0.083	−0.160	−0.335	0.308	−0.159
QID17	0.224	−0.246	−0.014	0.219	−0.080	0.024
QID60	0.223	−0.146	0.082	−0.045	−0.008	−0.028
QID14	0.222	−0.210	−0.066	0.240	0.004	0.058
QID65	0.222	−0.166	−0.073	0.061	−0.151	0.094
QID42	0.219	0.078	−0.115	−0.350	0.122	−0.061
QID28	0.219	0.101	−0.178	−0.337	0.357	−0.020
QID22	0.218	−0.244	−0.066	0.169	0.019	0.035
QID55	0.209	0.082	0.375	−0.110	−0.032	0.007
QID10	0.199	0.149	0.289	0.061	0.189	−0.005
QID50	0.196	0.020	0.393	−0.037	−0.195	−0.094
QID41	0.192	0.239	−0.211	−0.106	−0.371	−0.189
QID24	0.191	0.074	0.392	−0.102	0.100	−0.153
QID19	0.184	0.202	0.177	0.094	−0.443	−0.054
QID33	0.170	0.303	−0.101	−0.050	−0.343	−0.315
QID5	0.114	0.327	−0.208	0.468	0.197	−0.109
QID4	0.121	0.316	−0.115	0.422	0.373	−0.094
QID12	0.167	0.103	0.422	0.220	0.024	−0.102
QID48	0.173	0.214	0.071	−0.028	−0.040	0.664
QID47	0.162	0.286	−0.086	−0.064	−0.063	0.555

（2）各指标总系数及其归一化

表 6.18 中"初始特征值"的"方差百分比"表示各主成分方差贡献率，方差贡献率越大则该主成分的重要性越强。因此，方差贡献率可以看成是不同主成分的权重。

根据上述主成分分析结果，原有指标基本可以用前 6 个主成分代替，因此，指标系数可以看成是以这 6 个主成分方差贡献率为权重，对指标在这 6 个主成分线性组合中的系数做加权平均。如 QID62 评估指标的系数为：

$(0.249 \times 41.382 - 0.232 \times 11.776 - 0.071 \times 7.487 + 0.054 \times 5.381 + 0.039 \times 4.305 - 0.013 \times 4.174) / (41.382 + 11.776 + 7.487 + 5.381 + 4.305 + 4.174) = 0.099\ 834\ 84$

（3）指标权重的归一化

所有指标的权重之和为 1，在此基础上将指标权重进行归一化处理，结果如表 6.21 所示，显示出了各指标最终的权重。表 6.22 将表 6.21 中的各指标按照第 5.6.2 小节根据相关文献提出的各指标所属的指标类别进行归类，由此得到了学术型社会化问答平台上答案质量评估指标层次体系及其权重，即为最终生成的学术型社会化问答平台上答案质量评估模型，如表 6.22 所示。

表 6.21 各指标系数及归一化权重

题项	指标名称	系数	归一化权重
QID62	This answer has been written by an answerer who contributed many answers 这个答案是由提供过很多答案的回答者撰写的	0.099 834 84	0.035 264 868
QID59	This answer is supported by other answerers in their answers 其他回答者在其答案中支持这个答案	0.093 638 89	0.033 076 258
QID64	This answer has been written by an answerer whose answers selected as recommended answers 这个答案是由提供的答案有过被选为推荐的高质量答案的回答者所撰写的	0.087 949 38	0.031 066 544
QID53	This answerer affiliates with a prestigious institution 这位回答者隶属于一个著名的机构	0.087 537 83	0.030 921 169
QID40	This answer has been written by a professional 这个答案是由专业人士撰写的	0.108 687 36	0.038 391 86
QID17	This answer has get many up-votes 这个答案得到了很多的推荐数	0.096 714 94	0.034 162 818

续表

题项	指标名称	系数	归一化权重
QID60	This answer includes the contact information of the answerer 该答案包括回答者的联系信息	0.103 852 39	0.036 683 995
QID14	This answerer has high ResearchGate score 这个回答者具有很高的 ResearchGate 分数	0.104 221 57	0.036 814 401
QID65	This answer contains emotional expression, such as gratitude, appreciation, support, comfort and empathy 这个答案包含情感表达，如感激、欣赏、支持、舒适和同情	0.090 687 44	0.032 033 712
QID42	This answerer has background in the subject area 这个回答者在该主题领域有研究背景	0.100 989 64	0.035 672 781
QID28	This answer has been written by an expert with high h-idex 这个答案是由有着高 h 指数专家写的	0.115 000 56	0.040 621 885
QID22	This answerer has high impact points 这个回答者发表的论文有很高的影响因子	0.091 084 83	0.032 174 082
QID55	The resources provided in the answer are valuable to me 答案中提供的资源对我很有价值	0.157 082 34	0.055 486 52
QID10	This answer is useful to me 这个答案对我很有用	0.177 913 72	0.062 844 832
QID50	The resources provided in the answer are novel to me 答案中提供的资源对我来说是新颖的	0.132 331 33	0.046 743 671
QID41	This answer is presented in a readable manner 这个答案以可读的方式呈现	0.083 368 07	0.029 448 276
QID24	This answer is relevant to my research 这个答案与我的研究有关	0.147 233 44	0.052 007 574
QID19	This answer is easy to understand 这个答案很容易理解	0.094 299 30	0.033 309 538
QID33	This answer is presented in a clear manner 这个答案以清晰的方式呈现	0.090 908 27	0.032 111 716
QID5	This answer is thorough 这个答案是彻底的	0.133 083 13	0.047 009 231
QID4	This answer is in-depth 这个答案是深入的	0.152 100 44	0.053 726 755

题项	指标名称	系数	归一化权重
QID12	This answer is novelty to me 这个答案对我来说是新奇的	0.163 100 19	0.057 612 219
QID48	This answer is supported by examples and experience 这个答案获得范例和经验的支持	0.170 093 65	0.060 082 532
QID47	This answer provides fact or objective information 这个答案提供了事实或客观的信息	0.149 596 23	0.052 842 188

从表 6.22 可以看出，此本部分构建的学术型社会化问答平台上答案质量评估模型，相比于第 4 章仅使用答案的客观特征提出的学术型社会化问答平台上答案质量评估模型，综合了各类主客观评估标准。除了具有对答案内容和回答者权威性的考量外，还包括与判别者相关和与社会化媒体环境相关的评估标准，模型更为丰富完整。

表 6.22　学术型社会化问答平台上答案质量评估模型

编号	一级指标	二级指标	三级指标	权重
QID47	与答案内容相关的评估标准	准确性	这个答案提供了事实或客观的信息	0.052 842 188
QID41		清晰性	这个答案以可读的方式呈现	0.029 448 276
QID33			这个答案以清晰的方式呈现	0.032 111 716
QID5		详细性	这个答案是彻底的	0.047 009 231
QID4			这个答案是深入的	0.053 726 755
QID48		可验证性	这个答案获得范例和经验的支持	0.060 082 532
QID59			其他回答者在其答案中支持这个答案	0.033 076 258
QID55	与判别者相关的评估标准	增值性	答案中提供的资源对我很有价值	0.055 486 52
QID10		相关性	这个答案对我很有用	0.062 844 832
QID24			这个答案与我的研究有关	0.052 007 574
QID50		新颖性	答案中提供的资源对我来说是新颖的	0.046 743 671
QID12			这个答案对我来说是新奇的	0.057 612 219
QID19		可理解性	这个答案很容易理解	0.033 309 538

续表

编号	一级指标	二级指标	三级指标	权重
QID62	与回答者权威性相关的评估标准	回答者的回答权威性	这个答案是由提供过很多答案的回答者撰写的	0.035 264 868
QID64			这个答案是由提供的答案有过被选为推荐的高质量答案的回答者所撰写的	0.031 066 544
QID40		回答者的学术权威性	这个答案是由专业人士撰写的	0.038 391 86
QID53			这位回答者隶属于一个著名的机构	0.030 921 169
QID14			这位回答者具有很高的 ResearchGate 分数	0.036 814 401
QID42			这位回答者在该主题领域有研究背景	0.035 672 781
QID28			这个答案是由有着高 h 指数专家写的	0.040 621 885
QID22			这个回答者发表的论文有很高的影响因子	0.032 174 082
QID17	与社会化媒体环境相关的评估标准		这个答案得到了很多的推荐数	0.034 162 818
QID65			这个答案包含情感表达，如感激、欣赏、支持、舒适和同情	0.032 033 712
QID60			该答案包括回答者的联系信息	0.036 683 995

6.6　本章小结

本章通过向 ResearchGate　Q&A 上有实际推荐过高质量答案的学者发放问卷调查的方式，询问了学者在对学术型社会化问答平台上答案质量进行评估时如何评价问卷调查中提供的各个质量评估标准重要性程度，从而通过利用统计分析获取了学者评估学术型社会化问答平台上答案质量时认为重要性程度高的评估标准，同时进一步利用方差分析方法获取了学科、问题类型、学者性别、年龄和学术职位对各个评估标准重要性程度的影响。最后，利用问卷数据构建了针对学术型社会化问答平台上答案质量的评估模型。

此研究发现了学者认为的重要性程度高的评估标准均来自与答案内容和评估者相关的类别，而与回答者权威性相关的评估标准是所有提出的评估标准中重要性程度最低的。这与第一个研究阶段中探索的 ResearchGate　Q&A 上被用户推荐的高质量答案的客观特征获得的研究结论有所出入。第一个研究阶段分析出拥有高推荐数的高质量答案与其回答者的权威性是显著相关的，而此部分研究通过直接询问推荐了高质量答案的学者推荐高质量答案的原因，得出其认为重要的评估准则只是根据答案的内容和自身的认知，并不会过多在意回答者的权威性。因此，此部分研究也进一步证实利用答案某些客观特征并不是识别高质量答案的有效标准，需要更多地考虑针对答案内容本身和评估者主观认知的评估标准。同时，该部分研究也证实了学科和学术职位等外部因素也会影响学者对一些评估标准重要性程度的认知，这也为下一章验证本部分构建的质量评估模型时，选择一致的参与者人口统计学特征提供依据，从而保证对模型验证的合理性。

7 学术型社会化问答平台上答案质量评估模型验证

本部分的目的是通过应用上一章获取的对学术型社会化问答平台上答案质量评估模型，实现对模型的验证。通过招募来自同一个学科具有相同人口统计学特征的学者，对挑选出的答案从总体感知的质量和各个评估条目两个角度分别进行打分，通过对比由模型计算出的质量分值和由学者评估出的质量分值，实现对模型的验证。结果证实，本课题构建出的对学术型社会化问答平台上答案质量的评估模型可以有效识别出质量较高的答案。

以下将首先整体介绍本部分研究的流程，接着分小节详细介绍为了实现模型验证，进行的 4 个部分的工作。首先，需要招募评估者；其次，挑选出需要评估的对象；再次，就是实施打分从而获取到需要的评估数据；最后，通过对获取到的评估数据进行分析实现模型验证。

7.1 学术型社会化问答平台上答案质量评估模型验证流程

本部分将把利用上一章获取的模型计算出的质量分值和评估者给出的其感知的质量分值进行对比，以验证模型的评估效果。采用此方式的原因是：被广泛接受的对信息质量的定义为"适合使用（fit for use）"，用户对信息质量是最有发言权的，某个答案被多个用户评估的质量分值就可以认为是较为合理的真实答案质量水平（ground truth）。因此，如果利用本课题得出的模型计算出的质量分值与多个用户评估的质量分值一致的话，就可以证实模型中提出的各评估标准指标和其权重值是有效的，可以作为推荐高质量答案的模型依据。验证的流程如图 7.1 所示。

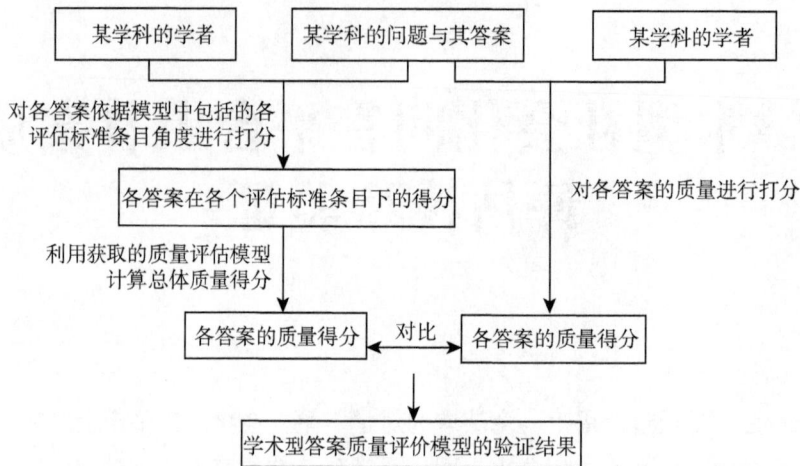

图 7.1　模型验证流程

从图 7.1 可以看出，本部分研究将对比对 ResearchGate Q&A 上某一个学科答案的质量从两个角度给出的得分，以验证上一章获取的质量评估模型。

角度 1：挑选 ResearchGate Q&A 上一个学科的问题与答案，招募此学科的学者对挑选出的答案从上一章获取到的模型中包括的各评估标准条目角度均进行打分，对同一个答案拟多人进行打分，计算各个答案在各个评估标准条目下的平均值，作为此答案在每个评估标准条目下的分值。接着就可根据上一章获取的质量评估模型，计算出每个被评估答案的总质量得分。

角度 2：使用与角度 1 同样学科的相同的问题与答案，要求雇佣的学者对挑选出的答案从其感知的质量情况进行打分。同角度 1，同一个答案需要被多人进行质量打分，计算平均值，作为此答案的质量得分。

在此需要指出的是，角度 1 和角度 2 招募的学者需是不同的。参与调查的学者如果从模型中提出的各评估标准条目角度进行打分后，再给出其对答案的总体质量得分是不可靠的，因为其可能会受各评估标准条目的影响，即根据各评估标准条目的角度给出总体的质量得分，而忽视了自身对答案的真实质量感知。

最终，通过对比利用角度 1 和角度 2 分别得出的同一些答案的质量分值是否一致，从而验证是否可以利用本课题获取的对学术型社会化问答平台上答案质量的评估模型识别出高质量答案。

7.2 评估者选择

通过上一章对获取的问卷数据进行的差异性分析结论，可见一些外部因素会对学术型社会化问答平台上答案质量的评估产生影响。因此，在对模型进行验证时，为了使验证结果准确，选择评估者时应保证选择的是同一个学科下的具有同类别人口统计学特征的评估者。

为了选择评估者时可以事先知道其人口统计学特征，以保证有针对性地选择评估者，从 ResearchGate Q&A 上发送站内信的方式就不合适，这是因为无法事先知道愿意参与评估的 ResearchGate Q&A 上学者的人口统计学特征。因此，笔者从图书馆信息服务学科中招募熟知的评估者，使其依据构建出的模型中包括的各评估标准条目和总体质量情况对 ResearchGate Q&A 上图书馆信息服务学科下的答案质量进行打分。同时，笔者来自图书馆信息服务学科，容易招募此学科内熟知的学者作为评估者。另外，笔者对此学科的内容较为熟悉，可以准确地将来自 ResearchGate Q&A 上的英文问答内容翻译为中文问答内容，从而避免由于对英文语言的理解差异而产生评估不准确的问题。

7.3 评估对象选择

选择评估对象，即挑选出被评估的答案。选择被评估的答案包括两个步骤，首先需要选择答案所属的问题，其次才能从中挑选出需要被评估的答案。

7.3.1 评估对象所属问题的选择

如上所述，由于评估者选自于图书馆信息服务学科，因此选择问题，即选择被评估的 ResearchGate Q&A 上答案所属的问题也将选自于图书馆信息服务学科。为了向在 ResearchGate Q&A 上有过推荐高质量答案的用户发放问卷，已经获取了在图书馆信息服务学科下所有问题及其答案数，因此可以从中挑选合适问题的答案进行评估。另外，考虑到同一个问题下答案质量的可对比性，因此应以每个问题为单位，在同一个问题下挑选多个答案进行质量对比评估。基于以上原则，为了保障在同一个问题下有丰富的答案内容可供选择，从图书馆信息服务学科领域的问题中选择拥有答案数量较多的问题。同时，为了保障此验证结果的准确可靠，证明其并不是随机产生的，同时挑选了以下 3 个问题：

① Any ideas about what methods would work to investigate how social and cultural factors (e.g., norms) influence people's information behaviour？

您认为使用什么方法可以研究社会和文化因素（如规范）是如何影响人们的信息行为的？

② How are bibliometrics best used in the evaluation of applicants for academic positions?

如何最好地使用文献计量学来评估申请人该获得的学术职称？

③ What's your opinion on the problem of "negative citations" in citation networks?

您对引文网络中"否定引用"问题有何看法？

7.3.2 被评估答案的选择

接着，就需要从上述挑选出的问题的答案中选择合适的答案进行质量评估。根据先前的评估研究[115]，本部分也在每个问题下选取 5 个答案作为评估对象。由于同一个问题下答案之间具有可比性，评估者在对同一个问题的多个答案进行评估时，需要对多个答案均有大体的认识，才能进行质量的比对评估，如果同时比对过多的答案，会对评估者造成负担，从而影响评估结果。

通过人工评阅上述 3 个问题的答案，从中分别挑选了 5 个具有代表性的答案。挑选的准则之一是答案的字数不能过长也不能过短，控制在 50 ~ 250 个字。根据先前质量评估研究中指出的评估长篇文章质量所需的努力可能会影响评估者的评分[169]，但是过短的答案不能提供足够的信息让评估者决定其质量，因此对挑选出的答案长度进行了控制；另外，通过人工评阅答案，挑选出在答案质量上区别性较大的答案，从而减轻评估者评估时的负担，保证评估结果尽量准确可靠。

基于上述标准，在分别挑选出上述 3 个问题的 5 个答案后，将所挑选出的问答内容翻译为中文。评估者均是以中文为母语的学者，为避免由于评估者英文水平的差异影响评分的结果，此部分挑选出各个问题及其答案的中英文对照，如附录 C 所示。

7.4 评估数据收集过程

按照先前质量评估研究[169]中提到至少应有 3 位评估者对同一内容进行打分的原则，招募了 6 位年龄均在 24 ~ 25 岁的女性硕士研究生为上述挑选出的答案进行评分，以确保最大限度减少由于人口统计学特征的不同造成的质量评估差异。

按照 7.1 所述的流程，其中 3 位被雇佣者直接对各答案的质量进行打分。将上述挑选出的问题及其答案展示在问卷星上，发放给各个评估者，让其对每个问题的 5 个答案的好坏程度按照 0 ~ 10 分进行打分，其中 0 分为最差，10 分最好。

另外 3 位评估者则需要从上一章构建的模型中包括的各评估标准条目角度对答案进行评估打分。然而，上一章构建的模型中包括的各评估标准条目中的与回答者权威性相关的评估标准，与社会化媒体环境相关的评估标准，以及与答案内容相关的评估标准中的两个评估条目（即这个答案中提供了自己或他人的经验或例子和这个答案在其他回答者的答案中获得了支持）均可以通过从 ResearchGate Q&A 平台上的客观渠道获得。其余剩下的 11 个评估标准条目均来自评估者的主观评价。仍然将上述挑选出的问题及其答案放到问卷星上，让评估者对每个问题的 5 个答案，按照其符合各个评估条目的程度进行打分，其中 0 分为完全不符合，10 分为非常符合。

7.5　评估结果分析及模型验证

7.5.1　数据统计分析

经过上述评估数据收集过程，获取了对答案质量的整体得分，以及在各个评估标准条目下的得分。同时，对每个答案的质量得分和各个评估条目的得分均由不同的 3 个评估者提供，因此各个答案最终的质量得分和各个评估条目的得分，为其获得的 3 个分值的平均分。表 7.1、表 7.2 和表 7.3 分别列出了对上述挑选的 3 个问题的各个答案的打分值。

表 7.1　问题 1 的 5 个答案在各个评估标准条目下的分值和总质量分值

评估条目	问题 1				
	回答 1	回答 2	回答 3	回答 4	回答 5
QID4	6.667	5.333	6.667	9.000	6.333
QID5	7.333	4.667	6.333	7.667	4.333
QID48	0	1	1	0	1
QID59	1	0	0	0	0
QID47	6.000	7.667	6.667	7.000	9.333
QID33	9.000	9.333	7.333	8.667	8.000
QID41	9.333	9.667	8.667	7.667	7.333
QID12	6.667	7.333	6.667	7.333	5.000
QID50	6.333	7.667	8.667	6.000	4.333
QID19	9.333	9.000	8.333	9.000	8.000

续表

评估条目	问题1				
	回答1	回答2	回答3	回答4	回答5
QID55	7.667	9.000	8.667	7.667	7.667
QID24	9.667	8.667	9.000	7.667	7.667
QID10	9.667	8.333	9.333	8.667	8.000
QID62	2435	27	2	551	205
QID64	0	0	0	0	0
QID40	0	0	1	0	0
QID28	5	2	4	1	0
QID53	94.03	1031.90	30 829.44	0	486.26
QID42	0	1	0	0	0
QID22	12.750	3.155	7.321	0	0
QID14	76.62	6.81	6.73	24.87	4.73
QID60	1	1	1	1	1
QID65	0	0	0	0	0
QID17	3	1	2	3	4
质量	7.333	7.223	7.667	8.333	7

注：0和1分别表示评估条目存在与否，其中0表示不存在，1表示存在；其余值为ResearchGate Q&A上获取的真实值和评估者打分的平均值。

表7.2　问题2的5个答案在各个评估标准条目下的分值和总质量分值

评估条目	问题2				
	回答1	回答2	回答3	回答4	回答5
QID4	6.333	7.000	8.333	9.000	7.333
QID5	5.667	7.000	7.667	9.333	7.000
QID48	1	0	0	1	0
QID59	1	0	0	0	0
QID47	7.667	6.667	8.333	7.667	4.667
QID33	6.000	7.000	8.333	8.667	6.333

续表

评估条目	问题2				
	回答1	回答2	回答3	回答4	回答5
QID41	6.667	8.333	7.000	8.667	8.667
QID12	8.333	7.667	7.000	8.667	8.000
QID50	5.667	9.333	7.000	7.000	6.667
QID19	8.333	7.000	7.000	6.000	8.333
QID55	8.667	8.000	8.000	9.000	8.333
QID24	9.000	8.667	9.000	9.333	8.667
QID10	8.000	7.333	8.667	8.667	8.667
QID62	120	2	218	308	11
QID64	0	0	0	0	0
QID40	0	0	0	0	0
QID28	11	0	11	3	34
QID53	70 273.82	84 210.01	25 876.00	46 646.00	59 482.00
QID42	0	1	0	1	0
QID22	60.30	0	178.72	1.50	330.09
QID14	36.84	0.13	48.75	32.64	42.86
QID60	1	1	1	1	1
QID65	0	0	0	0	0
QID17	2	1	2	3	0
质量	7.667	6.333	8.667	7.333	7

注：0和1分别表示评估条目存在与否，其中0表示不存在，1表示存在；其余值为ResearchGate Q&A上获取的真实值和评估者打分的平均值。

表7.3　问题3的5个答案在各个评估标准条目下的分值和总质量分值

评估条目	问题3				
	回答1	回答2	回答3	回答4	回答5
QID4	6.667	7.000	7.667	8.333	5.667
QID5	8.000	7.667	8.667	8.667	5.333
QID48	0	1	0	1	1

评估条目	问题3				
	回答1	回答2	回答3	回答4	回答5
QID59	0	1	0	0	0
QID47	7.333	8.333	6.333	7.667	5.000
QID33	8.333	9.333	7.667	9.333	6.667
QID41	9.333	8.000	9.667	9.667	7.667
QID12	6.333	8.333	9.333	8.000	7.333
QID50	5.000	8.333	6.333	7.000	7.333
QID19	7.333	8.333	5.667	8.333	8.000
QID55	8.000	9.667	7.333	7.333	9.333
QID24	9.000	10.000	8.667	8.000	9.000
QID10	7.000	9.333	8.333	9.000	9.333
QID62	1857	7	6	5829	7
QID64	0	1	0	0	0
QID40	0	0	0	0	0
QID28	3	5	23	6	5
QID53	8918.96	0	100 138.23	22 613.05	0
QID42	0	1	1	0	1
QID22	0.57	17.18	101.74	18.76	17.18
QID14	111.88	16.77	32.08	67.95	16.77
QID60	1	1	1	1	1
QID65	0	0	0	0	0
QID17	3	9	6	2	0
质量	7.667	8.333	8.000	8.667	6.000

注：0和1分别表示评估条目存在与否，其中0表示不存在，1表示存在；其余值为ResearchGate Q&A上获取的真实值和评估者打分的平均值。

7.5.2 模型验证结果

为了保证同一个问题下的答案在各个评估条目上具有可比性，对表7.1、表7.2、表

7.3 获取的对各个答案在各个评估条目上得分原始值进行了归一化处理。接着将归一化后的值乘以表 6.22 中各个评估条目的归一化权重后，进行加总，从而获取了利用本课题构建的对学术型社会化问答平台上答案质量评估模型计算出的答案质量。通过答案的质量得分高低可以对答案的质量情况进行排序。另外，通过上述表 7.1、表 7.2、表 7.3 提供的对各个答案的直接质量打分，同样可以获取答案质量得分和根据质量得分的质量高低排序。表 7.4 显示了通过模型计算出的各个答案的质量得分和排序，以及评估者直接给出的各个答案质量得分和排序。

表 7.4　模型计算和学者评估获取的答案质量得分和排序

问题编号	答案编号	模型计算出的质量得分	模型计算出的质量得分排序	学者评估的质量得分	学者评估的质量得分排序
问题 1	回答 1	0.562 246 85	1	7.333	3
	回答 2	0.464 403 9	3	7.333	3
	回答 3	0.527 375 16	2	7.667	2
	回答 4	0.353 780 55	4	8.333	1
	回答 5	0.212 567 16	5	7.000	5
问题 2	回答 1	0.453 611 86	2	7.667	2
	回答 2	0.294 656 04	5	6.333	5
	回答 3	0.423 629 6	3	8.667	1
	回答 4	0.691 704 47	1	7.333	3
	回答 5	0.393 348 47	4	7.000	4
问题 3	回答 1	0.358 491 94	5	7.667	4
	回答 2	0.678 532 45	1	8.333	2
	回答 3	0.484 274 88	3	8.000	3
	回答 4	0.530 114 49	2	8.667	1
	回答 5	0.359 275 98	4	6.000	5

通过对比发现，该模型对识别出同一个问题的答案中质量排序前三的答案有着良好的效果。通过表 7.4 可见，对问题 2 和问题 3 的答案质量评估中，利用模型计算出的质量得分排序前 3 位的答案与学者通过自身感知给出的答案质量得分排序前三的答案完全一致。虽然前 3 位内部的具体排序会有一定的差异，但是模型在识别出质量较高的答案

方面具有一定的效果，毕竟对质量的评估主观因素较大。对有些答案来说，其质量区分度并不高，例如，在本部分研究中使用的问题 3 的答案 2 和答案 4 均有可取之处，因此，对这两个答案要排出质量高低是因人而异的。

对问题 1 的 5 个答案排序结果对比发现，虽然模型识别出的排序前三的高质量答案也均存在于学者直接打分排序出的质量前三的答案中，但是模型将学者评估为质量最高的回答 4，计算为排序第 4 位。通过进一步观察问题 1 的各个答案在各个评估条目上的得分，看到答案 4 的回答者权威性类别下的评估条目得分均较答案 1、答案 2 和答案 3 在回答者权威性类别下的评估条目得分低，这可能是将至少排序前三的答案 4 挤出了前 3 位的原因。

7.6 本章小结

本章延续上一章的研究，对上一章获取的评估学术型社会化问答平台上答案质量的评估模型进行验证。同时，根据上一章分析中发现不同评估者的学术职位和来自的学科会影响质量的判断，因此选取了来自同一个学科的具有类似学术知识背景的学者进行打分，实现了对本课题构建的针对学术型社会化问答平台上答案质量评估模型的验证，也证实了本课题获取的模型有一定的价值，可以有效地将质量较高的答案识别出来。

至此，本课题第二个研究阶段告一段落，下一章将根据本课题的研究结论，对本课题研究获取的研究启示和应用价值进行详细讨论。

8　学术型社会化问答平台上答案质量评估研究结论启示

以下将对本课题研究结论进行深层次的讨论，从而获取进行学术型社会化问答平台上答案质量评估研究的必要性和应用价值的启示，以突出本研究主题的理论意义和实践意义。

8.1　对学术型社会化问答平台上答案质量评估研究的必要性

虽然现有丰富的对一般问答平台上答案质量的评估研究，但是现有研究中缺乏对学术型社会化问答平台上的答案质量评估研究。是否可以将现有的对一般问答平台上答案质量评估研究的结论照搬到对学术型社会化问答平台上答案质量评估研究中来，本身就是个值得探索的问题。

由于学术型社会化问答平台上答案内容本身更加复杂难懂，并且其受众为专业学者，有必要对学术型社会化问答平台上答案质量进行专门的评估研究，本课题通过一系列的研究也证实了对学术型社会化问答平台上答案质量评估的研究有其独有的特征。学者评估学术型社会化问答平台上答案质量与用户对一般问答平台上答案质量评估存在很多不同之处，不可以将现有的对一般问答平台上答案质量评估研究结论照搬到对学术型社会化问答平台上答案质量评估研究中来，应该有专门的对学术型内容质量评估的研究。因此，本课题的首要研究启示即为有必要对学术型社会化问答平台上答案质量评估进行深入的研究。以下将从对学术型社会化问答平台上答案质量评估3个方面的不同之处，对此研究的必要性进行讨论。

8.1.1　学者评估学术型社会化问答平台上答案质量的新标准

本书在第5章构建学术型社会化问答平台上答案质量评估标准问项时，通过用户调查获取到一些用户对一般问答平台上答案质量评估中没有提及的评估标准，包括详细性、增值性和回答者的学术权威性。它们是从对其他类型信息的质量评估中借用而来，如学术论文、维基百科和博文等。因此，认为它们是学者评估学术型社会化问答平台上答案质量的新标准。

第 5 章的用户调查中指出，学术型社会化问答平台上高质量的答案不仅需要是完整的，更重要的是详细的。答案中的信息应足够详细，让学者可以深入理解其内容，从而满足学者的需要。第 6 章进一步地证实了详细性的重要性。Chen 和 Ohta[69]、Yaari 等[86] 在其研究中分别指出详细性是评估博客和维基百科内容质量的重要评估标准。本课题也证实了详细性对判断学术型社会化问答平台上答案质量也是非常重要的。

回答者的学术权威性和增值性是另外两个新颖的评估标准。学术型社会化问答平台上高质量的学术答案要求回答者有高的学术权威性，这类似于对学术论文质量评估依据之一是根据该论文作者的学术权威性来判断。第 5 章的用户调查中，受访者指出回答者需要具备专业知识和能力，特别是在对学术问题的回答上。回答者的学术权威性可以通过回答者已发表的论文、已发表论文的引用量和影响因子来衡量[114, 120]。但是，通过对大量学者的问卷调查，第 6 章进一步指出，回答者的学术权威性在判断答案质量时并不是重要的评估标准，学者们还是会更多地根据答案的内容来评估答案质量。

另一个新颖的评估标准是增值性。信息系统中的数据质量研究表明，数据应该是对该信息系统的使用有实际的益处。因此，对学术型社会化问答平台上答案质量评估来说，高质量的答案需要基于问题的要求，提供给该学术领域实质性的知识。第 6 章通过对大量学者的问卷调查也进一步证实了增值性对学术型社会化问答平台上答案质量评估的重要性。

8.1.2　学者评价各评估标准重要性程度的不同之处

第二个研究阶段获取的研究结论，也证实了学者对学术型社会化问答平台上答案质量进行评估时对各个评估标准重要性程度的认知与用户对一般问答平台上答案质量评估时对各个评估标准重要性程度的认知是不同的。例如，先前研究指出，用户认为在 Yahoo! Answers 平台上的高质量答案是可以帮助用户做出一个好的决定或解决问题的。因此，答案中提供方案的可行性是排位第一的最重要的质量评估标准[31]。但是，本课题通过对 ResearchGate Q&A 上有过推荐高质量答案的学者进行问卷调查发现，可行性并不是评估学术型社会化问答平台上答案质量最重要的评估标准，与答案内容相关的评估标准类别下的提供意见才是对学术型社会化问答平台上答案质量进行评估最需要的标准。此研究结果表明，对学术型社会化问答平台上答案质量评估来说，答案回答的内容首先需要提供对此问题的看法意见。接下来，重要的两个评估标准均是来源于与答案内容相关的评估标准即为准确性和详细性。存在这些差异的一个原因是学术问题往往没有固定的解决方案，因此判断高质量答案的标准必须更关注答案的内容是否能提供正确详细的学术见解来激发思考。

另外，还存在一些对学术型社会化问答平台上答案质量评估较为重要而对一般问答平台上答案质量评估并不重要的评估标准。例如，本课题获取了重要评估标准中的可理解性，但已有研究表明此评估标准在一般问答平台上答案质量的评估中是最不重要的评估标准[31]。导致这种差异的原因可能是学术信息是很专业的信息内容，需要被不同专业程度的读者理解。因此，学术型社会化问答平台上答案的内容必须处于适当的难度级别，以便用户可以理解。

8.1.3 影响学术型问答平台上答案质量评估的外部因素

在第6章对问卷数据的统计分析中获取了评估学术型社会化问答平台上答案质量时对各个评估标准重要性程度的打分，进一步笔者分析了不同学者对各个评估标准重要性程度的感知是否有差异。先前对信息质量评估的研究指出，对信息质量的评估是一个结合了主观和客观的过程，并且也会受到不同外部因素的影响，不同的评估者会对同一个信息有着不同的质量感知[222]。因此，在第6章对问卷数据的统计分析中进一步分析了不同的评估者对不同评估指标重要性程度的感知上是否存在显著的差异，以期为不同类型的评估者提供有针对性的高质量答案推荐服务。

本课题中分析了学科、问题类型及多个人口统计学特征对各个评估标准重要性程度的影响。探索学科和问题类型这两个影响因素的原因是在第一个研究阶段中发现不同学科和不同问题类型下的高质量答案具有不同的特征，因此可能会存在对不同学科和不同问题类型下的答案质量进行评估时对各个评估标准的感知存在差异。在对一般问答平台，如 Yahoo! Answers 上答案质量评估研究中也指出不同的评估标准适用于不同主题类型问题的答案[31]。笔者也在第二个研究阶段中发现学者对不同学科问题的答案质量评估标准重要性程度的感知确实存在差异。对天体物理学学科下的答案质量进行评估时学者最在意答案是否准确，而对艺术史学科来说最在意的是其增值性，对图书馆信息科学学科来说最在意的是答案中是否提供意见。此研究结果也较符合对各个学科特点的主观认知，天体物理学学科隶属于自然科学，其中更多地涉及对客观信息的询问，涉及更多的定理公式，更加在意信息的准确性。然而，另外两个学科分别隶属于人文科学和社会科学，存在更多的寻求意见的讨论型问题，因此答案中是否提供了有价值的意见，能够激发读者们的思考，可能是这两个学科较为重视的方面。另外，通过第二个研究阶段的分析发现，对信息寻求型问题和讨论寻求型问题下的答案质量进行评估时，学者对各个评估标准重要性的感知不存在显著性的差异，说明学者对这两类问题的答案质量在各个标准下的要求并没有显著的差异。虽然不存在显著性差异，但是通过对比评估不同问题类型下答案质量的标准，可以看到学者对信息寻求型学术问题的答案进行质量评估时最在意的指标为其准确性，对讨论寻求型学术问题的答案进行质量评估时最在意的指标为提供意见。这也较为符合回答这两类问题的实际情况。

在探索评估者的人口统计学特征对各个评估标准重要性评分的影响上，也发现了一些较为有趣的结论。例如，在不同年龄评估者的对比上，年龄最大类别的评估者对增值性的要求显著高于其他年龄段的用户，产生此现象可能的原因也许是年龄大的学者由于自身知识储备量较为丰富，对其来说满足其他评估标准是一个答案必备的，而答案如果可以增加其自身的知识储备，对此类评估者来说才是高质量的答案；同时，也得出年龄段在 25～34 岁的较为年轻的学者，对答案的可理解性的要求高于其他年龄段的评估者，可能的原因也许是其知识储备欠缺，对于很多学术型答案并不能很好地理解，对其来说一个高质量的答案最重要的是可以让其理解其内容。在对拥有不同学术职位评估者进行对比发现，博士生对答案的可行性和快速性的要求相较于其他学术职位的评估者最高，可见博士生认为是否可以快速地获取到可行的解决方案也是十分重要的，然而笔者也发现教授认为答案的专业性相较于其他学术职位的评估者最高，可见教授对答案的专业性要求较高。从上述差异性对比分析发现，有着不同人口统计学特征的评估者在对不同评估标准的侧重上确实存在不同，这也是导致对同一个答案不同评估者给出的质量得分差异较大的原因，也许一个答案在可理解性上表现较好，但是可能由于其内容过于简单，而不能满足增值性的要求，这样的答案在不同年龄评估者的评判上就会产生不同的质量评估结果。

8.2 对学术型社会化问答平台上答案质量评估研究的应用价值

以下将分两个方面对进行学术型社会化问答平台上答案质量评估研究的应用价值进行讨论，包括进行本研究实现构建学术型社会化问答平台上答案质量评估模型的实际应用价值，以及进行本研究对国内构建学术型社会化问答平台设计的启示。

8.2.1 构建学术型答案质量评估模型的实际应用价值

通过获取对学术答案质量评估标准及各个评估标准的重要性权重，进而构建对学术型社会化问答平台上答案质量评估模型具有十分重要的实际应用价值，主要体现在以下3 个方面。

该质量评估模型中各评估条目的可计算性。利用获取的学术型社会化问答平台上答案质量评估模型可以实现对各个答案质量分值的计算，从而识别出高质量的答案。通过第 7 章模型的验证中了解到，部分评估标准为主观评估标准，其得分是需要通过用户打分的方式获取到的，这是因为此部分是为了保证模型验证的准确性。在实际应用中，如果需要对大量的答案进行质量评估，一些现有的自然语言处理技术可以实现从客观的角度获取对某些评估标准的得分，如模型中包括的答案的清晰性、可读性等，然而这并不在本课题的研究范围内。

该质量评估模型可以帮助推荐发布时间短的高质量的答案。ResearchGate Q&A 是通过每个答案获得的推荐数量作为答案质量高低的衡量标准来进行高质量答案的推荐的，但是有些高质量答案由于分布时间较短，并没有足够的时间获取较多的推荐数，从而容易被埋没。但是根据本课题确定的重要评估标准，可以辅助学术型社会化问答平台立即识别出这些高质量的答案推荐给学者，进而帮助学者获取最新的高质量学术内容。

该质量评估模型可以为新提出的问题推荐已有的高质量答案提供辅助。新提出的问题可能会重复一些现有的问题。因此，在这种情况下，学术型社会化问答平台可以立即向提问者推荐那些先前被确定为高质量的现有相关答案。这对于有待解决紧急问题的学者来说尤其有用。

8.2.2 对国内构建学术型社会化问答平台设计的启示

国内目前还没有中文的学术型社会化问答平台，本课题通过对国外著名的学术型社会化问答平台 ResearchGate Q&A 上答案质量评估的研究，进而提出了对其设计的改进建议，这也为国内未来构建中文的学术型社会化问答平台提供了设计建议。

ResearchGate Q&A 平台也意识到需要进行高质量答案的推荐，其推荐高质量答案的机制为在每个答案下设计了"Recommend"按钮，用于收集用户对此答案的推荐数，从而 ResearchGate Q&A 可以将获得较多推荐数的答案放置在所有答案之前，作为被推荐的高质量答案。但是笔者通过第一个研究阶段对 ResearchGate Q&A 上被用户推荐的高质量答案的客观特征的探索证实了推荐数作为衡量答案质量高低是存在问题的，并且学者评估答案质量是一个综合客观和主观的过程，被同行投票的高质量答案可能无法满足其他用户的需求。因此，根据本课题研究过程中发现的问题，提出了以下几条对国内未来构建中文的学术型社会化问答平台的设计建议，以为提高学者使用学术型社会化问答平台的满意度提供助力。

应该考虑区分评估标准来推荐高质量的答案。通过笔者的研究可以发现，学者们是使用多种主客观评估标准综合地来评估答案质量的，并且由于存在很多外部因素的影响，不同学者对不同的评估标准的重要性认知也是不同的。例如，上述讨论中也提到博士生会更多地在意答案的可行性，而教授会更多地在意答案的专业性。有些答案可能在可行性上表现不好，但是在专业性上表现较好。因此，笼统地认为某个答案是高质量的或是低质量的，是没有意义的，应该根据答案面对的人群特点进行有针对性的推荐。

笔者建议学术型社会化问答平台不应该仅提供对答案质量笼统的总评估，应该基于不同的评估标准来评估答案质量，提供细节评估功能。通过引入自动评估算法获取答案在可计算的客观评估标准上的分值；对需要用户评估的主观评估标准，问答平台应该给出具体的评估标准，引导用户根据答案的深入性、准确性、可行性、专业性等各种评估标准为各答案投票。通过这种方式，学术型社会化问答平台可以利用同行判断和自动评估出的各类评估标准，根据不同学者的用户画像、知识背景，实现个性化的高质量答案推荐。

应区分学科来推荐高质量的答案。通过本课题研究了解到，来自不同学科的学者会倾向于使用不同的标准来评估答案质量。在区分评估标准来推荐高质量的答案时也应该考虑不同学者来自的学科，为每个评估标准分配不同的重要性权重，从而为不同学科的学者提供有针对性的高质量答案推荐。

相关答案应该聚集展示。笔者观察到 ResearchGate Q&A 会将一些回答者针对某些已有答案的评论或是回复，呈现为一个新的答案，其实这些答案并不是针对提问而提供的回答，这会影响有相同问题的读者找到高质量的答案，并且浪费读者的时间去浏览过多的无用答案。因此，未来国内构建中文的学术型社会化问答平台时应该将相关回答聚集展示，提供针对每个答案的回复功能，这样一些针对某些答案的评论或意见就可以在问答平台上放置在相关答案的下方，从而提高其他读者浏览答案的效率。这种答案组织方式已经应用于部分一般社会问答网站中，笔者建议未来国内构建学术型社会化问答平台时也应采用此种设计，这将有利于学者进行一对一的交流，也不会影响其他学者获取满意答案的效率。

8.3　学术型社会化问答平台上答案质量评估研究对其他相关研究的启示

本课题对学术型社会化问答平台上答案质量的评估研究，对有关信息质量评估的相关研究、学术型信息质量评估的相关研究和自动问答的相关研究有着启发和借鉴，以下将具体说明。

对信息质量评估相关研究的启发。现有丰富的对各类信息质量的研究，其研究方向主要分为两个方面：一个方面为利用信息的客观特征实现自动评估信息质量；另一个方面为以用户需求为出发点，探索用户用于评估各类信息质量的主客观评估标准。然而，本研究发现不仅对不同类型的信息需要有针对其信息特点的质量评估标准，还存在各种外部因素影响用户对不同信息类型的质量评估，如本研究发现，对学术型社会化问答平台上答案质量评估来说，问题类型、学科、评估者的职称等都可能会影响对其质量的评估。因此，对信息质量评估应该根据不同的外部影响因素有区分地进行。笼统地说，信息质量的高低是没有意义的，未来的信息质量相关研究应该更多地基于不同的应用要求，不同的用户特征，有区分地进行信息质量评估研究。

对学术型信息质量评估相关研究的启发。已有研究中缺乏对学术型信息质量评估的研究，可见此研究问题并没有引起学术界的关注与重视。本课题以学术型社会化问答平台上答案为例，通过一系列研究指出了学者对学术型信息质量评估与用户对其他类型信息质量评估的不同之处，以及对此问题进行深入研究的必要性。因此，本课题对学术型信息质量评估相关研究的最重要的启发即为有必要继续深入进行对社会化媒体上各种学术型信息质量评估研究。因此，未来应该对各类社会化媒体上的各类学术型信息，分学科，分用户群体，进行质量评估研究。

对自动问答相关研究的启发。自动问答研究一直以来都是自然语言处理领域的热门话题。在自动问答研究中，仍然涉及如何评估答案的质量问题，因此，本课题构建的质量评估模型同样可以为自动问答研究提供质量测评指标，以供自动地识别出有关学术型问题的高质量答案。另外，根据本课题的结论，自动问答测评也应该根据不同人群的需要，来对获取的答案质量进行测评。

9 研究结论与展望

9.1 研究结论

对信息质量的研究一直以来就是热门的研究话题，现有丰富的对各类社会化媒体上的用户生成内容质量的研究。社会化媒体上的学术型用户生成内容作为一种新出现的信息内容，对其质量的评估同样也应该成为一个研究点。另外，笔者也提出学术型用户生成内容相比于其他类型的用户生成内容，由于自身独有的特征，如内容更加复杂难懂、用户群为专业学者、内容的发布者一般是实名等，因此需要专门针对其质量进行评估研究。

本课题聚焦在对学术型社会化问答平台上答案的质量进行研究，选择现有的非常著名且应用最广泛的 ResearchGate Q&A 上的学术型答案作为研究对象，通过两个研究阶段实现了对学术型答案质量评估研究的探索。

第一个研究阶段的问题发现与现状分析中包括 2 个子研究内容，分别为探索 ResearchGate Q&A 上答案的客观特征和高质量答案的客观特征及其可预测性。探索 ResearchGate Q&A 上答案的客观特征时利用内容分析方法对 ResearchGate Q&A 上的 3 个学科的学术型答案的客观特征进行了统计分析，并进一步将学术型社会化问答平台上答案的客观特征与一般问答平台上答案的客观特征进行了对比，发现两者之间存在很多不同，并且学术型社会化问答平台上答案也拥有自身独有的客观特点，如学术型社会化问答平台上答案会提供更多的资源，涉及与学科相关的很多理论、概念和模型等，由于学术型社会化问答平台上答案的这些新特征的出现，可能会引起对其质量评估的不同之处。接着探索了 ResearchGate Q&A 上被用户推荐的高质量答案的客观特征及其可预测性，试图利用答案的客观特征就可以识别学者评估出的高质量答案。此研究分别对 3 个学科的答案客观特征（包括其内容特征和答案回答者的权威性特征）与其获取的推荐数的相关关系进行了分析，并利用分类算法根据答案客观特征预测其能获取到的推荐数，然而结果表明仅使用从答案本身特征出发的客观评估标准并不能准确地预测出答案质量。因此，需要进行下一阶段的研究从学者的角度获取各类其用于评估 ResearchGate Q&A 上答案的主客观标准，从而构建结合各类评估标准的更为准确的质量评估模型。

第二个研究阶段的问题解决与模型构建的目的就是为了解决针对学术型社会化问答平台上答案质量评估的问题，通过对 ResearchGate Q&A 上有过推荐高质量答案经验的学者发放问卷调查的方式获取学者对各类质量评估标准重要性的打分，从而实现模型构建。其中包括了 3 个子研究内容，第一个子研究内容为准备学术型社会化问答平台上答案质量评估标准的问卷测度项设计，由于现有的研究中并没有专门针对学术型内容质量评估模型的构建研究，因此这部分首先秉承自然主义的研究设计方法，雇用了图书馆信息服务学科的学者在不受到任何干扰的情况下提供其评估其领域答案质量时使用的标准，笔者就可以将此用户调查获取的评估标准与现有文献中提供的对其他类型信息质量评估研究中提到的评估标准进行整合，构建了对学术型社会化问答平台上答案质量评估的指标层次结构，用于以下的问卷调查中。第二个子研究内容即为实施问卷调查，获取了不同学者对各个评估标准条目重要性的打分，并同时收集了被调查者的人口统计学特征、所在学科，以及问题的类型等外部因素。接着，对获取的问卷数据进行了基本的统计分析和评估标准模型构建。通过基本的统计分析，获取了学者用于评估学术型社会化问答平台上答案质量的重要的评估标准，并证实了提出的被调查者的人口统计学特征和学科确实会影响各个评估标准的重要性程度，这也就进一步说明了用户对答案质量的评估是一个综合了各类主观和客观评估标准的过程，并且还会受到外部因素的影响，因此应该根据不同用户特征进行有区分的高质量答案的评估研究。另外，通过利用主成分分析的方法，构建了针对学术型社会化问答平台上答案质量评估的模型，即确定了评估标准条目和各个评估标准条目的权重值。最后一个子研究内容为在限制外部影响因素的情况下，雇用了尽可能具有最小人口统计特征差异的学者对该模型进行了验证，结果证明了本研究获取的模型可以有效识别出质量较高的学术型答案。

最后笔者从 3 个方面讨论了本课题研究的重要启示作用，包括继续进行对学术型社会化问答平台上答案质量评估研究的必要性，进行本研究的应用价值及对进行其他相关研究的启示。由于本课题研究只是针对了学术型社会化问答平台上的答案这一种类型的社会化媒体上的学术型用户生成内容，并也只在 ResearchGate Q&A 上选取了 3 个学科的答案进行了答案质量评估研究，因此下一步的研究应从增加答案所属的学科，增加学术型社会化问答平台种类，增加对其他类型的学术型用户生成内容等方面进一步完善。

9.2 研究局限性与展望

虽然本课题秉承从发现问题到解决问题的研究路线，对学术型社会化问答平台上答案质量评估进行了一系列较为完整的研究，但是在此也必须提出本课题研究的以下 3 个局限性，并根据局限性提出未来的研究计划。总的来说，以下提出的未来研究计划是为使本课题提出的研究结论具有更为广泛的适用性。

增加答案所属的学科。尽管笔者选择了受欢迎的学术社会化问答网站并对图书馆信息服务、艺术史、天体物理学这3个学科的答案质量评估进行研究，但是并没有考虑其他学科的情况。在未来的研究中，笔者还可以从更多学科中获得答案数据，如健康科学和工程学等，从而能够更全面地比较不同学科学者判断高质量答案时使用评估标准的异同。

增加学术型社会化问答平台。本课题聚焦在 ResearchGate Q&A 平台上进行了一系列的研究，并没有考虑其他同样类型的学术型问答平台上的答案。因此，在未来的研究中，为了可以进一步验证本课题得出的一系列研究结论，应该对其他同类型社会化问答平台上的答案质量评估进行研究，从而可以与本课题的研究结论进行对比，提供更为准确全面的研究结论，甚至可以将研究扩展到对其他语种的学术型社会化问答平台上的答案质量的研究。

增加对其他类型的学术型用户生成内容的研究。本课题只针对了学术型社会化问答平台上的答案这一种类型的学术型用户生成内容，在未来的研究中，应该进一步研究其他类型社会化媒体上的学术型用户生成内容，提出具有更为广泛适用性的对学术型用户生成内容质量的评估研究结论。

附　录

附录 A：ResearchGate Q&A 学者评估各个指标重要性的调查问卷

Dear Madam or Sir,

Thank you for participating in this study. You are invited to participate in a study about academic answer quality evaluation because you have recommended the high-quality answer in ResearchGate Q&A. In this study, we are especially curious about the ways in which experienced evaluators judge academic answers.

Section 1 is a list of reasons which may be used for recommending high-quality answers. We will ask you to rank the importance of each reason base on your personal experience and preference. In section 2, your background information will also be collected. According to our pre-test, the estimated completion time of this survey is approximately 10 minutes. Rest assured that the information you share here is confidential.

This study is conducted by the project manager, Lei Li, PhD candidate in Department of Information Management at Nanjing University of Science and Technology (NJUST), and advised by Dr. Chengzhi Zhang, professor in Department of Information Management at NJUST, and Daqing He, professor in School of Information Sciences at University of Pittsburgh. We can be reached at leili@njust.edu.cn, zhangcz@njust.edu.cn and dah44@pitt.edu if you have questions.

Section 1 : reasons for recommending high quality answers

1. We notice you have recommended the answer of the question

"How much is the contribution of education in modern science and technology in receiving innovative ideas ? "

(https：//www.researchgate.net/post/How_much_is_the_contribution_of_education_in_modern_science_and_technology_in_receiving_innovative_ideas) in ResearchGate Q&A.

What is the type of this question ?

□ Information seeking question : *"with the intent of getting information that the asker hopes to learn or use via fact- or advice-oriented answers"* .

□ Discussion seeking question : *"with the intent of stimulating discussion. They may be aimed at getting opinions，or they may be acts of self-expression"* .

2. When you decide to recommend the answer of this question, how important of the following reasons ? All reasons are measured on a 0 to 10 scale where 0 is not at all important and 10 is extremely important.

No.	Reasons	0	1	2	3	4	5	6	7	8	9	10
QID1.	I believe this answer.											
QID2.	This answer is polite.											
QID3.	This answer is correct.											
QID4.	This answer is in-depth.											
QID5.	This answer is thorough.											
QID6.	This answer is scholarly.											
QID7.	This answer is attractive.											
QID8.	This answer is good logic.											
QID9.	This answer is reasonable.											
QID10.	This answer is useful to me.											
QID11.	This answer is no repetitive.											
QID12.	This answer is novelty to me.											

QID13. This answer is scientificness.

QID14. This answerer has high ResearchGate score.

QID15. This answer is well-organized.

QID16. This answer has sufficient detail.

QID17. This answer has get many up-votes.

QID18. This answer has good writing style.

QID19. This answer is easy to understand.

QID20. This answer stimulates my thinking.

QID21. This answer is of sufficient breadth.

QID22. This answerer has high impact points.

QID23. This answer provides corroboration.

QID24. This answer is relevant to my research.

QID25. This answer provides enough information.

QID26. This answer is given in a timely manner.

QID27. This answer covers a broad range of facts.

QID28. This answer has been written by an expert.

QID29. This answer is consistent within the text.

QID30. This answer is feasibility to my research.

QID31. This answer bases on fundamental theories.

QID32. This answer contains a clear point of view.

QID33. This answer is presented in a clear manner.

QID34. This answer makes a very interesting point.

QID35. The information in the answer is not missing.

QID36. This answer is not copied from other sources.

QID37. I like the positive attitude of this answerer.

QID38. This answer answers all parts of the question.

QID39. This answer provides enough information for me.

QID40. This answer has been written by a professional.

QID41. This answer is presented in a readable manner.

QID42. This answerer has background in the subject area.

QID43. This answer contains newly updated information.

QID44. This answer was written by a famous researcher.

QID45. I agree with the information within this answer.

QID46. This answerer has publications in the subject area.

QID47. This answer provides fact or objective information.

QID48. This answer is supported by examples and experience.

QID49. This answer was written on a standard academic level.

QID50. The resources provided in the answer are novel to me.

QID51. The solutions provided in this answer are effectiveness.

QID52. I feel this answerer puts great effort into answering.

QID53. This answerer affiliates with a prestigious institution.

QID54. I know this answerer and his/her answers are always good.

QID55. The resources provided in the answer are valuable to me.

QID56. This answer is free from spelling and grammatical errors.

QID57. This answer is supported by the views of other scholars.

QID58. The views in this answer are expressed in an impartial way.

QID59. This answer is supported by other answerers in their answers.

QID60. This answer includes the contact information of the answerer.

QID61. This answerer has high academic qualification or professional title.

QID62. This answer has been written by an answerer who contributed many answers.

QID63. This answer is supported by external resources, such as links or references.

QID64. This answer has been written by an answerer whose answers selected as recommended answers.

QID65. This answer contains emotional expression, such as gratitude, appreciation, support, comfort and empathy.

QID66. This answer has been written by a known researcher who I have followed, or cited his/her papers, or read his/her papers.

Section 2 : Background Information

1. What is your major field of research ?

   _____

2. What is your age group ?

   □ 18-34

   □ 35-44

   □ 45-54

   □ 55-64

   □ 65+

   □ Prefer not to answer

3. What is your gender ?

   □ Female

   □ Male

   □ Prefer not to answer

4. What is your current position ?

   □ Professor

   □ Associate professor

   □ Assistant professor

   □ Researcher associate / scientist

   □ Post-doctoral researcher

   □ PhD student

   □ Master student

   □ Administrator

   □ Professor emeritus

   □ Other (please briefly specify) : _____

5. Any comments before your submission ? Please feel free to write down your thoughts and comments regarding high-quality answers recommending in ResearchGate Q&A or regarding this project.

   _____

附录 B：不同影响因素下各个评估标准重要性程度的差异性分析结果

附表 B.1　男性与女性对每个评估标准评分的基本统计分析结果和方差分析结果

各个评估标准下的性别分组		基本统计分析结果				中位数检验		
		中位数	平均值	标准差	标准误差	卡方	自由度	P 值
提供意见	男	7.750	7.338	2.126	0.321	0.643	1	0.423
	女	7.500	7.017	1.898	0.151			
详细性	男	7.191	7.239	1.813	0.273	0.783	1	0.783
	女	7.000	6.874	1.673	0.133			
准确性	男	7.500	7.139	1.924	0.290	1.157	1	0.282
	女	7.200	7.029	1.602	0.127			
专业性	男	6.750	6.527	2.314	0.349	0.000	1	0.982
	女	6.750	6.538	2.011	0.160			
清楚性	男	6.920	6.766	2.151	0.324	0.381	1	0.537
	女	6.787	6.514	1.840	0.146			
全面性	男	6.834	6.778	2.060	0.311	1.230	1	0.267
	女	6.000	6.039	2.062	0.164			
可验证	男	6.500	6.092	2.534	0.382	0.859	1	0.354
	女	6.000	5.784	2.035	0.162			
增值性	男	8.000	7.445	2.252	0.340	2.113	1	0.146
	女	7.000	6.816	2.283	0.182			
可理解性	男	8.000	7.205	2.483	0.374	0.726	1	0.394
	女	7.000	6.722	2.632	0.209			
相关性	男	7.500	7.031	2.511	0.379	1.424	1	0.233
	女	6.667	6.305	2.301	0.183			
可信性	男	7.125	6.692	2.008	0.303	0.262	1	0.609
	女	6.767	6.586	1.797	0.143			

基本统计分析结果						中位数检验		
各个评估标准下的性别分组		中位数	平均值	标准差	标准误差	卡方	自由度	P 值
新颖性	男	6.468	6.346	2.132	0.321	0.262	1	0.609
	女	6.250	6.164	1.979	0.157			
可行性	男	6.500	6.208	2.685	0.405	1.323	1	0.250
	女	6.000	5.599	2.354	0.187			
快速性	男	5.988	5.552	3.060	0.461	0.262	1	0.609
	女	5.000	5.268	3.070	0.244			
回答者的学术权威性	男	5.000	4.768	2.699	0.407	0.539	1	0.463
	女	4.556	4.492	2.419	0.192			
回答者在平台上的权威性	男	4.111	4.420	2.944	0.444	0.029	1	0.865
	女	4.253	4.378	2.763	0.220			
社会化媒体环境	男	4.834	4.617	2.287	0.345	0.029	1	0.865
	女	4.695	4.749	2.177	0.173			

附表 B.2 不同年龄段用户对各个评估标准重要性评分的基本统计分析结果和方差分析结果

基本统计分析结果						中位数检验		
各个评估标准下的年龄分组 / 岁		中位数	平均值	标准差	标准误差	检验统计量	自由度	P 值
社会化媒体环境	25 ~ 34	4.804	4.877	2.194	0.331	1.295	4	0.862
	35 ~ 44	4.667	4.520	2.317	0.376			
	45 ~ 54	5.000	4.981	2.000	0.286			
	55 ~ 64	4.723	4.616	2.214	0.355			
	≥ 65	3.833	4.254	2.390	0.444			

基本统计分析结果					中位数检验		
各个评估标准下的 年龄分组 / 岁		中位数	平均值	标准差	标准误差	检验统 计量	自由度	P 值
清楚性	25 ~ 34	6.800	6.629	1.964	0.296	1.470	4	0.832
	35 ~ 44	6.300	6.290	2.006	0.325			
	45 ~ 54	6.800	6.792	1.602	0.229			
	55 ~ 64	6.600	6.376	2.076	0.332			
	≥ 65	6.774	6.437	1.902	0.353			
可信性	25 ~ 34	7.250	6.718	2.031	0.306	6.265	4	0.180
	35 ~ 44	6.250	6.039	1.489	0.241			
	45 ~ 54	7.000	6.852	1.631	0.233			
	55 ~ 64	7.019	6.621	1.829	0.293			
	≥ 65	6.784	6.562	1.801	0.334			
相关性	25 ~ 34	6.667	6.522	2.366	0.357	4.460	4	0.347
	35 ~ 44	6.714	6.547	2.100	0.341			
	45 ~ 54	7.000	6.595	2.324	0.332			
	55 ~ 64	6.000	5.788	2.577	0.413			
	≥ 65	7.125	6.704	2.292	0.426			
快速性	25 ~ 34	5.913	5.264	3.096	0.467	1.775	4	0.777
	35 ~ 44	5.988	5.460	2.821	0.458			
	45 ~ 54	5.191	5.820	2.983	0.426			
	55 ~ 64	5.000	4.867	2.974	0.476			
	≥ 65	5.000	4.985	3.307	0.614			
可行性	25 ~ 34	6.250	6.043	2.528	0.381	1.401	4	0.844
	35 ~ 44	6.000	5.528	2.105	0.341			
	45 ~ 54	6.500	6.111	2.103	0.300			
	55 ~ 64	5.000	5.061	2.650	0.424			
	≥ 65	5.500	5.654	2.438	0.453			

基本统计分析结果					中位数检验		
各个评估标准下的 年龄分组 / 岁	中位数	平均值	标准差	标准误差	检验统 计量	自由度	P 值
增值性	25 ～ 34	6.500	6.540	2.235	0.337	7.942	4	0.094
	35 ～ 44	7.000	6.607	2.257	0.366			
	45 ～ 54	8.000	7.302	2.288	0.327			
	55 ～ 64	7.000	6.639	2.329	0.373			
	≥ 65	8.000	7.823	1.872	0.348			
准确性	25 ～ 34	7.400	7.026	1.852	0.279	0.994	4	0.911
	35 ～ 44	6.600	6.723	1.850	0.300			
	45 ～ 54	7.200	7.297	1.340	0.191			
	55 ～ 64	7.200	6.834	1.766	0.283			
	≥ 65	7.275	7.221	1.552	0.288			
详细性	25 ～ 34	7.250	6.999	1.809	0.273	2.131	4	0.712
	35 ～ 44	7.084	6.955	1.426	0.231			
	45 ～ 54	7.333	7.128	1.438	0.205			
	55 ～ 64	6.667	6.566	2.054	0.329			
	≥ 65	7.000	6.985	1.528	0.284			
可验证	25 ～ 34	5.667	5.870	2.190	0.330	3.388	4	0.495
	35 ～ 44	5.917	5.482	2.141	0.347			
	45 ～ 54	6.500	6.169	2.187	0.312			
	55 ～ 64	6.000	5.572	2.152	0.345			
	≥ 65	6.167	6.184	1.706	0.317			
全面性	25 ～ 34	6.000	6.204	2.246	0.339	1.296	4	0.862
	35 ～ 44	5.667	5.950	1.753	0.284			
	45 ～ 54	6.333	6.363	1.979	0.283			
	55 ～ 64	6.333	6.032	2.185	0.350			
	≥ 65	6.441	6.231	2.049	0.380			

续表

基本统计分析结果					中位数检验		
各个评估标准下的 年龄分组 / 岁	中位数	平均值	标准差	标准误差	检验统 计量	自由度	P 值
提供意见 25 ~ 34	7.000	6.895	2.186	0.330	1.200	4	0.878
35 ~ 44	7.492	6.971	2.045	0.332			
45 ~ 54	7.500	7.341	1.537	0.220			
55 ~ 64	7.500	6.936	2.136	0.342			
≥ 65	7.500	7.104	1.858	0.345			
专业性 25 ~ 34	6.625	6.316	2.039	0.307	1.516	4	0.824
35 ~ 44	6.876	6.505	2.081	0.338			
45 ~ 54	7.162	6.802	1.787	0.255			
55 ~ 64	6.250	6.334	2.247	0.360			
≥ 65	6.911	6.746	2.201	0.409			
回答者在平台上的 权威性 25 ~ 34	4.834	4.801	2.824	0.426	1.367	4	0.850
35 ~ 44	3.834	4.112	2.913	0.473			
45 ~ 54	4.000	4.310	2.609	0.373			
55 ~ 64	4.000	4.295	2.818	0.451			
≥ 65	4.333	4.329	2.935	0.545			
回答者的学术权 威性 25 ~ 34	4.667	4.854	2.528	0.381	1.010	4	0.908
35 ~ 44	4.056	4.085	2.506	0.407			
45 ~ 54	5.000	4.658	2.418	0.345			
55 ~ 64	4.336	4.475	2.433	0.390			
≥ 65	4.556	4.381	2.573	0.478			
新颖性 25 ~ 34	5.717	5.986	2.106	0.317	1.384	4	0.847
35 ~ 44	6.290	6.049	1.957	0.317			
45 ~ 54	6.750	6.444	1.821	0.260			
55 ~ 64	6.500	6.215	2.058	0.329			
≥ 65	6.250	6.221	1.838	0.341			

基本统计分析结果					中位数检验		
各个评估标准下的 年龄分组 / 岁		中位数	平均值	标准差	标准误差	检验统 计量	自由度	P 值
可理解性	25 ~ 34	8.000	6.965	2.811	0.424	1.282	4	0.864
	35 ~ 44	7.000	6.692	2.233	0.362			
	45 ~ 54	8.000	6.951	2.708	0.387			
	55 ~ 64	7.000	6.430	2.731	0.437			
	≥ 65	7.044	6.764	2.642	0.491			

附表 B.3　不同学术职位用户对各个评估标准重要性评分的基本统计分析结果和方差分析结果

基本统计分析结果					中位数检验		
各个评估标准下的学术职位分组		中位数	平均值	标准差	标准 误差	检验统 计量	自由度	P 值
社会化媒体 环境	学生研究者	5.250	4.947	2.097	0.383	0.851	2	0.653
	非终身职位研究者	4.754	4.844	2.089	0.257			
	终身职位研究者	5.084	4.971	2.057	0.303			
清楚性	学生研究者	6.800	6.420	1.909	0.349	1.434	2	0.488
	非终身职位研究者	6.531	6.553	1.928	0.237			
	终身职位研究者	7.360	6.920	1.929	0.284			
可信性	学生研究者	7.500	6.963	1.947	0.355	7.857	2	0.020
	非终身职位研究者	6.500	6.437	1.704	0.210			
	终身职位研究者	7.125	6.803	1.636	0.241			
相关性	学生研究者	7.500	6.823	2.406	0.439	2.087	2	0.352
	非终身职位研究者	7.000	6.572	2.375	0.292			
	终身职位研究者	6.667	6.067	2.256	0.333			
快速性	学生研究者	7.000	5.883	2.780	0.508	3.103	2	0.212
	非终身职位研究者	5.000	5.276	3.002	0.369			
	终身职位研究者	5.565	5.219	3.216	0.474			

基本统计分析结果						中位数检验		
各个评估标准下的学术职位分组		中位数	平均值	标准差	标准误差	检验统计量	自由度	P 值
可行性	学生研究者	6.742	6.082	2.719	0.496	3.739	2	0.154
	非终身职位研究者	6.500	6.038	2.185	0.269			
	终身职位研究者	6.000	5.731	2.218	0.327			
增值性	学生研究者	7.950	6.802	2.572	0.469	3.470	2	0.176
	非终身职位研究者	7.000	6.757	2.214	0.272			
	终身职位研究者	7.500	7.240	2.049	0.302			
准确性	学生研究者	7.467	7.132	1.906	0.348	3.107	2	0.211
	非终身职位研究者	6.924	6.931	1.552	0.191			
	终身职位研究者	7.373	7.056	1.717	0.253			
详细性	学生研究者	7.084	6.966	1.730	0.316	0.122	2	0.941
	非终身职位研究者	7.167	7.108	1.502	0.185			
	终身职位研究者	7.214	6.887	1.805	0.266			
可验证	学生研究者	6.250	6.027	2.347	0.429	0.190	2	0.909
	非终身职位研究者	6.000	6.000	2.080	0.256			
	终身职位研究者	6.000	5.894	2.018	0.298			
全面性	学生研究者	6.834	6.188	2.079	0.380	1.036	2	0.596
	非终身职位研究者	6.183	6.242	2.036	0.251			
	终身职位研究者	6.333	6.257	1.921	0.283			
提供意见	学生研究者	8.000	7.238	2.116	0.386	4.164	2	0.125
	非终身职位研究者	7.000	6.850	1.891	0.233			
	终身职位研究者	7.750	7.503	1.627	0.240			
专业性	学生研究者	6.812	6.424	2.210	0.404	2.879	2	0.237
	非终身职位研究者	6.750	6.629	1.900	0.234			
	终身职位研究者	7.500	7.055	2.047	0.302			

基本统计分析结果						中位数检验		
各个评估标准下的学术职位分组		中位数	平均值	标准差	标准误差	检验统计量	自由度	P 值
回答者在平台上的权威性	学生研究者	5.167	4.909	2.787	0.509	0.881	2	0.644
	非终身职位研究者	4.298	4.601	2.658	0.327			
	终身职位研究者	4.000	4.397	2.643	0.390			
回答者的学术权威性	学生研究者	4.889	4.842	2.530	0.462	0.239	2	0.887
	非终身职位研究者	5.000	4.900	2.402	0.296			
	终身职位研究者	4.834	4.524	2.265	0.334			
新颖性	学生研究者	6.625	6.245	1.979	0.361	0.140	2	0.932
	非终身职位研究者	6.468	6.350	1.983	0.244			
	终身职位研究者	6.211	6.401	2.075	0.306			
可理解性	学生研究者	8.000	7.020	2.662	0.486	0.453	2	0.797
	非终身职位研究者	7.260	6.738	2.703	0.333			
	终身职位研究者	7.000	6.676	2.583	0.381			

附表 B.4　对不同学科答案质量评估时用户对各个评估标准重要性评分的基本统计分析结果和方差分析结果

基本统计分析结果						中位数检验		
各个评估标准下的学科分组		中位数	平均值	标准差	标准误差	检验统计量	自由度	P 值
社会化媒体环境	图书馆信息服务	5.125	5.015	2.282	0.249	3.673	2	0.159
	艺术史	4.667	4.578	2.260	0.305			
	天体物理学	4.167	4.387	2.124	0.244			
清楚性	图书馆信息服务	7.000	6.747	1.902	0.208	2.689	2	0.261
	艺术史	6.600	6.360	2.047	0.276			
	天体物理学	6.600	6.480	1.912	0.219			
可信性	图书馆信息服务	7.000	6.787	1.865	0.203	1.422	2	0.491
	艺术史	6.750	6.217	2.039	0.275			
	天体物理学	6.767	6.555	1.765	0.202			

续表

基本统计分析结果						中位数检验		
各个评估标准下的学科分组		中位数	平均值	标准差	标准误差	检验统计量	自由度	P 值
相关性	图书馆信息服务	7.667	6.855	2.485	0.271	11.388	2	0.003
	艺术史	6.000	6.035	2.227	0.300			
	天体物理学	6.470	6.102	2.404	0.276			
快速性	图书馆信息服务	5.509	5.579	3.116	0.340	0.272	2	0.873
	艺术史	5.129	5.067	2.734	0.369			
	天体物理学	5.000	5.074	3.337	0.383			
可行性	图书馆信息服务	6.500	5.979	2.552	0.279	2.440	2	0.295
	艺术史	5.500	5.265	2.445	0.330			
	天体物理学	5.945	5.600	2.500	0.287			
增值性	图书馆信息服务	7.500	7.261	2.069	0.226	3.549	2	0.170
	艺术史	7.000	6.957	2.267	0.306			
	天体物理学	7.000	6.472	2.530	0.290			
准确性	图书馆信息服务	7.237	7.139	1.800	0.196	0.261	2	0.878
	艺术史	6.800	6.861	1.718	0.232			
	天体物理学	7.100	6.984	1.622	0.186			
详细性	图书馆信息服务	7.333	7.249	1.763	0.192	6.895	2	0.032
	艺术史	6.500	6.618	1.628	0.220			
	天体物理学	7.000	6.770	1.712	0.196			
可验证	图书馆信息服务	6.584	6.175	2.215	0.242	2.846	2	0.241
	艺术史	6.000	5.626	2.278	0.307			
	天体物理学	6.000	5.650	1.962	0.225			
全面性	图书馆信息服务	6.550	6.483	2.112	0.230	1.748	2	0.417
	艺术史	6.333	6.034	2.049	0.276			
	天体物理学	5.667	5.911	2.110	0.242			

基本统计分析结果					中位数检验		
各个评估标准下的学科分组		中位数	平均值	标准差	标准误差	检验统计量	自由度	P 值
提供意见	图书馆信息服务	8.000	7.287	2.011	0.219	4.051	2	0.132
	艺术史	7.500	6.856	2.133	0.288			
	天体物理学	7.000	6.836	2.030	0.233			
专业性	图书馆信息服务	7.081	6.820	2.060	0.225	1.247	2	0.536
	艺术史	6.750	6.372	2.165	0.292			
	天体物理学	6.250	6.408	1.972	0.226			
回答者在平台上的权威性	图书馆信息服务	4.667	4.723	2.956	0.323	1.822	2	0.402
	艺术史	3.667	3.983	2.692	0.363			
	天体物理学	4.000	4.211	2.673	0.307			
回答者的学术权威性	图书馆信息服务	5.111	4.826	2.618	0.286	2.116	2	0.347
	艺术史	4.667	4.370	2.373	0.320			
	天体物理学	4.333	4.346	2.358	0.270			
新颖性	图书馆信息服务	6.468	6.384	2.053	0.224	0.641	2	0.726
	艺术史	6.250	6.069	1.983	0.267			
	天体物理学	6.000	5.919	2.242	0.257			
可理解性	图书馆信息服务	8.000	7.110	2.484	0.271	1.395	2	0.498
	艺术史	7.000	6.236	3.000	0.404			
	天体物理学	7.000	6.740	2.624	0.301			

附表 B.5 对信息寻求型问题和讨论寻求型问题的答案进行评估时在各个评估标准重要性评分的
基本统计分析结果和方差分析结果

基本统计分析结果						中位数检验		
各个评估标准下的问题类型分组		中位数	平均值	标准差	标准误差	卡方	自由度	P值
社会化媒体环境	信息寻求型问题	4.822	4.803	2.239	0.213	0.313	1	0.576
	讨论寻求型问题	4.667	4.693	2.198	0.226			
清楚性	信息寻求型问题	6.800	6.651	1.938	0.184	0.004	1	0.948
	讨论寻求型问题	6.800	6.486	1.949	0.200			
可信性	信息寻求型问题	7.000	6.777	1.853	0.176	0.152	1	0.697
	讨论寻求型问题	6.750	6.349	1.856	0.190			
相关性	信息寻求型问题	7.000	6.694	2.351	0.223	0.313	1	0.576
	讨论寻求型问题	6.667	6.181	2.384	0.245			
快速性	信息寻求型问题	6.000	5.566	3.069	0.291	1.250	1	0.264
	讨论寻求型问题	5.000	5.154	3.031	0.311			
可行性	信息寻求型问题	6.500	6.041	2.382	0.226	2.965	1	0.085
	讨论寻求型问题	5.500	5.417	2.544	0.261			
增值性	信息寻求型问题	7.000	6.960	2.248	0.213	0.002	1	0.964
	讨论寻求型问题	7.500	6.918	2.342	0.240			
准确性	信息寻求型问题	7.400	7.178	1.645	0.156	1.667	1	0.197
	讨论寻求型问题	7.000	6.862	1.815	0.186			
详细性	信息寻求型问题	7.167	7.144	1.635	0.155	0.119	1	0.730
	讨论寻求型问题	7.000	6.743	1.818	0.187			
可验证	信息寻求型问题	6.167	6.033	2.143	0.203	1.300	1	0.254
	讨论寻求型问题	5.833	5.723	2.153	0.221			
全面性	信息寻求型问题	6.333	6.208	2.146	0.204	0.118	1	0.731
	讨论寻求型问题	6.333	6.226	2.023	0.208			
提供意见	信息寻求型问题	7.500	6.973	2.126	0.202	0.091	1	0.763
	讨论寻求型问题	7.500	7.142	2.012	0.206			

基本统计分析结果						中位数检验		
各个评估标准下的问题类型分组		中位数	平均值	标准差	标准误差	卡方	自由度	P 值
专业性	信息寻求型问题	7.000	6.769	2.045	0.194	0.078	1	0.780
	讨论寻求型问题	6.750	6.429	2.051	0.210			
回答者在平台上的权威性	信息寻求型问题	4.262	4.583	2.785	0.264	0.313	1	0.576
	讨论寻求型问题	4.000	4.241	2.823	0.290			
回答者的学术权威性	信息寻求型问题	4.667	4.704	2.450	0.233	0.000	1	1.000
	讨论寻求型问题	4.548	4.428	2.529	0.260			
新颖性	信息寻求型问题	6.250	6.197	1.983	0.188	0.078	1	0.780
	讨论寻求型问题	6.436	6.205	2.243	0.230			
可理解性	信息寻求型问题	7.000	6.779	2.577	0.245	0.703	1	0.402
	讨论寻求型问题	8.000	6.926	2.681	0.275			

附表 B.6　对评估标准 – 提供意见的多因素方差分析结果

源	III 型平方和	df	均方	F	Sig.
校正模型	555.457[a]	131	4.240	1.021	0.465
截距	2834.098	1	2834.098	682.194	0.000
问题类型	0.627	2	0.313	0.075	0.927
年龄	11.794	5	2.359	0.568	0.724
性别	40.721	2	20.360	4.901	0.010
学术职位	28.454	3	9.485	2.283	0.085
学科	8.144	2	4.072	0.980	0.380
问题类型 * 年龄	11.772	5	2.354	0.567	0.725
问题类型 * 性别	2.950	1	2.950	0.710	0.402
问题类型 * 学术职位	45.541	3	15.180	3.654	0.016
问题类型 * 学科	2.592	2	1.296	0.312	0.733
年龄 * 性别	19.286	5	3.857	0.928	0.467
年龄 * 学术职位	23.457	12	1.955	0.471	0.927

续表

源	Ⅲ型平方和	df	均方	F	Sig.
年龄＊学科	36.405	9	4.045	0.974	0.468
性别＊学术职位	6.174	3	2.058	0.495	0.686
性别＊学科	12.510	2	6.255	1.506	0.228
学术职位＊学科	48.223	6	8.037	1.935	0.085
问题类型＊年龄＊性别	0.055	1	0.055	0.013	0.909
问题类型＊年龄＊学术职位	22.927	4	5.732	1.380	0.248
问题类型＊年龄＊学科	11.612	4	2.903	0.699	0.595
问题类型＊性别＊学术职位	0.000	0	—	—	—
问题类型＊性别＊学科	0.000	0	—	—	—
问题类型＊学术职位＊学科	3.878	2	1.939	0.467	0.629
年龄＊性别＊学术职位	6.799	2	3.400	0.818	0.445
年龄＊性别＊学科	0.000	0	—	—	—
年龄＊学术职位＊学科	14.729	8	1.841	0.443	0.892
性别＊学术职位＊学科	0.000	0	—	—	—
问题类型＊年龄＊性别＊学术职位	0.000	0	—	—	—
问题类型＊年龄＊性别＊学科	0.000	0	—	—	—
问题类型＊年龄＊学术职位＊学科	0.000	0	—	—	—
问题类型＊性别＊学术职位＊学科	0.000	0	—	—	—
年龄＊性别＊学术职位＊学科	0.000	0	—	—	—
问题类型＊年龄＊性别＊学术职位＊学科	0.000	0	—	—	—
误差	344.814	83	4.154		
总计	11 488.089	215			
校正的总计	900.271	214			

注：a. R^2=.617（调整 R^2=.012）；＊表示多因素交互作用。

附表 B.7　对评估标准 – 详细性的多因素方差分析结果

源	Ⅲ型平方和	df	均方	F	Sig.
校正模型	393.129[a]	131	3.001	1.023	0.461
截距	2597.028	1	2597.028	885.148	0.000
问题类型	2.347	2	1.173	0.400	0.672
年龄	12.836	5	2.567	0.875	0.502
性别	12.905	2	6.453	2.199	0.117
学术职位	18.281	3	6.094	2.077	0.110
学科	12.015	2	6.008	2.048	0.136
问题类型 * 年龄	9.272	5	1.854	0.632	0.676
问题类型 * 性别	0.152	1	0.152	0.052	0.821
问题类型 * 学术职位	20.383	3	6.794	2.316	0.082
问题类型 * 学科	0.276	2	0.138	0.047	0.954
年龄 * 性别	7.514	5	1.503	0.512	0.766
年龄 * 学术职位	16.680	12	1.390	0.474	0.925
年龄 * 学科	16.658	9	1.851	0.631	0.768
性别 * 学术职位	4.741	3	1.580	0.539	0.657
性别 * 学科	0.640	2	0.320	0.109	0.897
学术职位 * 学科	27.155	6	4.526	1.543	0.175
问题类型 * 年龄 * 性别	1.500	1	1.500	0.511	0.477
问题类型 * 年龄 * 学术职位	19.297	4	4.824	1.644	0.171
问题类型 * 年龄 * 学科	15.906	4	3.977	1.355	0.257
问题类型 * 性别 * 学术职位	0.000	0	—	—	—
问题类型 * 性别 * 学科	0.000	0	—	—	—
问题类型 * 学术职位 * 学科	9.916	2	4.958	1.690	0.191
年龄 * 性别 * 学术职位	1.140	2	0.570	0.194	0.824
年龄 * 性别 * 学科	0.000	0	—	—	—
年龄 * 学术职位 * 学科	30.103	8	3.763	1.283	0.264
性别 * 学术职位 * 学科	0.000	0	—	—	—

续表

源	Ⅲ型平方和	d𝑓	均方	F	Sig.
问题类型＊年龄＊性别＊学术职位	0.000	0	—	—	—
问题类型＊年龄＊性别＊学科	0.000	0	—	—	—
问题类型＊年龄＊学术职位＊学科	0.000	0	—	—	—
问题类型＊性别＊学术职位＊学科	0.000	0	—	—	—
年龄＊性别＊学术职位＊学科	0.000	0	—	—	—
问题类型＊年龄＊性别＊学术职位＊学科	0.000	0	—	—	—
误差	243.522	83	2.934		
总计	10 926.554	215			
校正的总计	636.652	214			

注：a. R^2=.617（调整 R^2=.014）；＊表示多因素交互作用。

附表 B.8　对评估标准－准确性的多因素方差分析结果

源	Ⅲ型平方和	d𝑓	均方	F	Sig.
校正模型	402.232[a]	131	3.070	1.127	0.280
截距	2648.505	1	2648.505	972.216	0.000
问题类型	1.625	2	0.812	0.298	0.743
年龄	6.079	5	1.216	0.446	0.815
性别	24.352	2	12.176	4.470	0.014
学术职位	2.748	3	0.916	0.336	0.799
学科	7.140	2	3.570	1.310	0.275
问题类型＊年龄	12.442	5	2.488	0.913	0.476
问题类型＊性别	0.853	1	0.853	0.313	0.577
问题类型＊学术职位	20.468	3	6.823	2.504	0.065
问题类型＊学科	0.348	2	0.174	0.064	0.938
年龄＊性别	8.627	5	1.725	0.633	0.675
年龄＊学术职位	17.638	12	1.470	0.540	0.883
年龄＊学科	17.438	9	1.938	0.711	0.697

源	Ⅲ型平方和	df	均方	F	$Sig.$
性别 * 学术职位	1.656	3	0.552	0.203	0.894
性别 * 学科	0.456	2	0.228	0.084	0.920
学术职位 * 学科	39.365	6	6.561	2.408	0.034
问题类型 * 年龄 * 性别	0.304	1	0.304	0.112	0.739
问题类型 * 年龄 * 学术职位	11.793	4	2.948	1.082	0.371
问题类型 * 年龄 * 学科	9.915	4	2.479	0.910	0.462
问题类型 * 性别 * 学术职位	0.000	0	—	—	—
问题类型 * 性别 * 学科	0.000	0	—	—	—
问题类型 * 学术职位 * 学科	2.349	2	1.174	0.431	0.651
年龄 * 性别 * 学术职位	1.429	2	0.715	0.262	0.770
年龄 * 性别 * 学科	0.000	0	—	—	—
年龄 * 学术职位 * 学科	23.035	8	2.879	1.057	0.401
性别 * 学术职位 * 学科	0.000	0	—	—	—
问题类型 * 年龄 * 性别 * 学术职位	0.000	0	—	—	—
问题类型 * 年龄 * 性别 * 学科	0.000	0	—	—	—
问题类型 * 年龄 * 学术职位 * 学科	0.000	0	—	—	—
问题类型 * 性别 * 学术职位 * 学科	0.000	0	—	—	—
年龄 * 性别 * 学术职位 * 学科	0.000	0	—	—	—
问题类型 * 年龄 * 性别 * 学术职位 * 学科	0.000	0	—	—	—
误差	226.108	83	2.724		
总计	11 203.166	215			
校正的总计	628.340	214			

注：a. R^2＝.640（调整 R^2＝.072）；* 表示多因素交互作用。

附表 B.9　对评估标准 – 专业性的多因素方差分析结果

源	Ⅲ型平方和	df	均方	F	Sig.
校正模型	541.911[a]	131	4.137	0.942	0.624
截距	2299.988	1	2299.988	523.748	0.000
问题类型	7.744	2	3.872	0.882	0.418
年龄	18.175	5	3.635	0.828	0.534
性别	12.009	2	6.004	1.367	0.260
学术职位	41.239	3	13.746	3.130	0.030
学科	10.093	2	5.047	1.149	0.322
问题类型 * 年龄	19.942	5	3.988	0.908	0.480
问题类型 * 性别	1.427	1	1.427	0.325	0.570
问题类型 * 学术职位	37.566	3	12.522	2.852	0.042
问题类型 * 学科	1.798	2	0.899	0.205	0.815
年龄 * 性别	30.732	5	6.146	1.400	0.233
年龄 * 学术职位	17.196	12	1.433	0.326	0.982
年龄 * 学科	29.932	9	3.326	0.757	0.656
性别 * 学术职位	4.786	3	1.595	0.363	0.780
性别 * 学科	5.684	2	2.842	0.647	0.526
学术职位 * 学科	51.741	6	8.623	1.964	0.080
问题类型 * 年龄 * 性别	3.397	1	3.397	0.774	0.382
问题类型 * 年龄 * 学术职位	18.010	4	4.503	1.025	0.399
问题类型 * 年龄 * 学科	8.709	4	2.177	0.496	0.739
问题类型 * 性别 * 学术职位	0.000	0	—	—	—
问题类型 * 性别 * 学科	0.000	0	—	—	—
问题类型 * 学术职位 * 学科	4.353	2	2.177	0.496	0.611
年龄 * 性别 * 学术职位	0.000	2	6.204E−005	0.000	1.000
年龄 * 性别 * 学科	0.000	0	—	—	—
年龄 * 学术职位 * 学科	28.865	8	3.608	0.822	0.586

源	Ⅲ型平方和	df	均方	F	Sig.
性别 * 学术职位 * 学科	0.000	0	—	—	—
问题类型 * 年龄 * 性别 * 学术职位	0.000	0	—	—	—
问题类型 * 年龄 * 性别 * 学科	0.000	0	—	—	—
问题类型 * 年龄 * 学术职位 * 学科	0.000	0	—	—	—
问题类型 * 性别 * 学术职位 * 学科	0.000	0	—	—	—
年龄 * 性别 * 学术职位 * 学科	0.000	0	—	—	—
问题类型 * 年龄 * 性别 * 学术职位 * 学科	0.000	0	—	—	—
误差	364.487	83	4.391		
总计	10 157.716	215			
校正的总计	906.398	214			

注：a. R^2=.598（调整 R^2=−.037）；* 表示多因素交互作用。

附表 B.10　对评估标准 – 清楚性的多因素方差分析结果

源	Ⅲ型平方和	df	均方	F	Sig.
校正模型	510.455[a]	131	3.897	1.106	0.312
截距	2406.943	1	2406.943	683.371	0.000
问题类型	0.001	2	0.000	0.000	1.000
年龄	4.590	5	0.918	0.261	0.933
性别	23.941	2	11.970	3.399	0.038
学术职位	22.366	3	7.455	2.117	0.104
学科	3.623	2	1.812	0.514	0.600
问题类型 * 年龄	6.619	5	1.324	0.376	0.864
问题类型 * 性别	11.143	1	11.143	3.164	0.079
问题类型 * 学术职位	35.648	3	11.883	3.374	0.022
问题类型 * 学科	5.979	2	2.989	0.849	0.432
年龄 * 性别	12.161	5	2.432	0.691	0.632
年龄 * 学术职位	23.823	12	1.985	0.564	0.865

续表

源	Ⅲ型平方和	df	均方	F	Sig.
年龄＊学科	18.777	9	2.086	0.592	0.800
性别＊学术职位	1.796	3	0.599	0.170	0.916
性别＊学科	3.355	2	1.678	0.476	0.623
学术职位＊学科	17.226	6	2.871	0.815	0.561
问题类型＊年龄＊性别	0.348	1	0.348	0.099	0.754
问题类型＊年龄＊学术职位	21.933	4	5.483	1.557	0.194
问题类型＊年龄＊学科	20.177	4	5.044	1.432	0.231
问题类型＊性别＊学术职位	0.000	0	—	—	—
问题类型＊性别＊学科	0.000	0	—	—	—
问题类型＊学术职位＊学科	2.424	2	1.212	0.344	0.710
年龄＊性别＊学术职位	1.234	2	0.617	0.175	0.840
年龄＊性别＊学科	0.000	0	—	—	—
年龄＊学术职位＊学科	34.733	8	4.342	1.233	0.291
性别＊学术职位＊学科	0.000	0	—	—	—
问题类型＊年龄＊性别＊学术职位	0.000	0	—	—	—
问题类型＊年龄＊性别＊学科	0.000	0	—	—	—
问题类型＊年龄＊学术职位＊学科	0.000	0	—	—	—
问题类型＊性别＊学术职位＊学科	0.000	0	—	—	—
年龄＊性别＊学术职位＊学科	0.000	0	—	—	—
问题类型＊年龄＊性别＊学术职位＊学科	0.000	0	—	—	—
误差	292.339	83	3.522		
总计	10 030.252	215			
校正的总计	802.795	214			

注：a. R^2=.636（调整 R^2=.061）；＊表示因素交互作用。

附表 B.11　对评估标准 – 全面性的多因素方差分析结果

源	Ⅲ型平方和	df	均方	F	Sig.
校正模型	565.628ᵃ	131	4.318	0.944	0.620
截距	2031.298	1	2031.298	444.000	0.000
问题类型	6.261	2	3.131	0.684	0.507
年龄	8.465	5	1.693	0.370	0.868
性别	28.018	2	14.009	3.062	0.052
学术职位	12.628	3	4.209	0.920	0.435
学科	4.350	2	2.175	0.475	0.623
问题类型 * 年龄	6.482	5	1.296	0.283	0.921
问题类型 * 性别	1.525	1	1.525	0.333	0.565
问题类型 * 学术职位	10.623	3	3.541	0.774	0.512
问题类型 * 学科	4.421	2	2.211	0.483	0.619
年龄 * 性别	12.830	5	2.566	0.561	0.730
年龄 * 学术职位	56.647	12	4.721	1.032	0.428
年龄 * 学科	34.517	9	3.835	0.838	0.583
性别 * 学术职位	7.897	3	2.632	0.575	0.633
性别 * 学科	3.058	2	1.529	0.334	0.717
学术职位 * 学科	46.432	6	7.739	1.692	0.133
问题类型 * 年龄 * 性别	7.844	1	7.844	1.715	0.194
问题类型 * 年龄 * 学术职位	13.382	4	3.345	0.731	0.573
问题类型 * 年龄 * 学科	40.142	4	10.036	2.194	0.077
问题类型 * 性别 * 学术职位	0.000	0	—	—	—
问题类型 * 性别 * 学科	0.000	0	—	—	—
问题类型 * 学术职位 * 学科	9.229	2	4.615	1.009	0.369
年龄 * 性别 * 学术职位	4.285	2	2.143	0.468	0.628
年龄 * 性别 * 学科	0.000	0	—	—	—
年龄 * 学术职位 * 学科	22.809	8	2.851	0.623	0.756

续表

源	Ⅲ型平方和	df	均方	F	Sig.
性别 * 学术职位 * 学科	0.000	0	—	—	—
问题类型 * 年龄 * 性别 * 学术职位	0.000	0	—	—	—
问题类型 * 年龄 * 性别 * 学科	0.000	0	—	—	—
问题类型 * 年龄 * 学术职位 * 学科	0.000	0	—	—	—
问题类型 * 性别 * 学术职位 * 学科	0.000	0	—	—	—
年龄 * 性别 * 学术职位 * 学科	0.000	0	—	—	—
问题类型 * 年龄 * 性别 * 学术职位 * 学科	0.000	0	—	—	—
误差	379.724	83	4.575		
总计	9119.717	215			
校正的总计	945.352	214			

注：a. R^2=.598（调整 R^2=−.036）；* 表示多因素交互作用。

附表 B.12 对评估标准 – 可验证性的多因素方差分析结果

源	Ⅲ型平方和	df	均方	F	Sig.
校正模型	654.657[a]	131	4.997	1.234	0.151
截距	1930.700	1	1930.700	476.732	0.000
问题类型	3.598	2	1.799	0.444	0.643
年龄	28.629	5	5.726	1.414	0.228
性别	13.384	2	6.692	1.652	0.198
学术职位	30.459	3	10.153	2.507	0.065
学科	12.576	2	6.288	1.553	0.218
问题类型 * 年龄	5.546	5	1.109	0.274	0.926
问题类型 * 性别	0.721	1	0.721	0.178	0.674
问题类型 * 学术职位	29.735	3	9.912	2.447	0.069
问题类型 * 学科	4.277	2	2.138	0.528	0.592
年龄 * 性别	14.361	5	2.872	0.709	0.618
年龄 * 学术职位	29.074	12	2.423	0.598	0.838

源	Ⅲ型平方和	df	均方	F	$Sig.$
年龄＊学科	32.067	9	3.563	0.880	0.547
性别＊学术职位	19.324	3	6.441	1.590	0.198
性别＊学科	1.884	2	0.942	0.233	0.793
学术职位＊学科	52.772	6	8.795	2.172	0.054
问题类型＊年龄＊性别	1.429	1	1.429	0.353	0.554
问题类型＊年龄＊学术职位	21.626	4	5.407	1.335	0.264
问题类型＊年龄＊学科	47.005	4	11.751	2.902	0.027
问题类型＊性别＊学术职位	0.000	0	—	—	—
问题类型＊性别＊学科	0.000	0	—	—	—
问题类型＊学术职位＊学科	43.699	2	21.849	5.395	0.006
年龄＊性别＊学术职位	6.289	2	3.145	0.776	0.463
年龄＊性别＊学科	0.000	0	—	—	—
年龄＊学术职位＊学科	33.344	8	4.168	1.029	0.421
性别＊学术职位＊学科	0.000	0	—	—	—
问题类型＊年龄＊性别＊学术职位	0.000	0	—	—	—
问题类型＊年龄＊性别＊学科	0.000	0	—	—	—
问题类型＊年龄＊学术职位＊学科	0.000	0	—	—	—
问题类型＊性别＊学术职位＊学科	0.000	0	—	—	—
年龄＊性别＊学术职位＊学科	0.000	0	—	—	—
问题类型＊年龄＊性别＊学术职位＊学科	0.000	0	—	—	—
误差	336.139	83	4.050		
总计	8345.849	215			
校正的总计	990.795	214			

注：a．R^2=.661（调整 R^2=.125）；＊表示多因素交互作用。

附表 B.13　对评估标准－增值性的多因素方差分析结果

源	Ⅲ型平方和	df	均方	F	Sig.
校正模型	738.694[a]	131	5.639	1.173	0.217
截距	2712.001	1	2712.001	563.993	0.000
问题类型	0.576	2	0.288	0.060	0.942
年龄	22.428	5	4.486	0.933	0.464
性别	30.158	2	15.079	3.136	0.049
学术职位	18.955	3	6.318	1.314	0.275
学科	12.893	2	6.447	1.341	0.267
问题类型 * 年龄	10.340	5	2.068	0.430	0.826
问题类型 * 性别	6.473	1	6.473	1.346	0.249
问题类型 * 学术职位	23.302	3	7.767	1.615	0.192
问题类型 * 学科	4.897	2	2.448	0.509	0.603
年龄 * 性别	16.048	5	3.210	0.667	0.649
年龄 * 学术职位	56.063	12	4.672	0.972	0.482
年龄 * 学科	35.428	9	3.936	0.819	0.601
性别 * 学术职位	5.181	3	1.727	0.359	0.783
性别 * 学科	10.513	2	5.257	1.093	0.340
学术职位 * 学科	28.649	6	4.775	0.993	0.436
问题类型 * 年龄 * 性别	3.394	1	3.394	0.706	0.403
问题类型 * 年龄 * 学术职位	8.868	4	2.217	0.461	0.764
问题类型 * 年龄 * 学科	16.989	4	4.247	0.883	0.478
问题类型 * 性别 * 学术职位	0.000	0	—	—	—
问题类型 * 性别 * 学科	0.000	0	—	—	—
问题类型 * 学术职位 * 学科	15.683	2	7.841	1.631	0.202
年龄 * 性别 * 学术职位	0.419	2	0.209	0.044	0.957
年龄 * 性别 * 学科	0.000	0	—	—	—
年龄 * 学术职位 * 学科	17.860	8	2.232	0.464	0.878

源	Ⅲ型平方和	df	均方	F	Sig.
性别 * 学术职位 * 学科	0.000	0	—	—	—
问题类型 * 年龄 * 性别 * 学术职位	0.000	0	—	—	—
问题类型 * 年龄 * 性别 * 学科	0.000	0	—	—	—
问题类型 * 年龄 * 学术职位 * 学科	0.000	0	—	—	—
问题类型 * 性别 * 学术职位 * 学科	0.000	0	—	—	—
年龄 * 性别 * 学术职位 * 学科	0.000	0	—	—	—
问题类型 * 年龄 * 性别 * 学术职位 * 学科	0.000	0	—	—	—
误差	399.112	83	4.809		
总计	11 386.130	215			
校正的总计	1137.805	214			

注：a. R^2=.649（调整 R^2=.096）；* 表示多因素交互作用。

附表 B.14　对评估标准 – 可理解性的多因素方差分析结果

源	Ⅲ型平方和	df	均方	F	Sig.
校正模型	904.152[a]	131	6.902	0.921	0.666
截距	2326.878	1	2326.878	310.608	0.000
问题类型	15.086	2	7.543	1.007	0.370
年龄	11.465	5	2.293	0.306	0.908
性别	90.734	2	45.367	6.056	0.004
学术职位	6.172	3	2.057	0.275	0.844
学科	7.214	2	3.607	0.482	0.620
问题类型 * 年龄	6.012	5	1.202	0.161	0.976
问题类型 * 性别	6.237	1	6.237	0.833	0.364
问题类型 * 学术职位	35.526	3	11.842	1.581	0.200
问题类型 * 学科	11.260	2	5.630	0.752	0.475
年龄 * 性别	15.591	5	3.118	0.416	0.836
年龄 * 学术职位	124.105	12	10.342	1.381	0.192

续表

源	Ⅲ型平方和	df	均方	F	*Sig.*
年龄＊学科	31.554	9	3.506	0.468	0.892
性别＊学术职位	2.892	3	0.964	0.129	0.943
性别＊学科	21.147	2	10.573	1.411	0.250
学术职位＊学科	35.710	6	5.952	0.794	0.577
问题类型＊年龄＊性别	0.652	1	0.652	0.087	0.769
问题类型＊年龄＊学术职位	13.793	4	3.448	0.460	0.765
问题类型＊年龄＊学科	16.345	4	4.086	0.545	0.703
问题类型＊性别＊学术职位	0.000	0	—	—	—
问题类型＊性别＊学科	0.000	0	—	—	—
问题类型＊学术职位＊学科	0.379	2	0.190	0.025	0.975
年龄＊性别＊学术职位	0.387	2	0.194	0.026	0.975
年龄＊性别＊学科	0.000	0	—	—	—
年龄＊学术职位＊学科	49.044	8	6.130	0.818	0.589
性别＊学术职位＊学科	0.000	0	—	—	—
问题类型＊年龄＊性别＊学术职位	0.000	0	—	—	—
问题类型＊年龄＊性别＊学科	0.000	0	—	—	—
问题类型＊年龄＊学术职位＊学科	0.000	0	—	—	—
问题类型＊性别＊学术职位＊学科	0.000	0	—	—	—
年龄＊性别＊学术职位＊学科	0.000	0	—	—	—
问题类型＊年龄＊性别＊学术职位＊学科	0.000	0	—	—	—
误差	621.783	83	7.491		
总计	11 332.000	215			
校正的总计	1525.935	214			

注：a. R^2=.593（调整 R^2=−.051）；＊表示多因素交互作用。

附表 B.15　对评估标准－相关性的多因素方差分析结果

源	Ⅲ型平方和	df	均方	F	Sig.
校正模型	815.683ᵃ	131	6.227	1.203	0.182
截距	2040.568	1	2040.568	394.383	0.000
问题类型	8.988	2	4.494	0.869	0.423
年龄	7.448	5	1.490	0.288	0.918
性别	35.762	2	17.881	3.456	0.036
学术职位	35.121	3	11.707	2.263	0.087
学科	26.454	2	13.227	2.556	0.084
问题类型 * 年龄	22.419	5	4.484	0.867	0.507
问题类型 * 性别	4.990	1	4.990	0.964	0.329
问题类型 * 学术职位	28.803	3	9.601	1.856	0.143
问题类型 * 学科	2.684	2	1.342	0.259	0.772
年龄 * 性别	40.554	5	8.111	1.568	0.178
年龄 * 学术职位	43.709	12	3.642	0.704	0.743
年龄 * 学科	21.742	9	2.416	0.467	0.893
性别 * 学术职位	23.909	3	7.970	1.540	0.210
性别 * 学科	12.116	2	6.058	1.171	0.315
学术职位 * 学科	31.580	6	5.263	1.017	0.420
问题类型 * 年龄 * 性别	3.677	1	3.677	0.711	0.402
问题类型 * 年龄 * 学术职位	28.367	4	7.092	1.371	0.251
问题类型 * 年龄 * 学科	37.597	4	9.399	1.817	0.133
问题类型 * 性别 * 学术职位	0.000	0	—	—	—
问题类型 * 性别 * 学科	0.000	0	—	—	—
问题类型 * 学术职位 * 学科	55.920	2	27.960	5.404	0.006
年龄 * 性别 * 学术职位	11.360	2	5.680	1.098	0.338
年龄 * 性别 * 学科	0.000	0	—	—	—
年龄 * 学术职位 * 学科	26.902	8	3.363	0.650	0.734

续表

源	Ⅲ型平方和	df	均方	F	Sig.
性别 * 学术职位 * 学科	0.000	0	—	—	—
问题类型 * 年龄 * 性别 * 学术职位	0.000	0	—	—	—
问题类型 * 年龄 * 性别 * 学科	0.000	0	—	—	—
问题类型 * 年龄 * 学术职位 * 学科	0.000	0	—	—	—
问题类型 * 性别 * 学术职位 * 学科	0.000	0	—	—	—
年龄 * 性别 * 学术职位 * 学科	0.000	0	—	—	—
问题类型 * 年龄 * 性别 * 学术职位 * 学科	0.000	0	—	—	—
误差	429.449	83	5.174		
总计	9994.205	215			
校正的总计	1245.132	214			

注：a. R^2=.655（调整 R^2=.111）；* 表示多因素交互作用。

附表 B.16　对评估标准 – 可信性的多因素方差分析结果

源	Ⅲ型平方和	df	均方	F	Sig.
校正模型	486.728[a]	131	3.715	1.138	0.263
截距	2268.820	1	2268.820	695.075	0.000
问题类型	5.841	2	2.920	0.895	0.413
年龄	15.936	5	3.187	0.976	0.437
性别	22.204	2	11.102	3.401	0.038
学术职位	8.179	3	2.726	0.835	0.478
学科	11.200	2	5.600	1.716	0.186
问题类型 * 年龄	13.429	5	2.686	0.823	0.537
问题类型 * 性别	0.943	1	0.943	0.289	0.592
问题类型 * 学术职位	15.859	3	5.286	1.620	0.191
问题类型 * 学科	1.095	2	0.547	0.168	0.846
年龄 * 性别	2.442	5	0.488	0.150	0.980
年龄 * 学术职位	17.658	12	1.471	0.451	0.937

源	Ⅲ型平方和	df	均方	F	$Sig.$
年龄＊学科	10.309	9	1.145	0.351	0.955
性别＊学术职位	3.396	3	1.132	0.347	0.792
性别＊学科	8.295	2	4.147	1.271	0.286
学术职位＊学科	28.576	6	4.763	1.459	0.202
问题类型＊年龄＊性别	0.784	1	0.784	0.240	0.625
问题类型＊年龄＊学术职位	7.171	4	1.793	0.549	0.700
问题类型＊年龄＊学科	6.094	4	1.523	0.467	0.760
问题类型＊性别＊学术职位	0.000	0	—	—	—
问题类型＊性别＊学科	0.000	0	—	—	—
问题类型＊学术职位＊学科	5.457	2	2.729	0.836	0.437
年龄＊性别＊学术职位	1.292	2	0.646	0.198	0.821
年龄＊性别＊学科	0.000	0	—	—	—
年龄＊学术职位＊学科	27.694	8	3.462	1.061	0.399
性别＊学术职位＊学科	0.000	0	—	—	—
问题类型＊年龄＊性别＊学术职位	0.000	0	—	—	—
问题类型＊年龄＊性别＊学科	0.000	0	—	—	—
问题类型＊年龄＊学术职位＊学科	0.000	0	—	—	—
问题类型＊性别＊学术职位＊学科	0.000	0	—	—	—
年龄＊性别＊学术职位＊学科	0.000	0	—	—	—
问题类型＊年龄＊性别＊学术职位＊学科	0.000	0	—	—	—
误差	270.923	83	3.264		
总计	10 007.068	215			
校正的总计	757.651	214			

注：a. R^2=.642（调整 R^2=.078）；＊表示多因素交互作用。

附表 B.17　对评估标准 – 新颖性的多因素方差分析结果

源	III型平方和	df	均方	F	Sig.
校正模型	626.788[a]	131	4.785	1.237	0.148
截距	1999.182	1	1999.182	516.785	0.000
问题类型	5.074	2	2.537	0.656	0.522
年龄	11.067	5	2.213	0.572	0.721
性别	17.687	2	8.843	2.286	0.108
学术职位	54.353	3	18.118	4.683	0.005
学科	9.516	2	4.758	1.230	0.298
问题类型 * 年龄	17.303	5	3.461	0.895	0.489
问题类型 * 性别	1.374	1	1.374	0.355	0.553
问题类型 * 学术职位	22.715	3	7.572	1.957	0.127
问题类型 * 学科	16.400	2	8.200	2.120	0.127
年龄 * 性别	43.263	5	8.653	2.237	0.058
年龄 * 学术职位	60.255	12	5.021	1.298	0.235
年龄 * 学科	47.894	9	5.322	1.376	0.212
性别 * 学术职位	13.780	3	4.593	1.187	0.320
性别 * 学科	15.241	2	7.621	1.970	0.146
学术职位 * 学科	33.912	6	5.652	1.461	0.202
问题类型 * 年龄 * 性别	0.191	1	0.191	0.049	0.825
问题类型 * 年龄 * 学术职位	32.078	4	8.019	2.073	0.092
问题类型 * 年龄 * 学科	17.880	4	4.470	1.155	0.336
问题类型 * 性别 * 学术职位	0.000	0	—	—	—
问题类型 * 性别 * 学科	0.000	0	—	—	—
问题类型 * 学术职位 * 学科	15.933	2	7.967	2.059	0.134
年龄 * 性别 * 学术职位	20.325	2	10.163	2.627	0.078
年龄 * 性别 * 学科	0.000	0	—	—	—
年龄 * 学术职位 * 学科	31.851	8	3.981	1.029	0.421

源	Ⅲ型平方和	df	均方	F	Sig.
性别 * 学术职位 * 学科	0.000	0	—	—	—
问题类型 * 年龄 * 性别 * 学术职位	0.000	0	—	—	—
问题类型 * 年龄 * 性别 * 学科	0.000	0	—	—	—
问题类型 * 年龄 * 学术职位 * 学科	0.000	0	—	—	—
问题类型 * 性别 * 学术职位 * 学科	0.000	0	—	—	—
年龄 * 性别 * 学术职位 * 学科	0.000	0	—	—	—
问题类型 * 年龄 * 性别 * 学术职位 * 学科	0.000	0	—	—	—
误差	321.086	83	3.869		
总计	9051.237	215			
校正的总计	947.874	214			

注：a. R^2=.661（调整 R^2=.127）；* 表示多因素交互作用。

附表 B.18　对评估标准 – 可行性的多因素方差分析结果

源	Ⅲ型平方和	df	均方	F	Sig.
校正模型	871.231[a]	131	6.651	1.154	0.242
截距	1606.150	1	1606.150	278.621	0.000
问题类型	7.213	2	3.606	0.626	0.537
年龄	18.701	5	3.740	0.649	0.663
性别	48.632	2	24.316	4.218	0.018
学术职位	60.599	3	20.200	3.504	0.019
学科	27.549	2	13.775	2.390	0.098
问题类型 * 年龄	26.823	5	5.365	0.931	0.466
问题类型 * 性别	0.015	1	0.015	0.003	0.960
问题类型 * 学术职位	23.011	3	7.670	1.331	0.270
问题类型 * 学科	1.247	2	0.624	0.108	0.898
年龄 * 性别	40.998	5	8.200	1.422	0.225
年龄 * 学术职位	37.503	12	3.125	0.542	0.881

续表

源	Ⅲ型平方和	df	均方	F	Sig.
年龄 * 学科	22.866	9	2.541	0.441	0.909
性别 * 学术职位	20.112	3	6.704	1.163	0.329
性别 * 学科	4.923	2	2.462	0.427	0.654
学术职位 * 学科	36.062	6	6.010	1.043	0.404
问题类型 * 年龄 * 性别	0.011	1	0.011	0.002	0.965
问题类型 * 年龄 * 学术职位	60.421	4	15.105	2.620	0.041
问题类型 * 年龄 * 学科	35.138	4	8.784	1.524	0.203
问题类型 * 性别 * 学术职位	0.000	0	—	—	—
问题类型 * 性别 * 学科	0.000	0	—	—	—
问题类型 * 学术职位 * 学科	47.192	2	23.596	4.093	0.020
年龄 * 性别 * 学术职位	23.683	2	11.841	2.054	0.135
年龄 * 性别 * 学科	0.000	0	—	—	—
年龄 * 学术职位 * 学科	24.252	8	3.032	0.526	0.834
性别 * 学术职位 * 学科	0.000	0	—	—	—
问题类型 * 年龄 * 性别 * 学术职位	0.000	0	—	—	—
问题类型 * 年龄 * 性别 * 学科	0.000	0	—	—	—
问题类型 * 年龄 * 学术职位 * 学科	0.000	0	—	—	—
问题类型 * 性别 * 学术职位 * 学科	0.000	0	—	—	—
年龄 * 性别 * 学术职位 * 学科	0.000	0	—	—	—
问题类型 * 年龄 * 性别 * 学术职位 * 学科	0.000	0	—	—	—
误差	478.465	83	5.765		
总计	8243.759	215			
校正的总计	1349.696	214			

注：a. $R^2=.646$（调整 $R^2=.086$）；* 表示多因素交互作用。

附表 B.19　对评估标准 – 快速性的多因素方差分析结果

源	Ⅲ型平方和	df	均方	F	Sig.
校正模型	1249.798[a]	131	9.540	0.989	0.529
截距	1199.326	1	1199.326	124.293	0.000
问题类型	19.157	2	9.579	0.993	0.375
年龄	5.014	5	1.003	0.104	0.991
性别	19.136	2	9.568	0.992	0.375
学术职位	11.775	3	3.925	0.407	0.749
学科	16.347	2	8.173	0.847	0.432
问题类型 * 年龄	31.582	5	6.316	0.655	0.659
问题类型 * 性别	7.082	1	7.082	0.734	0.394
问题类型 * 学术职位	34.751	3	11.584	1.200	0.315
问题类型 * 学科	9.946	2	4.973	0.515	0.599
年龄 * 性别	16.394	5	3.279	0.340	0.887
年龄 * 学术职位	72.160	12	6.013	0.623	0.817
年龄 * 学科	105.335	9	11.704	1.213	0.298
性别 * 学术职位	28.608	3	9.536	0.988	0.402
性别 * 学科	15.430	2	7.715	0.800	0.453
学术职位 * 学科	120.471	6	20.079	2.081	0.064
问题类型 * 年龄 * 性别	19.672	1	19.672	2.039	0.157
问题类型 * 年龄 * 学术职位	12.444	4	3.111	0.322	0.862
问题类型 * 年龄 * 学科	78.210	4	19.553	2.026	0.098
问题类型 * 性别 * 学术职位	0.000	0	—	—	—
问题类型 * 性别 * 学科	0.000	0	—	—	—
问题类型 * 学术职位 * 学科	34.585	2	17.293	1.792	0.173
年龄 * 性别 * 学术职位	17.262	2	8.631	0.895	0.413
年龄 * 性别 * 学科	0.000	0	—	—	—
年龄 * 学术职位 * 学科	39.393	8	4.924	0.510	0.845

续表

源	Ⅲ型平方和	d*f*	均方	*F*	*Sig.*
性别*学术职位*学科	0.000	0	—	—	—
问题类型*年龄*性别*学术职位	0.000	0	—	—	—
问题类型*年龄*性别*学科	0.000	0	—	—	—
问题类型*年龄*学术职位*学科	0.000	0	—	—	—
问题类型*性别*学术职位*学科	0.000	0	—	—	—
年龄*性别*学术职位*学科	0.000	0	—	—	—
问题类型*年龄*性别*学术职位*学科	0.000	0	—	—	—
误差	800.885	83	9.649		
总计	8013.580	215			
校正的总计	2050.682	214			

注：a. R^2=.609（调整 R^2=−.007）；*表示多因素交互作用。

附表 B.20 对评估标准 – 回答者的学术权威性的多因素方差分析结果

源	Ⅲ型平方和	d*f*	均方	*F*	*Sig.*
校正模型	856.894[a]	131	6.541	1.222	0.163
截距	1177.942	1	1177.942	220.023	0.000
问题类型	2.323	2	1.162	0.217	0.805
年龄	54.260	5	10.852	2.027	0.083
性别	5.609	2	2.805	0.524	0.594
学术职位	43.400	3	14.467	2.702	0.051
学科	22.858	2	11.429	2.135	0.125
问题类型*年龄	16.010	5	3.202	0.598	0.701
问题类型*性别	3.670	1	3.670	0.685	0.410
问题类型*学术职位	38.290	3	12.763	2.384	0.075
问题类型*学科	9.705	2	4.852	0.906	0.408
年龄*性别	14.717	5	2.943	0.550	0.738
年龄*学术职位	58.801	12	4.900	0.915	0.536

源	Ⅲ型平方和	df	均方	F	$Sig.$
年龄＊学科	27.278	9	3.031	0.566	0.821
性别＊学术职位	24.300	3	8.100	1.513	0.217
性别＊学科	0.132	2	0.066	0.012	0.988
学术职位＊学科	96.398	6	16.066	3.001	0.011
问题类型＊年龄＊性别	3.769	1	3.769	0.704	0.404
问题类型＊年龄＊学术职位	16.619	4	4.155	0.776	0.544
问题类型＊年龄＊学科	58.172	4	14.543	2.716	0.035
问题类型＊性别＊学术职位	0.000	0	—	—	—
问题类型＊性别＊学科	0.000	0	—	—	—
问题类型＊学术职位＊学科	51.524	2	25.762	4.812	0.011
年龄＊性别＊学术职位	3.396	2	1.698	0.317	0.729
年龄＊性别＊学科	0.000	0	—	—	—
年龄＊学术职位＊学科	19.515	8	2.439	0.456	0.884
性别＊学术职位＊学科	0.000	0	—	—	—
问题类型＊年龄＊性别＊学术职位	0.000	0	—	—	—
问题类型＊年龄＊性别＊学科	0.000	0	—	—	—
问题类型＊年龄＊学术职位＊学科	0.000	0	—	—	—
问题类型＊性别＊学术职位＊学科	0.000	0	—	—	—
年龄＊性别＊学术职位＊学科	0.000	0	—	—	—
问题类型＊年龄＊性别＊学术职位＊学科	0.000	0	—	—	—
误差	444.358	83	5.354		
总计	5732.238	215			
校正的总计	1301.253	214			

注：a. R^2=.659（调整 R^2=.120）；＊表示多因素交互作用。

附表 B.21 对评估标准 – 回答者在平台上的权威性的多因素方差分析结果

源	Ⅲ型平方和	d*f*	均方	*F*	*Sig.*
校正模型	1034.730ᵃ	131	7.899	1.027	0.452
截距	926.677	1	926.677	120.509	0.000
问题类型	3.669	2	1.835	0.239	0.788
年龄	40.027	5	8.005	1.041	0.399
性别	10.319	2	5.159	0.671	0.514
学术职位	28.643	3	9.548	1.242	0.300
学科	37.342	2	18.671	2.428	0.094
问题类型 * 年龄	24.949	5	4.990	0.649	0.663
问题类型 * 性别	0.007	1	0.007	0.001	0.977
问题类型 * 学术职位	40.448	3	13.483	1.753	0.162
问题类型 * 学科	15.517	2	7.759	1.009	0.369
年龄 * 性别	15.648	5	3.130	0.407	0.843
年龄 * 学术职位	44.454	12	3.705	0.482	0.920
年龄 * 学科	27.949	9	3.105	0.404	0.930
性别 * 学术职位	29.237	3	9.746	1.267	0.291
性别 * 学科	0.909	2	0.454	0.059	0.943
学术职位 * 学科	108.298	6	18.050	2.347	0.038
问题类型 * 年龄 * 性别	5.623	1	5.623	0.731	0.395
问题类型 * 年龄 * 学术职位	14.922	4	3.730	0.485	0.747
问题类型 * 年龄 * 学科	37.473	4	9.368	1.218	0.309
问题类型 * 性别 * 学术职位	0.000	0	—	—	—
问题类型 * 性别 * 学科	0.000	0	—	—	—
问题类型 * 学术职位 * 学科	33.756	2	16.878	2.195	0.118
年龄 * 性别 * 学术职位	0.836	2	0.418	0.054	0.947
年龄 * 性别 * 学科	0.000	0	—	—	—
年龄 * 学术职位 * 学科	28.091	8	3.511	0.457	0.883

源	Ⅲ型平方和	df	均方	F	Sig.
性别*学术职位*学科	0.000		—	—	—
问题类型*年龄*性别*学术职位	0.000		—	—	—
问题类型*年龄*性别*学科	0.000	0	—	—	—
问题类型*年龄*学术职位*学科	0.000	0	—	—	—
问题类型*性别*学术职位*学科	0.000	0	—	—	—
年龄*性别*学术职位*学科	0.000	0	—	—	—
问题类型*年龄*性别*学术职位*学科	0.000	0	—	—	—
误差	638.247	83	7.690		
总计	5746.145	215			
校正的总计	1672.977	214			

注：a. R^2=.618（调整 R^2=.016）；*表示多因素交互作用。

附表 B.22　对评估标准 – 社会化媒体环境的多因素方差分析结果

源	Ⅲ型平方和	df	均方	F	Sig.
校正模型	678.996[a]	131	5.183	1.120	0.290
截距	1061.123	1	1061.123	229.294	0.000
问题类型	6.083	2	3.042	0.657	0.521
年龄	12.126	5	2.425	0.524	0.757
性别	11.550	2	5.775	1.248	0.292
学术职位	23.689	3	7.896	1.706	0.172
学科	23.493	2	11.747	2.538	0.085
问题类型*年龄	20.632	5	4.126	0.892	0.491
问题类型*性别	0.402	1	0.402	0.087	0.769
问题类型*学术职位	26.588	3	8.863	1.915	0.133
问题类型*学科	1.924	2	0.962	0.208	0.813
年龄*性别	13.726	5	2.745	0.593	0.705
年龄*学术职位	56.601	12	4.717	1.019	0.439

续表

源	Ⅲ型平方和	df	均方	F	Sig.
年龄 * 学科	29.512	9	3.279	0.709	0.699
性别 * 学术职位	16.683	3	5.561	1.202	0.314
性别 * 学科	4.092	2	2.046	0.442	0.644
学术职位 * 学科	52.179	6	8.696	1.879	0.094
问题类型 * 年龄 * 性别	2.311	1	2.311	0.499	0.482
问题类型 * 年龄 * 学术职位	18.699	4	4.675	1.010	0.407
问题类型 * 年龄 * 学科	37.599	4	9.400	2.031	0.097
问题类型 * 性别 * 学术职位	0.000	0	—	—	—
问题类型 * 性别 * 学科	0.000	0	—	—	—
问题类型 * 学术职位 * 学科	24.622	2	12.311	2.660	0.076
年龄 * 性别 * 学术职位	7.814	2	3.907	0.844	0.434
年龄 * 性别 * 学科	0.000	0	—	—	—
年龄 * 学术职位 * 学科	19.430	8	2.429	0.525	0.835
性别 * 学术职位 * 学科	0.000	0	—	—	—
问题类型 * 年龄 * 性别 * 学术职位	0.000	0	—	—	—
问题类型 * 年龄 * 性别 * 学科	0.000	0	—	—	—
问题类型 * 年龄 * 学术职位 * 学科	0.000	0	—	—	—
问题类型 * 性别 * 学术职位 * 学科	0.000	0	—	—	—
年龄 * 性别 * 学术职位 * 学科	0.000	0	—	—	—
问题类型 * 年龄 * 性别 * 学术职位 * 学科	0.000	0	—	—	—
误差	384.106	83	4.628		
总计	5774.692	215			
校正的总计	1063.102	214			

注：a. R^2=.639（调整 R^2=.068）；* 表示多因素交互作用。

附录 C：用于模型验证的问题及其答案中英文对照

问题 1：

Any ideas about what methods would work to investigate how social and cultural factors (e.g., norms) influence people's information behaviour?

I am doing a research study on the information behaviour (i.e., how do people interact, approach, and use information for a variety of purposes) of women researchers and one of the things that I want to explore is the influence of cultural norms on the information behaviour of this group. Any ideas about what methods would work to investigate how social and cultural factors (e.g., norms) influence people's information behaviour?

您认为使用什么方法可以研究社会和文化因素（如规范）是如何影响人们的信息行为的？

我正在研究关于女性研究人员的信息行为（即人们如何互动、接近和使用信息以实现各种目的），以及我想探索的一个问题是文化规范对这个群体的信息行为的影响。您认为使用什么方法可以研究社会和文化因素（如规范）是如何影响人们的信息行为的？

回答 1：

Hi

One way to probe the actual or current unexplored behavior of people is to run focus groups. The outcomes are amazing and represent reality. Mixed with Ethnography research, a second round of focus groups will enrich your outcomes, from there either you follow qualitative research or quantitative by constructing a survey questionnaire based on your focus group outcomes.

Best to you and the excellent contributors before me.

你好，

其中一种探讨当下人们某种未被探索的行为的方法是运用焦点小组的方法（focus group）。利用此方法获得的结果将是十分出乎意料的，并且十分贴近现实情况。通过与民族志研究（Ethnography research）相结合，第二轮焦点小组讨论将丰富第一轮焦点小组讨论的结果。接着，基于上述焦点小组讨论的结果，您可以通过利用定性研究，或是通过构建调查问卷进行定量研究。

祝好。

回答 2：

Fatmah,

Before deciding how to explore your data, you might want to have a look on the work of others, starting with the work of Hofstede (1980) and then read papers such as：

"The evolution of Hofstede's doctrine" By Minkov and Hofstede.

"Cultural divide and the Internet" By Matías Recabarren, Miguel Nussbaum, Claudia Leiva.

"Cultural dimensions and social behavior correlates：Individualism-Collectivism and Power Distance" By Nekane Basabe María Ros.

Good Luck.

Amit

在决定如何探索您的问题之前，您可能需要先看看其他人的工作，从 Hofstede (1980) 的工作开始，然后阅读以下文章：

"The evolution of Hofstede's doctrine" By Minkov and Hofstede.

"Cultural divide and the Internet" By Matías Recabarren, Miguel Nussbaum, Claudia Leiva.

"Cultural dimensions and social behavior correlates：Individualism-Collectivism and Power Distance" By Nekane Basabe María Ros.

祝好，

Amit

回答 3：

Hi Fatmah！

I think you've got very good suggestions so far. Just as a way of helping, I would like to suggest you to read some parts of the literature review and methods on my thesis that I believe will give you more insights on schools of thought, methologies, research strategies and good bibliographical references where you can find more detailed information. I agree with the suggestions above on GRounded Theory and Ethnography. Another one you may get interested is Theory of Planned Behaviour. There are some explanations and references on this on my thesis too. You can get a copy online visiting：

http：//researcharchive.lincoln.ac.nz/handle/10182/3866

All the best！

您好 Fatmah！

我认为到目前为止，你得到了很多非常优秀的建议。作为一种帮助，我想建议你阅读我的毕业论文中文献综述的一些部分和我毕业论文中的研究方法部分，我相信这些内容会为你提供更多的思想、方法、研究策略，本论文中的参考文献也可以为你提供更多的详细信息。我同意以上建议中提到的 GRounded 理论和民族志（Ethnography）。另一个你可能会感兴趣的是计划行为理论（Theory of Planned Behaviour）。我的毕业论文中也有对此理论的一些解释和参考文献。您可以在以下链接中访问到我的论文：

http：//researcharchive.lincoln.ac.nz/handle/10182/3866

祝好!

回答4：

I simplified and enumerated my suggestions and repeated what you said to determine if my understanding is correct.

Information behavior refers to how why when people seek and utilize information. You want to investigate social and cultural factors that influence information behavior of women researchers. The respondents/participant in your study are professional women researchers. I would like to suggest to look into the following：

1. Inclusion criteria of respondent/participants like kind of profession, nature of work, civil status, respondents' timeline in conducting research.

2. What kind of information needed？

3. Why do they need information？

4. How do people interact is seeking information？

5．When do they seek information？

6．How do they use information？

7．What are the preferences in choosing information resources？

8．How do they get information？

9．Are information needed available, accessible？

10．What is the level of comfort in acquiring information？

11．What are their limitations in seeking information？

12．Describe social and cultural factors deductively.

In the above given answer I mentioned the recommendation of Hussin Hejase to use mixed method. Good luck.

我简化并列举了我的建议，并重复你所提出的问题来确定我的理解是否正确。

信息行为涉及探索人们如何寻找和利用信息，人们基于什么原因寻找和利用信息，以及人们什么时候寻找和利用信息。你想探索影响女性研究者信息行为的社会和文化因素。你研究的受访者／参与者是职业女性研究员。我想建议你考虑以下几点：

1．研究中包括的受访者／参与者应该具有多种类型，如多种职业种类、工作性质、公民身份，以及在进行研究时遵循不同的时间表。

2．需要什么样的信息？

3．他们为什么需要信息？

4．人们如何通过互动寻找信息？

5．他们什么时候寻求信息？

6．他们如何使用信息？

7．在选择信息资源时有哪些偏好？

8．他们如何获得信息？

9．他们需要的信息是否可以获取或访问？

10．他们在寻求信息方面有什么自身的局限性？

11．他们在寻求信息方面有什么局限性？

12．演绎地描述社会和文化因素。

在上面给出的答案中，我推荐使用 Hussin Hejase 提出的利用混合研究方法（mixed method）。祝好。

回答 5:

Social and cultural factors (e.g., norms) influence people's information behavior. I strongly believe the social-emotional and and social economic factor do have strong influence over people information behavior. A very simple example will be the difference in information handling and searching when compare to my relatives in Malaysia and Guangzhou, China. Even, we are of the same family, and same gene, but due to the difference in culture and educational background, the way we handle information and information sharing are very difference, this is my observation when I traveling between China and Malaysia since year 1997.

社会和文化因素（如规范）确实影响人们的信息行为。我坚信社会情绪和社会经济因素对人们的信息行为确实具有强大的影响力。一个非常简单和明显的例子是：通过对比我在马来西亚和中国广州亲戚们处理和检索信息的差异就可以看出来。即使我们是同一个家族，同一个基因，但由于文化和教育背景的差异，我们处理信息和信息共享的方式非常不同，这是我自 1997 年以来在中国和马来西亚旅行时观察到的。

问题 2:

How are bibliometrics best used in the evaluation of applicants for academic positions?

I sit on the board of academic appointments at a faculty of sciences. We use external evaluators to evaluate and rank candidates for academic positions (associate professor, full professor). One of the main criteria for scientific excellence is defined as publications in the peer-reviewed literature. There's a great deal of variation in how different evaluators will use different bibliometric measures to come up with their ranking (number of publications, h-index, impact factors of journals, citation frequency of papers, weighing of co-authorships, first/senior authorships etc, etc). I'd be interested in hearing the opinions of experts on bibliometrics if there is such a thing as a correct way of doing this, and/or if there are pitfalls to be avoided!

如何更好地使用文献计量学来评估申请人该获得的学术职称？

我是科学学院的学术委员会中的一员。我们使用一些外部评估标准来授予候选人该有的学术职位（如副教授、正教授）。其中一个衡量学术成就的重要标准为衡量其发表的同行评审的论文。然而，不同的评估者会使用不同的文献计量方法来得出候选者们的排名（如发表文章的数量、h 指数、期刊的影响因子、论文的被引用频率、与其他作者一起发表论文的贡献权重、拥有的学术权威性等）。上述利用文献计量方法衡量候选人的学术成就的做法正确与否，或是有哪些需要注意的问题，我想听听专家们的意见。

回答 1：

I agree to the different measures of evaluations that you have mentioned (number of publications, h-index... etc). After all the committee has to make a distinction among all the applicants. We have to note here that nowadays the competetion is on raise and there must be many applications for very little number of posts. But, while making a distinction, the comparison has to be made among the people of the same research area. I am in the midst of moving onto an academic position and I am prepared to be evaluated in the similar lines.

我同意你提到的不同评估方法（出版物数量、h 指数等）。 毕竟委员会必须区分所有申请人。 我们在这里必须注意到，现在竞争正在加剧，职位非常少，但是申请人非常多。在评估比较申请人时，必须在同一研究领域的申请人之间进行比较。我也正在接受类似的评估，以晋升职称。

回答 2：

You can find an interesting article about the h-Index：

The inconsistency of the h-index

Ludo Waltman, Nees Jan Van Eck in Journal of the American Society for Information Science and Technology (2011)

http：//arxiv.org/ftp/arxiv/papers/1108/1108.3901.pdf

Regards

你可以找到一篇关于 h 指数的有趣文章：

The inconsistency of the h-index

Ludo Waltman, Nees Jan Van Eck in Journal of the American Society for Information Science and Technology (2011)

http：//arxiv.org/ftp/arxiv/papers/1108/1108.3901.pdf

祝好

回答 3：

Ideal measure for scientific output (looking only on quality and quality of publications) of an researcher not exist！

ISI IF is more known and used characteristic. Really, this is measure of quality of journal, but through rewieving procedure authors of a paper, published in that more or less respectful scientific journal is permited to the circle of this level scientists.

Really, the rewieving procedure is also not ideal, but mistakes and especially wrong opinions are not fatal, because for academic position under discussion-assoc.professor or professor as minimum applicants have 20 or 40-45 papers in journals with citation index and statistically total sum of IF will be good characteristics of aplicants in that directions.

In similar way Hirsch index could be utilized. Let be noted, that as h-index is for all time of activity, there young applicants will get lower h-index. Also there applicants with lower activity in the last years will be not distinguish from active in last years person！！

Let we not forget, that there are also many other parameters which must be taken in account at decision：application activity, lecturer scill, book and chapters from scientific books published etc.

对科研成就的理想度量方法（仅限于评价学术出版物的质量）是不存在的！

IF 是较有名和被广泛使用的评价指标。实际上，这是对期刊质量的衡量，但是通过审查作者发表的论文，可以在权威性较好的科学期刊上发表论文，说明作者进入了这水平的科学家圈子。

实际上，论文评审的过程也不理想。但是利用期刊的 IF 值作为评估的标准产生的错误也不是致命的。因为在评估候选人的学术职位时（如副教授、教授），最差的申请人也会有 20 篇或是 40 ~ 45 篇期刊论文，这些期刊论文的综合 IF 值也会是一个好的评价指标。

类似的方式，如 Hirsch 指数也是可以应用的。需要指出的是，h-index 是基于从事学术研究的活动的所有时间计算得出，因此青年申请人会获得较低的 h 指数。另外，也必能区分出在近几年较少积极活跃于学术界的申请人和近几年较为活跃的申请人。

我们不要忘记，在评估时还有许多其他的参数需要考虑，如申请人的活跃度、讲课的能力、出版科学书籍或章节等。

回答 4：

Arguments about bibliometric measures seem to take one of two tracks. The search for a perfect/pure measure that excludes the need for personal/human judgement or the search for the measure that is better then the traditional/normal measures. Two additional factors have raised the profile of bibliometrics from a perhaps obscure niche in information science. One is the adoption of bibliometric measures in national research assessment exercises (Australia and UK) and the second is the internet which now allows for measures (downloads/views) that were simply not possible to calculate before. An industry in selling consultancy and tools to universities in the UK to provide research management, bibliometric measures and bibliometric performance measures has grown up as a result.

I think the commendable care taken by the Swedish academy takes the best path. To exercise judgement informed by bibliometric measures. My thought is that in employing someone a university has an expectation they will perform well in publications, research assessment and research grant applications. The best tests to apply are those that reflect the ones they will encounter in these activities. In other words to stress test as far as possible their future performance. That way you can be as sure as you can be that you are employing someone who has the capability /possibility to meet expectations which is fair to both parties.

关于文献计量措施的争论似乎涉及两个方面。寻求一种完美／纯粹的措施，排除个人／人类判断的需要，或寻找比传统／正常措施更好的措施。还有两个因素提高了文献计量学在信息科学领域中的地位。一个是国家会利用文献计量方法评估学者的研究工作（澳大利亚和英国）；另一个是现在可以得到在以前根本无法获取和计算的互联网信息

（下载／观看）。因此，在英国，通过向大学销售咨询服务和工具，以支持研究管理、文献计量指标和文献计量业绩指标的行业已经成长起来。

我认为瑞典学院采取了值得关注的可取措施，即通过文献计量指标来进行判断。我的想法是，大学在雇佣学者时有一个期望，期望其将要雇佣的学者在发表论文、申请项目上表现良好。最好的评价指标是能够反映学者在这些活动上的表现。换句话说，就是尽可能测试他们未来的抗压表现。通过这种方式，您可以确信您正在聘用有能力／有可能实现对双方公平的期望候选人。

回答 5：

One way to complement the use of bibliometric indexes for the evaluation of applicants for academic positions is to ask each candidate to rank her/his best publications in the last five years (and also for the whole life for senior positions). In this way the committee could more closely assess the real scientific contribution of each candidate, including reading his/her top-ranked contributions and, during interviews, more specifically asking the candidate to talk about them.

一种补充使用文献计量指标来评估申请人学术职位的方法是要求每位候选人对她／他在过去 5 年及整个学术生涯的最佳出版物进行排名。通过这种方式，委员会可以更密切地评估每位候选人的真实科学贡献，包括阅读他／她最高级别的学术贡献，并在面试时更具体地要求候选人谈论这些学术贡献。

问题 3：

What's your opinion on the problem of "negative citations" in citation networks?

Thanks for this article. In citation networks, it is often difficult to account for negative citations. This article may help us come up with a way to deal with this problem. Any thoughts on this challenge (from anyone in scientometrics) are welcome!

https：//www.researchgate.net/publication/261717147_Networks_containing_negative_ties

您对引文网络中"否定引用"问题有何看法？

感谢下面这篇文章。 在引文网络中，通常很难解释否定引用。 这篇文章可能会帮助我们想出解决这个问题的方法。 欢迎任何对这个问题的想法（来自科学计量学的任何人）！

https：//www.researchgate.net/publication/261717147_Networks_containing_negative_ties

回答1：

I think negative citations may be an indication of quality research, especially in the case of scientists who are pushing at the frontiers of contemporary consensus. Largely positive citations may be indicative of a researcher who is more interested in playing the academic game than in expanding our knowledge in a particular field.

我认为否定引用可能是质量研究的一个标志，特别是在当代主张推动共识的科学家的要求下，大量积极地引用可能是这个研究人员对该领域感兴趣，并能扩展读者在特定领域的知识。

回答2：

The question is not only about negative and positive citations, but about adding semantics to our citation analysis. Citation counts do not allow to undertake this kind of research. Eugene Garfield (see for instance "can citation indexing be automated？"), among others, have shown that researchers' citation practices do not only relate to approval or disapproval.

There is a very interesting project called Citation Typing Ontology—CITO that tries to develop a markup language to account for these semantics. This paper describes the project：

Cito, the citation typing ontology：http：//www.jbiomedsem.com/content/1/S1/S6.

One of the problems is, as Antonio says, the difficulty to agree on whether a citation is positive, negative, additive, etc. But this is definitely an unexplored terrain.

这个问题不仅是关于否定和肯定的引用，而是关于在引文分析中增加语义研究的问题。 引用次数不允许进行这种研究。尤金加菲尔德（Eugene Garfield，参考其文章"can citation indexing be automated？"）表明，研究人员的引用行为不仅与赞同有关，同时也可能与不赞同有关。

这是一个非常有趣的项目，叫作 Citation Typing Ontology (CITO)，该项目试图开发标记语言来解释这些语义。以下链接描述了该项目：

Cito，the citation typing ontology：http：//www.jbiomedsem.com/content/1/S1/S6

正如安东尼奥（Antonio）所说，其中一个问题是难以就引用是否是积极的、消极的、附加的等（positive, negative, additive, etc）达成一致。但这绝对是一个未被探索的领域。

回答3：

If the knowledge system is considered as a process of communications exchange, then any citation relationship indicates communication (Pulgarin, Moskaleva, Kumar). If the network of connections between papers and citations is seen as communicating positive or negative feedback (or open/closed "gates") then this is a feature of the system that should be measured (Chavarro, Cuellar, Glaser). Imagine a network in which we see one article gets a larger-than-expected number of 'negative' citations-what can we hypothesize as going on here? fraud? crisis (in the Kuhnian sense)? error? A citation network that shows green lines as positive and red lines as negative would reveal some amazing underlying dynamics about exchange, path dependence, and knowledge flows. With the advent of full-text analysis, we should be able to parse these differences and develop testable hypotheses about what communications dynamics are happening in the citation network.

如果知识体系被认为是交流沟通的过程，那么任何引用关系都表示沟通（Pulgarin, Moskaleva, Kumar）。 如果论文和引文之间的联系网络被看作是沟通正面或负面反馈，或者说是一扇开着或关着的门，那么这是应该是被测量的一种系统特征（Chavarro, Cuellar, Glaser）。 设想一个网络，我们可以看到一篇文章获得了比预期更多的"否定"引用数量，那么我们在这里可以假设什么呢？该文章有误？一个以绿线表示正面和以红线表示负面的引文网络将揭示关于交换、路径依赖和知识流动的一些非同寻常的隐含规律。 随着对论文全文分析的出现，我们应该能够解析这些差异，并对引文网络中发生的交流动态规律进行可测试的假设。

回答4：

Dear All,

The value or the "direction" of citations is much more important as one can perceive it reading a study.

I feel that the negative adjective is not a suitable term because the notion of disagreement or uncertainty may have various stages. I remember a biologically exaggerated and inaccurate paper which collected over 100 citations but each of them wanted to disprove its statements.

There are citations of politeness which have nothing to do with the real message or merit of a study. I have heard about institutions where it is officially compulsory to cite the publications of all other fellows of this organization. Even some big potatoes allow to submit a publication at certain "conferences" and "journals" if the future participants or authors cite the publications of these great men.

Thus, it would be useful to have a mechanism to somehow signal the directions of the citations.

大家好，

引用的方向比人们感知到的更为重要。

我觉得用负面来形容引用不是一个合适的词，因为分歧或不确定性的概念可能有不同的阶段。 我记得生物学上一篇夸大且不准确的论文，收集了100多篇引文，但每个引用都想反驳此文章的陈述。

有礼貌的引用对表明此研究的真实情况或是优点是没有用处的。我听说有些机构官方要求必须引用该机构中其他研究人员的论文，甚至一些学术水平较高的学者要在特定的期刊或者会议上发表论文也需要引用特定权威学者的出版物。

因此，如果可以利用一种机制在某种程度上表明引用的方向，将会是十分有用的。

回答5：

For an example of the use of semantics in citation analysis I recommend reading Lowell L. Hargens (2004) paper 'What is Mertonian Sociology of Science'? (scientometrics, 60 (1)), in which the author analyses how Merton has been cited by different communities. A complete school of thought can be seen that cited Merton in order to establish their divergence from the author.

关于在引用分析中使用语义学的一个例子，我推荐阅读 Lowell L. Hargens（2004）的论文"What is Mertonian Sociology of Science？*Scientometrics*，60（1）"。这篇论文分析了 Merton 如何被不同的论文引用，可以看出引用 Merton 是为了表明其研究与 Merton 的不同。

参考文献

[1] KRAUSE J. Tracking references with social media tools: organizing what you've read or want to read—ScienceDirect [J]. Social media for academics, 2012:85−104.

[2] VAN NOORDEN R. Online collaboration: scientists and the social network [J]. Nature, 2014, 512 (7513): 126−129.

[3] TENOPIR C, LEVINE K, ALLARD S, et al. Trustworthiness and authority of scholarly information in a digital age: results of an international questionnaire[J]. Journal of the association for information science and technology, 2016, 67 (10): 2344−2361.

[4] GRUZD A, GOERTZEN M, MAI P. Survey results highlights: trends in scholarly communication and knowledge dissemination in the age of social media [R]. Halifax, NS: Dalhousie University, 2012.

[5] HOLMBERG K, THELWALL M. Disciplinary differences in Twitter scholarly communication [J]. Scientometrics, 2014, 101 (2): 1027−1042.

[6] EDGAR-NEVILL D. The digital scholar: how technology is transforming scholarly practice [J]. Studies in continuing education, 2014, 36 (1): 104−105.

[7] JENG W, HE D, JIANG J. User participation in an academic social networking service: a survey of open group users on mendeley [J]. Journal of the association for information science and technology, 2015, 66 (5): 890−904.

[8] GRUZD A. Non-academic and academic social networking sites for online scholarly communities [J]. Social media for academics, 2012:21−37.

[9] SHAH C, OH S, OH J S. Research agenda for social Q&A [J]. Library and information science research, 2009, 31 (4): 205−209.

[10] SUGIMOTO C R, WORK S, LARIVIÈRE V, et al. Scholarly use of social media and altmetrics: a review of the literature [J]. Journal of the association for information science and technology, 2017, 68 (9): 2037−2062.

[11] THELWALL M, KOUSHA K. Academia edu: social network or academic network? [J]. Journal of the association for information science and technology, 2014, 65 (4): 721−731.

[12] THELWALL M, KOUSHA K. ResearchGate: disseminating, communicating, and measuring scholarship? [J]. Journal of the association for information science and technology, 2015, 66 (5): 876−889.

[13] MUSCANELL N, UTZ S. Social networking for scientists: an analysis on how and why academics use ResearchGate [J]. Online information review, 2017, 41 (5): 744−759.

[14] NÁNDEZ G, BORREGO Á. Use of social networks for academic purposes: a case study [J]. The electronic library, 2013, 31 (6): 781−791.

[15] ORTEGA J L. Disciplinary differences in the use of academic social networking sites [J]. Online information review, 2015, 39 (4): 520−536.

[16] JORDAN K. Academics and their online networks: exploring the role of academic social networking sites [J/OL]. First monday, 2014, 19 (11): 11−13[2018−06−01]. https://firstmonday.org/ojs/index.php/fm/article/view/4937/4159.

[17] GOODWIN S, JENG W, HE D. Changing communication on researchgate through interface updates [J]. Proceedings of the association for information science & technology, 2015, 51 (1): 1−4.

[18] MANCA S. Researchgate and academia.edu as networked socio-technical systems for scholarly communication: a literature review [J]. Research in learning technology, 2018 (26): 1−16.

[19] GREIFENEDER E, PONTIS S, BLANDFORD A, et al. Researchers' attitudes towards the use of social networking sites [J]. Journal of documentation, 2018, 1 (7): 119−136.

[20] BHARDWAJ R K. Academic social networking sites: Comparative analysis of ResearchGate, Academia.edu, Mendeley and Zotero [J]. Information and learning science, 2017, 1186 (5): 298−316.

[21] WANG R Y, ZIAD M, LEE Y W. Data quality [M]. Berlin, Germany: Springer, 2006.

[22] MIKKELSEN G, AASLY J. Consequences of impaired data quality on

information retrieval in electronic patient records [J]. International journal of medical informatics, 2005, 74 (5) : 387−394.

[23] XU H, HORN N J, BROWN N, et al. Data quality issues in implementing an ERP [J]. Industrial management & data systems, 2002, 102 (1) : 47−58.

[24] GHASEMAGHAEI M, HASSANEIN K. A macro model of online information quality perceptions : a review and synthesis of the literature [J]. Computers in human behavior, 2016, 55 : 972−991.

[25] CHUI M, MANYIKA J, BUGHIN J, et al. The social economy : unlocking value and productivity through social technologies [EB/OL]. [2018−06−01]. https://www.mckinsey.com/industries/technology−media−and−telecommunications/our−insights/the−social−economy.

[26] SINCLAIRE J K, VOGUS C E. Adoption of social networking sites : an exploratory adaptive structuration perspective for global organizations [J]. Information technology and management, 2011, 12 (4) : 293−314.

[27] BAEZA−YATES R. User generated content : how good is it ? [C]. New York : ACM, 2009.

[28] AGARWAL N, YILIYASI Y. Information quality challenges in social media [C]. Arkansas : [s.n.], 2010.

[29] HARPER F M, RABAN D, RAFAELI S, et al. Predictors of answer quality in online Q&A sites [C]. New York : ACM, 2008.

[30] FICHMAN P.A comparative assessment of answer quality on four question answering sites [J]. Journal of information science, 2011, 37 (5) : 476−486.

[31] KIM S, OH S. Users' relevance criteria for evaluating answers in a social Q&A site [J]. Journal of the American society for information science and technology, 2009, 60 (4) : 716−727.

[32] JOHN B M, CHUA A Y K, GOH D H L. What makes a high-quality user-generated answer ? [J]. IEEE internet computing, 2011, 15 (1) : 66−71.

[33] BLOOMA M J, HOE LIAN G D, YEOW KUAN C A. Predictors of high quality answers [J]. Online information review, 2012, 36 (3) : 383−400.

[34] AGICHTEIN E, CASTILLO C, DONATO D, et al. Finding high-quality

content in social media [C].New York：ACM, 2008.

[35] GHASEMAGHAEI M, HASSANEIN K. A macro model of online information quality perceptions：a review and synthesis of the literature [J]. Computers in human behavior, 2016, 55：972−991.

[36] BLAKE V L P. The perceived prestige of professional journals, 1995：a replication of the Kohl-Davis study [J]. Education for information, 1996, 14 (3)：157−179.

[37] OPTHOF T. Sense and nonsense about the impact factor [J]. Cardiovascular research, 1997, 33 (1)：1−7.

[38] UGOLINI D, PARODI S, SANTI L. Analysis of publication quality in a cancer research institute [J]. Scientometrics, 1997, 38 (2)：265−274.

[39] MUKHERJEE B. Evaluating E-Contents beyond impact factor：a pilot study selected open access journals in library and information science [J/OL]. Journal of electronic publishing, 2007, 10 (2) [2018−06−01]. https：//quod.lib. umich.edu/cgi/t/text/idx/j/jep/3336451.0010.208?rgn=main；view=fulltext.

[40] WATKINSON A, NICHOLAS D, THORNLEY C, et al. Elsevier Ltd, Changes in the digital scholarly environment and issues of trust：An exploratory, qualitative analysis [J]. Information processing and management, 2016, 52 (3)：446−458.

[41] CHOI E, BORKOWSKI M, ZAKOIAN J, et al. Utilizing content moderators to investigate critical factors for assessing the quality of answers on brainly, social learning Q&A platform for students：a pilot study [C]. New York：ACM, 2015.

[42] SHAH C. Effectiveness and user satisfaction in Yahoo! Answers [J/OL]. First monday, 2011, 16 (2) [2018−06−01]. https：//journals.uic.edu/ojs/index. php/fm/article/view/3092/2769.

[43] 蒋楠, 王鹏程．社会化问答服务中用户需求与信息内容的相关性评估研究：以 "百度知道" 为例 [J]．信息资源管理学报, 2012, 2 (3)：35−45.

[44] FU H, WU S, OH S. Evaluating answer quality across knowledge domains：Using textual and non-textual features in social Q&A [J]. Proceedings of the association for information science and technology, 2015, 52 (1)：1−5.

[45] 李展, 巢文涵, 陈小明, 等．中文社区问答中问题答案质量评价和预测 [J]．计

算机科学，2011，38（6）：230-236.

[46] 孙晓宁，赵宇翔，朱庆华. 基于 SQA 系统的社会化搜索答案质量评价指标构建 [J]. 中国图书馆学报，2015，41（4）：65-82.

[47] BLOOMA M J, HOE LIAN G D, YEOW KUAN C A. Predictors of high-quality answers [J]. Online information review, 2012, 36（3）：383-400.

[48] 孔维泽，刘奕群，张敏，等. 问答社区中回答质量的评估方法研究 [J]. 中文信息学报，2011，25（1）：3-8.

[49] ASSOCIATION A P H. Criteria for assessing the quality of health information on the Internet [J]. American journal of public health, 2001, 91（3）：513-514.

[50] EYSENBACH G, POWELL J, KUSS O, et al. Empirical studies assessing the quality of health information for consumers on the world wide web：a systematic review [J]. JAMA：the journal of the American medical association, 2002, 287（20）：2691-2700.

[51] KIM S, OH S, OH J S. Evaluating health answers in a social Q&A site [J]. Proceedings of the American society for information science & technology, 2010, 45（1）：1-6.

[52] OH S, WORRALL A, YI Y J. Quality evaluation of health answers in Yahoo! Answers：A comparison between experts and users [J]. Proceedings of the American society for information science & technology, 2012, 48（1）：1-3.

[53] WORRALL A, OH S, Yi Y J. Quality evaluation of health answers in social Q&A：Socio-emotional support and evaluation criteria [J]. Proceedings of the American society for information science & technology, 2013, 49（1）：1-5.

[54] OH S, YI Y J, WORRALL A. Quality of health answers in social Q&A [J]. Proceedings of the American society for information science and technology, 2012, 49（1）：1-6.

[55] OH S, WORRALL A. Health answer quality evaluation by librarians, nurses, and users in social Q&A [J]. Library and information science research, 2013, 35（4）：288-298.

[56] BOWLER L, MATTERN E, JENG W, et al. "I know what you are going through"：Answers to informational questions about eating disorders in Yahoo! Answers：A qualitative study [C]. New York：ACM, 2013.

[57] WONG N. Quality evaluation of geriatric health information on Yahoo! Answers：a cross-cultural comparative study [D]. Hong Kong：The University of Hong Kong, 2013.

[58] BAE B J, YI Y J. What answers do questioners want on social Q&A？User preferences of answers about STDs [J]. Internet research, 2017, 27 (5)：1104−1121.

[59] HU Z, ZHANG Z, YANG H, et al. A deep learning approach for predicting the quality of online health expert question-answering services [J]. Journal of biomedical informatics, 2017, 71：241−253.

[60] DEARDORFF A, MASTERTON K, ROBERTS K, et al. A protocol-driven approach to automatically finding authoritative answers to consumer health questions in online resources [J]. Journal of the association for information science and technology, 2017, 68 (7)：1724−1736.

[61] BELOBORODOV A, KUZNETSOV A, BRASLAVSKI P. Characterizing health-related community question answering [C]. Berlin, Germany：Springer, 2013.

[62] LE L T, SHAH C, CHOI E. Evaluating the quality of educational answers in community question-answering [C].Piscataway, NJ：IEEE, 2016：129−138.

[63] WYRWOLL C. Social media：fundamentals, models, and ranking of user-generated content [M]. Berlin, Germany：Springer, 2014.

[64] MOENS M F, LI J, CHUA T S. Mining user generated content [M]. Boca Raton, FL：CRC Press, 2014.

[65] CHAI K, POTDAR V, DILLON T. Content quality assessment related frameworks for social media [C] Berlin, Germany：Springer, 2019.

[66] KARGAR M J, RAMLI A R, IBRAHIM H, et al. Formulating priory of information quality criteria on the blog [J]. World applied sciences journal, 2008, 4 (4)：586−593.

[67] 周春雷，王涵墨．科学网博文质量评价研究 [J]．图书馆学研究，2015，23：94−100.

[68] KARGAR M J, AZIMZADEH F. A framework for ranking quality of information on weblog [J]. International journal of computer, electrical,

automation, control and information engineering, 2009, 3 (8)：2093–2098.

[69] CHEN M, OHTA T. Using blog content depth and breadth to access and classify blogs [J]. International journal of business & information, 2010, 5 (1)：26–45.

[70] CHUENCHOM S. User-Centered evaluation of the quality of blogs [D]. Denton, Texas：University of North Texas, 2011.

[71] BECKER H, GRAVANO L. Selecting quality twitter content for events [C]. Piscataway, NT：IEEE, 2010.

[72] 莫祖英，马费成，罗毅. 微博信息质量评价模型构建研究 [J]. 信息资源管理学报，2013 (2)：12–18.

[73] PENG M, HUANG J, FU H, et al. High quality microblog extraction based on multiple features fusion and time-frequency transformation [C]. Berlin, Germany：Springer, 2013.

[74] PENG M, GAO B, ZHU J, et al. High quality information extraction and query-oriented summarization for automatic query-reply in social network [J]. Expert systems with applications, 2016, 44：92–101.

[75] NEWMAN D R, JOHNSON C, WEBB B, et al. Evaluating the quality of learning in computer supported co-operative learning [J]. Journal of the American society for information science, 1997, 48 (6)：484–495.

[76] NANDI D, HAMILTON M, HARLAND J. Evaluating the quality of interaction in asynchronous discussion forums in fully online courses [J]. Distance education, 2012, 33 (1)：5–30.

[77] DRINGUS L P, ELLIS T. Using data mining as a strategy for assessing asynchronous discussion forums [J]. Computers and education, 2005, 45 (1)：141–160.

[78] HEW K, CHEUNG W. Models to evaluate online learning communities of asynchronous discussion forums [J]. Australasian journal of educational technology, 2003, 19 (2)：241–259.

[79] GARRISON D R. Critical thinking and self-directed learning in adult education：an analysis of responsibility and control issues [J]. Adult education quarterly, 1992, 42 (3)：136–148.

[80] SAVOLAINEN R. Judging the quality and credibility of information in

Internet discussion forums [J]. Journal of the American society for information science and technology, 2011, 62 (7)：1243–1256.

[81] 王蕾, 房俊民. 网络论坛质量评价的影响因素研究 [J]. 情报科学, 2011 (11)：1647–1652.

[82] LIM E P, VUONG B Q, LAUW H W, et al. Measuring qualities of articles contributed by online communities [C]. Washington, DC, USA：IEEE Computer Society, 2007.

[83] HU M, LIM E P, SUN A, et al. Measuring article quality in wikipedia：models and evaluation [C]. New York：ACM, 2007.

[84] STVILIA B, TWIDALE M B, GASSER L, et al. Information quality discussions in Wikipedia [C]. Kuala Lumpur, Malaysia：Centre for Academic Development (CADe), 2005.

[85] STVILIA B, GASSER L, TWIDALE M B, et al. A framework for information quality assessment [J]. Journal of the American society for information science and technology, 2007, 58 (12)：1720–1733.

[86] YAARI E, BARUCHSON A S, BAR-ILAN J. Information quality assessment of community generated content：a user study of Wikipedia [J]. Journal of information science, 2011, 37 (5)：487–498.

[87] MESGARI M, OKOLI C, MEHDI M, et al. "The sum of all human knowledge"：a systematic review of scholarly research on the content of wikipedia [J]. Journal of the association for information science and technology, 2015, 66 (2)：219–245.

[88] 王丹丹. 维基百科自组织模式下的质量控制方式研究 [J]. 图书馆理论与实践, 2009 (8)：21–24.

[89] 王丹丹. 维基百科自组织模式下质量保证机制分析 [J]. 情报科学, 2009 (5)：695–698.

[90] HUANG A H, CHEN K, YEN D C, et al. A study of factors that contribute to online review helpfulness [J]. Computers in human behavior, 2015, 48：17–27.

[91] NGO-YE T L, SINHA A P. The influence of reviewer engagement characteristics on online review helpfulness：a text regression model [J]. Decision support systems, 2014, 61 (1)：47–58.

[92] CHUA A Y K, BANERJEE S. Understanding review helpfulness as a function of reviewer reputation, review rating, and review depth [J]. Journal of the association for information science and technology, 2015, 66 (2)：354-362.

[93] KORFIATIS N, GARCÍA-BARIOCANAL E, SÁNCHEZ-ALONSO S. Evaluating content quality and helpfulness of online product reviews：the interplay of review helpfulness vs. review content [J]. Electronic commerce research and applications, 2012, 11 (3)：205-217.

[94] MUDAMBI S M, SCHUFF D. What makes a helpful online review？a study of customer reviews on amazon. com [J]. MIS quarterly, 2010, 34：185-200.

[95] CHUA A Y K, BANERJEE S. Helpfulness of user-generated reviews as a function of review sentiment, product type and information quality [J]. Computers in human behavior, 2016, 54：547-554.

[96] TSAPARAS P, NTOULAS A, TERZI E. Selecting a comprehensive set of reviews [C]. New York：ACM, 2011.

[97] 聂卉. 基于内容分析的用户评论质量的评估与预测 [J]. 图书情报工作, 2014 (13)：83-89.

[98] 孟园, 王洪伟. 基于文本内容特征选择的评论质量检测 [J]. 现代图书情报技术, 2016, 32 (4)：40-47.

[99] MANAP R A, SHAO L. Non-distortion-specific no-reference image quality assessment：a survey [J]. Information sciences, 2015, 301：141-160.

[100] MOORTHY A K, BOVIK A C. Visual quality assessment algorithms：what does the future hold？[J]. Multimedia tools and applications, 2010, 51 (2)：675-696.

[101] PADMOS P, MILDERS M V. Quality criteria for simulator images：a literature review [J]. Human factors, 1992, 34 (6)：727-748.

[102] MITTAL A, MOORTHY A K, BOVIK A C. No-reference image quality assessment in the spatial domain [J]. IEEE transactions on image processing：a publication of the IEEE signal processing society, 2012, 21 (12)：4695-4708.

[103] WANG Z, BOVIK A. Reduced and no-reference image quality assessment [J]. IEEE signal processing magazine, 2011, 28 (6)：29-40.

[104] YANG Y, WANG X, GUAN T, et al. A multi-dimensional image quality prediction model for user-generated images in social networks [J]. Information sciences, 2014, 281：601−610.

[105] BOVIK A C. Automatic prediction of perceptual image and video quality [J]. Proceedings of the IEEE, 2013, 101 (9)：2008−2024.

[106] SHAHID M, ROSSHOLM A, LÖVSTRÖM B, et al. No-reference image and video quality assessment：a classification and review of recent approaches [J]. Eurasip journal on image & video processing, 2014, 2014 (1)：1−32.

[107] CHIKKERUR S, SUNDARAM V, REISSLEIN M, et al. Objective video quality assessment methods：A classification, review, and performance comparison [J]. IEEE transactions on broadcasting, 2011, 57 (2)：165−182.

[108] HEMAMI S S, REIBMAN A R. No-reference image and video quality estimation：Applications and human-motivated design [J]. Signal processing：image communication, 2010, 25 (7)：469−481.

[109] ZHU Y, HEYNDERICKX I, REDI J A. Understanding the role of social context and user factors in video quality of experience [J]. Computers in human behavior, 2015, 49：412−426.

[110] VAN DAMME C, HEPP M, COENEN T. Quality metrics for tags of broad folksonomies [C]. Graz, Steiermark, Austria, Berlin, Germany：Springer, 2008.

[111] ZHANG S, FAROOQ U, CARROLL J M. Enhancing information scent：identifying and recommending quality tags [C]. New York：ACM, 2009.

[112] BELÉM F M, MARTINS E F, ALMEIDA J M, et al. Exploiting co-occurrence and information quality metrics to recommend tags in web 2.0 applications [C]. New York：ACM, 2010.

[113] 孙珂. 大规模文档标签自动标注技术研究 [D]. 哈尔滨：哈尔滨工业大学, 2011.

[114] CALVERT P J, ZENGZHI S. Quality versus quantity：contradictions in LIS journal publishing in China [J]. Library management, 2001, 22 (4/5)：205−211.

[115] CLYDE L A. Evaluating the quality of research publications：a pilot study of school librarianship [J]. Journal of the American society for information

science and technology, 2004, 55 (13) : 1119-1130.

[116] LI L, HE D, JENG W, et al. Answer quality characteristics and prediction on an academic Q&A site : a case study on ResearchGate [C]. New York : ACM, 2015.

[117] EPPLER M J, WITTIG D. Conceptualizing information quality : a review of information quality frameworks from the last ten years goals of an information quality framework [C]. Cambridge : Massachusetts Institute of Technology, 2000.

[118] COOL C, BELKIN N J, FRIEDER O, et al. Characteristics of text affecting relevance judgments [J]. Automotive news, 1993, 17 (4) : 77-84.

[119] BARRY C L. User-defined relevance criteria : an exploratory study [J]. Journal of the American society for information science, 1994, 45 (3) : 149-159.

[120] LIU Z. Perceptions of credibility of scholarly information on the web [J]. Information processing and management, 2004, 40 (6) : 1027-1038.

[121] WATSON C. An exploratory study of secondary students judgments of the relevance and reliability of information [J]. Journal of the association for information science and technology, 2014, 65 (7) : 1385-1408.

[122] RIEH S Y, DANIELSON D R. Credibility : a multidisciplinary framework [J]. Annual review of information science and technology, 2007, 41 (1): 307-364.

[123] PARK T K. The nature of relevance in information retrieval : an empirical study [J]. Library quarterly, 1993, 63 (3) : 318-351.

[124] VAKKARI P, HAKALA N. Changes in relevance criteria and problem stages in task performance [J]. Journal of documentation, 2000, 56 (5) : 540-562.

[125] BRANSFORD J D, STEIN B S. The IDEAL problem solver : a guide for improving thinking, learning, and creativity [R]. New York : W. H. Freeman, 1984.

[126] HUANG K T, YANG W L, WANG R Y. Quality information and knowledge [M]. Upper Saddle River, NJ : Prentice Hall, 1999.

[127] 中华人民共和国文化部. 中华人民共和国文化行业标准，图书馆参考咨询服务规范 [M]. 北京：国家图书馆出版社，2015.

[128] JANES J, CARTER D, MEMMOTT P. Digital reference services in academic libraries [J]. Reference & User services quarterly, 1999, 39 (2) : 145–150.

[129] KASOWITZ A, BENNETT B, LANKES R. Quality standards for digital reference consortia [J]. Reference & User services quarterly, 2000, 39 (4) : 355–363.

[130] POMERANTZ J, NICHOLSON S, BELANGER Y, et al. The current state of digital reference : validation of a general digital reference model through a survey of digital reference services [J]. Information processing and management, 2004, 40 (2) : 347–363.

[131] MON L. DIGITAL REFERENCE SERVICE [J]. Government information quarterly, 2000, 17 (3) : 309–318.

[132] MARINE S, EMBI P J, MCCUISTION M, et al. NetWellness 1995–2005 : ten years of experience and growth as a non-profit consumer health information and ask-an-expert service [C]. Washington, DC : PMC, 2005.

[133] SUROWIECKI J. The wisdom of crowds [J]. American journal of physics, 2005, 75 (2) : 190–192.

[134] GAZAN R. Social Q&A [J]. Journal of the American society for information science and technology, 2011, 62 (12) : 2301–2312.

[135] NAM K K, ACKERMAN M S, ADAMIC L A. Questions in, knowledge in ? a study of naver's question answering community [C]. New York : ACM, 2009.

[136] HARPER F M, MOY D, KONSTAN J A. Facts or friends ? distinguishing informational and conversational questions in social Q&A sites [C]. New York : ACM, 2009.

[137] GYONGYI Z, KOUTRIKA G, PEDERSEN J. Questioning Yahoo! Answers [R]. Stanford, CA : Stanford InfoLab, 2007.

[138] SHEN H, LI Z, LIU J, et al. Knowledge sharing in the online social network of Yahoo! Answers and its implications [J]. IEEE transactions on computers, 2015, 64 (6) : 1715–1728.

[139] WANG G, GILL K, MOHANLAL M, et al. Wisdom in the social crowd : an analysis of quora [C]. New York : ACM, 2013.

[140] 侯燕芹，肖明．社会化问答社区的发展及其传播特点：以知乎为例 [J]．北方传媒研究，2017（4）：37-41．

[141] 张蕊．"异军"知乎的突起：浅析知乎的发展现状 [J]．视听，2015（6）：147-148．

[142] 孙康．网络问答社区发展现状与策略研究：以知乎网为例 [D]．南京：南京师范大学，2015．

[143] WORK S, HAUSTEIN S, BOWMAN T D, et al. Social media in scholarly communication [R]. Montreal, Canada：Canada research chair on the transformations of scholarly communication, University of Montreal, 2015.

[144] BATINI C, PALMONARI M, VISCUSI G. Opening the closed world：a survey of information quality research in the wild [J]. The philosophy of information quality, 2014, 358：43-73.

[145] KNIGHT S A, BURN J. Developing a framework for assessing information quality on the world wide web [J]. Informing science journal, 2005, 8（3）：159-172.

[146] MILLER H. The multiple dimensions of information quality [J]. Information systems management, 1996, 13（2）：79-82.

[147] KAHN B K, STRONG D M. Product and service performance model for information quality：an update [C]. Cambridge, MA, USA：Massachusetts Institute of Technology, 1998.

[148] WANG R Y, STRONG D M. Beyond accuracy：what data quality means to data consumers [J]. Journal of management information systems, 1996, 12（4）：5-33.

[149] BALLOU D, WANG R, PAZER H, et al. Modeling information manufacturing systems to determine information product quality [J]. Management science, 1998, 44（4）：462-484.

[150] LIU Y, BIAN J, AGICHTEIN E. Predicting information seeker satisfaction in community question answering [C]. New York：ACM, 2008.

[151] 陈衍泰，陈国宏，李美娟．综合评估方法分类及研究进展 [J]．管理科学学报，2004，7（2）：69-79．

[152] 苏为华．多指标综合评估理论与方法问题研究 [D]．厦门：厦门大学，2000．

[153] 刘秋艳，吴新年．多要素评估中指标权重的确定方法评述 [J]．知识管理论坛，

2017, 2 (6) : 500−510.

[154] NAUMANN F, ROLKER C. Do metadata models meet IQ requirements ? [C]. Cambridge, MA, USA: Massachusetts Institute of Technology, 1999.

[155] SCHAAL M, SMYTH B, MUELLER R M, et al. Information quality dimensions for the social web [C]. New York : ACM, 2012.

[156] FICHMAN P. A comparative assessment of answer quality on four question answering sites [J]. Journal of information science, 2011, 37 (5) : 476−486.

[157] CHUA A Y K, BANERJEE S. So fast so good : an analysis of answer quality and answer speed in community question-answering sites [J]. Journal of the American society for information science and technology, 2013, 64 (10) : 2058−2068.

[158] WATKINSON A, NICHOLAS D, THORNLEY C, et al. Changes in the digital scholarly environment and issues of trust : an exploratory, qualitative analysis [J]. Information processing and management, 2016, 52 (3) : 446−458.

[159] ZHU Z, BERNHARD D, GUREVYCH I. A multi-dimensional model for assessing the quality of answers in social Q&A sites [J]. Proceedings of 14th international conference on information quality, 2009, 1 : 264−265.

[160] WALES J. Jimmy wales on the birth of Wikipedia [EB/OL]. [2019−08−01]. http : //www.ted.com/talks/jimmy_wales_on_the_birth_of_wikipedia.html.

[161] CHEN C C, TSENG Y D. Quality evaluation of product reviews using an information quality framework [J]. Decision support systems, 2011, 50 (4) : 755−768.

[162] CURRIE L, DEVLIN F, EMDE J, et al. Undergraduate search strategies and evaluation criteria : searching for credible sources [J]. New library world, 2010, 111 (3/4) : 113−124.

[163] HARRIS R. Evaluating internet research sources [J]. Virtual salt, 2010, 17 (1) : 1−10.

[164] MACKIEWICZ J, YEATS D. Product review users' perceptions of review quality : The role of credibility, informativeness, and readability [J]. IEEE transactions on professional communication, 2014, 57 (4) : 309−324.

[165] COOL C, BELKIN N J, FRIEDER O, et al. Characteristics of text affecting relevance judgments [J]. Automotive news, 1993, 17 (4) : 77-84.

[166] LIU J, CAO Y, LIN C Y, et al. Low-Quality product review detection in opinion summarization [J]. Computational linguistics, 2007 (6) : 334-342.

[167] GUNTER B, CAMPBELL V, TOURI M, et al. Blogs, news and credibility [J]. Aslib proceedings, 2009, 61 (2) : 185-204.

[168] HARGITTAI E, FULLERTON L, MENCHEN-TREVINO E, et al. Trust online : young adults' evaluation of web content [J]. International journal of communication, 2010, 4 : 468-494.

[169] ARAZY O, KOPAK R. On the measurability of information quality [J]. Journal of the American society for information science and technology, 2011, 62 (1) : 89-99.

[170] JOHNSON T J, KAYE B K, BICHARD S L, et al. Every blog has its day : politically-interested internet users' perceptions of blog credibility [J]. Journal of computer-mediated communication, 2007, 13 (1) : 100-122.

[171] ULICNY B, BACLAWSKI K. New metrics for newsblog credibility [C]. Colorado, USA : ICWSM, 2007.

[172] BEVAN N. Usability is quality of use [J]. Advances in human factors/ergonomics, 1995, 20 (2) : 349-354.

[173] ANH TRAN L. Evaluation of community web sites : a case study of the community social planning council of toronto web site [J]. Online information review, 2009, 33 (1) : 96-116.

[174] KIM P, ENG T R, DEERING M J, et al. Published criteria for evaluating health related web sites : review [J]. British medical journal, 1999, 318 (7184) : 647-649.

[175] JULIEN H, BARKER S. How high-school students find and evaluate scientific information : a basis for information literacy skills development [J]. Library and information science research, 2009, 31 (1) : 12-17.

[176] GIL Y, ARTZ D. Towards content trust of web resources [J]. Web semantics science services & agents on the world wide web, 2007, 5 (4) : 227-239.

[177] PENA-SHAFF J B, NICHOLLS C. Analyzing student interactions and

meaning construction in computer bulletin board discussions [J]. Computers and education, 2004, 42 (3): 243-265.

[178] ZHU E. Meaning negotiation, knowledge construction, and mentoring in a distance learning course [C]. Indianapolis, IN, Buena Park, CA: Education Resources Information Center, 1996.

[179] LIU C C, TSAI C C. An analysis of peer interaction patterns as discoursed by on-line small group problem-solving activity [J]. Computers and education, 2008, 50 (3): 627-639.

[180] HARPER F M, WEINBERG J, LOGIE J, et al. Question types in social Q&A sites [J/OL]. First monday, 2010, 15 (7) [2018-07-18]. https://journals.uic.edu/ojs/index.php/fm/article/view/2913/2571.

[181] FAHY P J, CRAWFORD G, ALLY M. Patterns of interaction in a computer conference transcript [J]. International review of research in open and distance learning, 2001, 2 (1): 107-127.

[182] VIERA A J, GARRETT J M. Understanding interobserver agreement: the kappa statistic [J]. Family medicine, 2005, 37 (5): 360-363.

[183] LOMBARD M, SNYDER-DUCH J, BRACKEN C C. Practical resources for assessing and reporting intercoder reliability in content analysis research projects [EB/OL]. [2018-07-18].https://www.researchgate.net/publication/242785900_Practical_Resources_for_Assessing_and_Reporting_Intercoder_Reliability_in_Content_Analysis_Research_Projects.

[184] SHAH C, OH J S, OH S. Exploring characteristics and effects of user participation in online social Q&A sites [J/OL]. First monday, 2008, 13 (9) [2018-07-18]. https://firstmonday.org/ojs/index.php/fm/article/view/2182/2028.

[185] SHAH C. Measuring effectiveness and user satisfaction in Yahoo! Answers [J]. First monday, 2011, 16 (2) [2018-07 18]. https://journals.uic.edu/ojs/index.php/fm/article/view/3092.

[186] HARPER F M, RABAN D, RAFAELI S, et al. Predictors of answer quality in online Q&A sites [C]. New York: ACM, 2008.

[187] LIU Y, LI S, CAO Y, et al. Understanding and summarizing answers in community-based question answering services [C].New York: ACM, 2008.

[188] OH S, OH J S, SHAH C. The use of information sources by internet users in answering questions [J]. Proceedings of the association for information science & technology, 2008, 45 (1)：1-13.

[189] SURYANTO M A, LIM E P, SUN A, et al. Quality-aware collaborative question answering [C]. New York：ACM, 2009.

[190] JURCZYK P, AGICHTEIN E. Discovering authorities in question answer communities by using link analysis [C].New York：ACM, 2007.

[191] AGICHTEIN E, LIU Y, BIAN J. Modeling information-seeker satisfaction in community question answering [J]. ACM transactions on knowledge discovery from data, 2009, 3 (2)：1-27.

[192] FU H, WU S, OH S. Evaluating answer quality across knowledge domains：using textual and non-textual features in social Q&A [J]. Proceedings of the association for information science and technology, 2015, 52 (1)：1-5.

[193] JENG W, DESAUTELS S, HE D, et al. Information exchange on an academic social networking site：a multidiscipline comparison on researchgate Q&A [J]. Journal of the association for information science and technology, 2017, 68 (3)：638-652.

[194] BERELSON B. Content analysis in communication research [M]. New York：Free Press, 1952.

[195] RIFFE D, LACY S, FICO F G. Analyzing media messages：using quantitative content analysis in research [M].Oxfordshire, England, UK：Routledge, 1997.

[196] SHEMA H, BAR-ILAN J, THELWALL M. How is research blogged？a content analysis approach [J]. Journal of the association for information science and technology, 2015, 66 (6)：1136-1149.

[197] HARRELL F E. Ordinal logistic regression [A]. Berlin, Germany：Springer, 2015.

[198] LI L, ZHANG K, ZHOU Q, et al. Toward understanding review usefulness：a case study on yelp restaurants [C]. University of Illinois, Champaign, IL, United States：IDEALS, 2016.

[199] ADAMIC L A, ZHANG J, BAKSHY E, et al. Knowledge sharing and yahoo answers：everyone knows Something[C]. New York：ACM, 2008.

[200] ADLER P, ADLER A P. Observational techniques [A]. California, United States: Sage Publications, 1998.

[201] BURNARD P. A method of analysing interview transcripts in qualitative research [J]. Nurse education today, 1991, 11 (6) : 461–466.

[202] DOWNE-WAMBOLDT B. Content analysis : method, applications, and issues [J]. Health care for women international, 1992, 13 (3) : 313–321.

[203] DEY I. Qualitative data analysis : a user-friendly guide for social scientists [M]. Oxfordshire, England, UK : Routled, 1993.

[204] BURNARD P. Teaching the analysis of textual data : an experiential approach [J]. Nurse education today, 1996, 16 (4) : 278–281.

[205] HSIEH H F, SHANNON S E. Three approaches to qualitative content analysis [J]. Qualitative health research, 2005, 15 (9) : 1277–1288.

[206] COLE F. Content analysis : process and application [J]. Clinical nurse specialist, 1988, 2 : 53–57.

[207] CAVANAGH S.Content analysis: concepts, methods and applications [J]. Nurse researcher, 1997, 4 (3) : 5–16.

[208] BABBIE E. The practice of social research [M]. Boston, Massachusetts, United States: Cengage, 2012.

[209] WIMMER R D, DOMINICK J R. An introduction to mass media research [M]. Boston, Massachusetts, United States: Cengage Learning, 2013.

[210] SHAH C, POMERANTZ J. Evaluating and predicting answer quality in community QA [C]. New York : ACM, 2010.

[211] DELONE W H, MCLEAN E R. Information systems success : the quest for the dependent variable [J]. Information systems research, 1992, 3 (1) : 60–95.

[212] RIEH S Y. Judgment of information quality and cognitive authority in the Web [J]. Journal of the American society for information science and technology, 2002, 53 (2) : 145–161.

[213] CHOI E, SHAH C. Asking for more than an answer : what do askers expect in online Q&A services ? [J]. Journal of information science, 2016, 43 (3): 424–435.

[214] LEE Y W, STRONG D M, KAHN B K, et al. AIMQ : a methodology

for information quality assessment [J]. Information and management, 2002, 40 (2): 133–146.

[215] TENOPIR C, ALLARD S, DOUGLASS K, et al. Data sharing by scientists: practices and perceptions [J/OL]. PLoS ONE, 2011, 6 (6): e21101[2018–07–15]. https://doi.org/10.1371/journal.pone.0021101.

[216] KIM Y, STANTON J M. Institutional and individual factors affecting scientists' data-sharing behaviors: a multilevel analysis [J]. Journal of the association for information science and technology, 2016, 67 (4): 776–799.

[217] CASELLA G, BERGER R L. Statistical inference [M]. Boston, MA, United States: Thomson Learning, 2002.

[218] CURRAN P J, WEST S G, FINCH J F. The robustness of test statistics to nonnormality and specification error in confirmatory factor analysis [J]. Psychological methods, 1996, 1 (1): 16–29.

[219] BABIN B, GRIFFIN M. The nature of satisfaction: an updated examination and analysis [J]. Journal of business research, 1998, 41 (2): 127–136.

[220] DEVELLIS R F. Scale development: Theory and applications [M]. Thousand Oaks, California, United States: Sage Publications, 2016.

[221] MARTÍN A L, BAYARRE VEA H D, GRAU ÁBALO J A. Validación del cuestionario MBG (Martín–Bayarre–Grau) para evaluar la adherencia terapéutica en hipertensión arterial [J/OL]. Revista cubana de salud pública, 2008, 34(1) [2018–08–01]. https://www.scielosp.org/article/rcsp/2008. v34n1/10.1590/S0864–34662008000100012/es/#ModalArticles.

[222] EPPLER M J. Managing information quality: Increasing the value of information in knowledge–intensive products and processes [M]. Berlin, Germany: Springer, 2006.